中小学生命安全与健康教育实践

主　编　左霞云　涂晓雯　崔元起
副主编　廉启国　余春艳　武晓宇

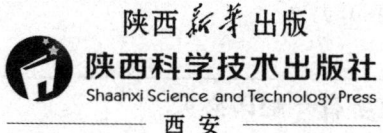

西安

图书在版编目（CIP）数据

中小学生命安全与健康教育实践 / 左霞云，涂晓雯，崔元起主编 . — 西安：陕西科学技术出版社，2025.6
ISBN 978-7-5369-9199-6

Ⅰ. G633.202；G637.9

中国国家版本馆 CIP 数据核字第 2025CG6094 号

中小学生命安全与健康教育实践
左霞云　涂晓雯　崔元起　主编

责任编辑	潘晓洁
封面设计	曾　珂

出 版 者	陕西科学技术出版社
	西安市曲江新区登高路1388号陕西新华出版传媒产业大厦B座
	电话（029）81205187　传真（029）81205155　邮编710061
	http://www.snstp.com
发 行 者	陕西科学技术出版社
	电话（029）81205180　81205178
印　　刷	天津鸿彬印刷有限公司
规　　格	710mm×1000mm　16开本
印　　张	22.5
字　　数	350千字
版　　次	2025年6月第1版
	2025年6月第1次印刷
书　　号	ISBN 978-7-5369-9199-6
定　　价	68.00元

版权所有　翻印必究

《中小学生命安全与健康教育实践》
编　委　会

■ **主　编**

　　左霞云（上海市生物医药技术研究院）
　　涂晓雯（上海市生物医药技术研究院）
　　崔元起（上海市卫生健康委员会）

■ **副主编**

　　廉启国（上海市生物医药技术研究院）
　　余春艳（上海市生物医药技术研究院）
　　武晓宇（上海市卫生健康委员会）

■ **编　者**　（以姓氏笔画排序）

　　王前璇（上海市紫阳中学）
　　方茜茹（上海中医药大学附属闵行蔷薇小学）
　　安亚龙（西藏自治区拉萨阿里河北完全中学）
　　严　璞（上海市嘉定区苏民学校）
　　苏娴玲（上海市嘉定区安亭高级中学）
　　李玲玉（上海市嘉定区南苑中学）
　　杨丽霞（上海市教育科学研究院实验小学）
　　吴晓梅（西藏自治区拉萨江苏实验中学）
　　员　秀（上海市闵行区颛桥中学）
　　汪　琼（上海市实验学校附属小学）

陈　静（上海市徐汇区上汇实验学校）
郁丹蓉（华东理工大学附属闵行梅陇实验学校）
房宇航（上海市生物医药技术研究院）
赵　倩（东华大学附属实验学校松江小昆山分校）
殷　飞（西藏自治区拉萨江苏实验中学）
寇佳林（西藏自治区拉萨北京实验中学）
谢　玮（上海市虹口区第四中心小学）
靳青龙（河北省石家庄市第四十四中学）
雷　珠（上海市嘉定区外冈小学）
褚琛婷（上海市闵行区龙茗中学）

内容简介

习近平总书记提出"要树立健康第一的教育理念"。生命安全与健康是人类生存发展的基本需求和永恒追求，良好的生命安全与健康教育有助于学生树立正确的生命观、健康观、安全观，养成健康、文明的行为习惯和生活方式，自觉采纳并保持健康行为，为终身健康奠定坚实基础。教育部于2021年印发的《生命安全与健康教育进中小学课程教材指南》提出，中小学生生命安全与健康教育的内容涉及健康行为与生活方式、生长发育与青春期保健、心理健康、传染病预防与突发公共卫生事件应对、安全应急与避险5个领域30个核心要点。本书正是依据此指南的内容规划和学段要求进行设计的。

本书定位是生命安全和健康教育工作者的案头书，突出可操作性。每个主题分为课程设计、课程实施和课程拓展3个部分，可帮助读者从理论和实践两方面了解如何在学生中开展相关教育。课程实施部分由3~5个互动式活动组成，每个活动都有相应的活动目标，读者可以根据学生的问题和需求、学校的教学安排有选择性地使用这些活动。

本书内容涵盖了从小学到初中九年义务教育阶段的41个教学主题，涉及《生命安全与健康教育进中小学课程教材指南》提出的5个领域、30个核心要点，部分要点的内容在小学和初中阶段都有涉及，如健康体重、生长发育和青春期保健、传染病预防等内容。这些主题虽有重复，但在小学和初中的内容侧重和深度不同：小学阶段侧重于基本知识介绍、具体技能训练和个人卫生习惯培养；初中阶段注重讲解原理和机制，深化学生认识，强化学生健康行为养成的主动性和持续性。

考虑不同年龄学生身心发育特征、认知水平和突出的健康问题，本书的41个教学主题分别针对小学低年级（第1章~第4章）、小学中年级（第5章~第9章）、小学高年级（第10章~第18章）和初中年级（第19章~第41章）这4个学段的学生进行教育目标和教育内容的设计，总体呈现循序渐进的编写特点。当然，这些按学段进行的分类仅供参考，健康教育工作者可以根据需要灵活调整。

前　言

　　青少年学生是社会主义事业未来的建设者和接班人，青少年学生的生命质量决定着国家和民族的前途与命运。良好的学校生命安全与健康教育有助于青少年树立正确的生命观、健康观、安全观，养成健康、文明的行为习惯和生活方式，自觉采纳并保持健康行为，为终身健康奠定坚实基础。早在 2005 年，上海市教委出台的《上海市中小学生命教育指导纲要》提出，生命教育要突出重点，有机渗透在学校教育的各门学科、各个环节、各个方面。2021 年，为全面落实《"健康中国 2030"规划纲要》，教育部制定的《生命安全与健康教育进中小学课程教材指南》提出，以学生健康成长和终身健康为核心，覆盖生理、心理和社会适应领域；立足日常生活情境，增强学生"安全为本"的意识和能力；遵循学生的身心发展规律，对教育目标和内容进行系统设计，将生命安全与健康教育系列化、常态化、长效化。

　　《生命安全与健康教育进中小学课程教材指南》提出，中小学生的生命教育主要内容涉及健康行为与生活方式、生长发育与青春期保健、心理健康、传染病预防与突发公共卫生事件应对、安全应急与避险 5 个领域 30 个核心要点。这些核心要点在不同学段有各自的内容要求，如小学阶段侧重于基本知识介绍、具体技能训练和个人卫生习惯培养，初中阶段深化学生认识，强化学生健康行为养成的主动性和持续性。本书的 41 个主题和课程设计正是根据该指南提出的核心要点和学段要求，并结合编者多年的研究和教学经验，经过编委会多次讨论后确定的。本书的内容可作为学科教学或主题活动素材，整合融入学科教育和学校专题活动。本书注重趣味性、互动性、体验性，每个主题分为课程设计、课程实施和课程拓展 3 个部分。课程设计旨在帮助读者掌握课程设计的方法论；课程实施部分由 3~5 个互动式活动组成，引导读者循序渐进地开展课程；课程拓展提供了一些参考材料，供读者加深理解，从而更好地设计和实施课程。读者可根据学校的教学安排和学生的实际情况，选择性地使用本书。本书附带了大量的配套课件和参考材料，编委会后续也会不定期地对其进行更新，感兴趣的读者可来信向本书主编免费索取，邮箱：zuoxiayun@sibpt.cn。

本书的编者大多是中小学的一线心理教师，具有丰富的从业经验，本书是各位教师多年教学经验的总结。尽管如此，囿于编者理论水平和实践经验，书中难免存在错漏或不妥之处，敬请广大读者批评指正。

编者
2024 年 5 月 15 日

目　录

第一章　　培养个人卫生习惯……………………………………… 1
第二章　　养成爱眼护眼习惯……………………………………… 9
第三章　　培养健康饮食行为……………………………………… 17
第四章　　学会自我保护…………………………………………… 24
第五章　　了解垃圾分类…………………………………………… 31
第六章　　保持口腔卫生…………………………………………… 39
第七章　　培养健康作息…………………………………………… 47
第八章　　了解自己　悦纳自己…………………………………… 55
第九章　　养成自主学习的习惯…………………………………… 63
第十章　　了解健康与疾病的基本知识…………………………… 74
第十一章　预防常见传染病………………………………………… 84
第十二章　理解吃动平衡…………………………………………… 92
第十三章　合理饮用含糖饮料……………………………………… 102
第十四章　青春期情绪波动与调节………………………………… 111
第十五章　理解生命的意义和价值………………………………… 119
第十六章　学会与家长沟通………………………………………… 128
第十七章　掌握避险与逃生的基本技能…………………………… 135
第十八章　预防校园欺凌…………………………………………… 152
第十九章　拒绝吸烟与饮酒………………………………………… 161
第二十章　保持健康体重…………………………………………… 169
第二十一章　预防近视……………………………………………… 179

第二十二章	保护听力	186
第二十三章	建立积极的体象认识	197
第二十四章	睡眠管理	205
第二十五章	坚持健康合理的饮食习惯	212
第二十六章	了解痤疮	221
第二十七章	认识青春期	228
第二十八章	正确看待与异性相处	236
第二十九章	预防性骚扰和性侵害	243
第三十章	培养团队合作意识	252
第三十一章	培养亲社会行为	259
第三十二章	合理使用电子产品	268
第三十三章	正确应对压力	277
第三十四章	提高应对挫折的能力	285
第三十五章	识别积极和消极情绪	293
第三十六章	认同专业心理咨询	301
第三十七章	了解艾滋病	311
第三十八章	掌握急救基础知识	318
第三十九章	了解安全用药常识	326
第四十章	遵循人际交往的边界	335
第四十一章	了解网络与信息安全	342

第一章 培养个人卫生习惯

一、课程设计

（一）课程名称、对象和时间

课程名称：培养个人卫生习惯

适用对象：小学低年级学生

上课时间：35 分钟

（二）教学目标

（1）认识到个人卫生习惯对预防疾病、保持身体健康的重要作用。

（2）了解手卫生的重要性，掌握正确的洗手方法。

（三）理论依据

医学研究表明，个人卫生习惯与人的健康状况密切相关。良好的个人卫生习惯能够有效减少疾病的发生和传播，如勤洗手能够显著降低感染病菌的风险，定期洗澡和换洗衣物能够保持皮肤清洁，减少皮肤病的发生。

教育学理论指出，良好的卫生习惯是从小培养的。通过小学阶段的学校卫生教育，教师可以系统地传授卫生知识，引导学生形成正确的卫生观念和行为习惯。此外，儿童行为习惯的形成与心理需求和行为动机密切相关。培养良好的个人卫生习惯需要满足学生的自我认同和社会认同需求，让他们从内心认识到良好卫生习惯的重要性。本课程通过教育心理与卫生知识的融合引导，帮助学生从内心认识到良好卫生习惯的重要性，激发他们自觉遵守的动机。这样的培养方式不仅有助于学生卫生习惯的养成，还能促进学生全面发展。

（四）教学策略

1. 学情分析

小学生正处于身心发展的关键时期，他们对外界充满好奇、模仿能力强，但注意力易分散，自律性相对较弱。因此，在教学设计中采用生动有趣的内容，结合多种教学方法，以吸引他们的注意力，引导他们形成良好的卫生习惯。其次，小学生处于自我认同和社会认同的形成阶段，他们渴望得到他人的认可和尊重。因此，在培养个人卫生习惯时，教学活动应注重学生的参与感和成就感，通过表扬和鼓励，激发他们的积极性和自主性。

2. 教学设计分析

为了达成活动目标，本节课分为 4 个活动：

活动一：通过视频分析，使学生认识到个人卫生习惯的重要性，揭示本课主题。

活动二：通过绘本故事，使学生认识到个人卫生习惯对预防疾病、保持身体健康的重要作用，并激发他们在日常生活中养成良好个人卫生习惯的动力。

活动三：通过教师示范和游戏的形式，帮助学生掌握正确的洗手方法。

活动四：通过制作卫生公约，引导学生将所学个人卫生知识转化为日常生活中的持续习惯，培养学生的自律性，促进家长、同学、老师的共同监督。

3. 教学重难点

重点：首先，使学生认识到个人卫生习惯对预防疾病、保持身体健康的重要作用；其次，教导学生掌握并实践正确的洗手方法。

难点：引导学生将所学个人卫生知识转化为日常生活中的持续习惯，需要培养学生的自律性和家长、老师的共同监督。

（五）教学资源

（1）硬件资源：活动教室，学生按照 4 人一组排好位置。

（2）软件资源：配套 PPT（包括视频《小鹿叮当：个人卫生要注意》和绘本故事《超级细菌王国》）。

二、课程实施

（一）教学活动

1. 小鹿叮当的故事

活动目标 让学生了解不良个人卫生习惯对身体健康的影响，揭示主题。

指导语 同学们，你们知道吗？我们每天都在与细菌和病毒打交道。良好的个人卫生习惯可以帮助我们远离疾病、保持健康。首先，请大家仔细观看视频，等一下老师要提出问题，看哪个小朋友观看得最认真！

活动程序

（1）播放一个简短的动画视频《小鹿叮当：个人卫生要注意》（见课程拓展），请学生认真观看。

（2）教师提问：①动画中小鹿做了什么事？②你们喜欢和这样的小鹿待在一起吗？为什么？

结语 小鹿叮当在视频中不及时扔垃圾，不及时换洗衣物，饭前便后不洗手，这样的习惯会滋生很多细菌和病毒，对我们的健康有很不好的影响，我们可不能向它学习。今天我们就一起来看看在生活中我们要如何做好个人卫生，做一个爱干净的小学生。

2. 超级细菌王国

活动目标 通过互动问答和阅读绘本故事《超级细菌王国》，使学生认识到个人卫生习惯对预防疾病、保持身体健康的重要作用，并激发他们在日常生活中养成良好个人卫生习惯的动力。

指导语 在我们的生活中，有一群看不见的小家伙叫作细菌。有些细菌能帮助我们消化食物，而有些细菌会让我们生病。今天，我们将通过绘本《超级细菌王国》来了解这些细菌，并学习如何通过个人卫生习惯来预防疾病、保持身体健康。

活动程序

1）绘本引入

教师展示绘本《超级细菌王国》的封面，简要介绍故事背景。

2）绘本讲解与互动

教师逐页讲解绘本内容。

互动提问：①细菌是怎么进入贝利身体内的？②细菌进入贝利的身体后，贝利感觉怎么样？③医生告诉贝利后，贝利做了什么？

3）角色扮演与讨论

选取几名学生上台，根据绘本内容扮演不同的角色，如细菌、小主人公等。

角色扮演结束后，组织学生进行讨论：①"通过角色扮演，你们有什么感受？"②"你们认为个人卫生习惯对我们的生活有哪些影响？"

结语 亲爱的小朋友们，在刚才的绘本奇幻旅程中，我们明白了细菌的存在和影响，也知道了个人卫生习惯的重要性。接下来，让我们一起学习如何养成良好的卫生习惯吧！

3. 我爱洗手

活动目标 通过游戏和实践活动，掌握正确的洗手方法。

指导语 同学们，手卫生是个人卫生的基础，接下来，让我们通过一系列有趣的游戏和实践活动，一起学习如何正确洗手吧。

活动程序

（1）洗手知识小测验：准备一些关于洗手的小问题，如："洗手的正确步骤是什么？""什么时候需要洗手？"等。学生分组进行抢答，答对者可以得到小奖品或积分。

（2）洗手示范与模仿：教师首先示范正确的洗手步骤，并强调每个步骤的重要性。学生分组模仿教师的洗手动作，教师巡回指导，确保学生掌握正确的洗手方法。

（3）洗手接力赛：学生分成若干小组，每组站在讲台前。当教师发出指令后，每组的第一位学生开始洗手，完成后跑到队伍的另一端，下一位学生接着开始洗手，以此类推。

最标准地完成洗手接力的小组获胜，并获得小奖品或积分。

结语 通过刚才的活动，我们学习了正确的洗手方法。希望同学们能够在日常生活中养成良好的手卫生习惯，保护自己和家人的健康。

4. 制定公约

活动目标 引导学生将所学个人卫生知识转化为日常生活中的持续习惯，培养学生的自律性，促进家长、同学、老师的共同监督。

指导语 经过一系列的绘本学习、角色扮演和小组讨论,我们今天的活动接近尾声。回顾今天的课堂,我们认识到了良好的个人卫生习惯对于预防疾病、保持身体健康的重要性,也学会了如何正确洗手。现在,让我们将所学的知识转化为实际行动,共同制定一个属于我们班级的卫生公约。这个公约将提醒我们每一个人,在日常生活中,如何培养良好的个人卫生习惯。

活动程序

(1) 发放"卫生公约"空白纸。

(2) 以小组为单位,思考讨论自己小组的卫生公约,并签上每个人的姓名。

(3) 在班级内分享。

结语 希望每个人都能将今天所学到的个人卫生知识转化为日常生活中的持续习惯,做自己和家人的安全小卫士。

(二)活动延伸

课后作业:卫生习惯评价表

评价内容	自评	同学评	老师评
饭前便后洗手			
不乱摸公共物品			
定期修剪指甲			
勤换内衣和袜子			
保持书桌和文具整洁			
不吃未洗净的水果和食物			
咳嗽或打喷嚏时用纸巾遮住口鼻			

评价标准:1星,几乎从未做到或完全未做到;2星,偶尔做到,但需要提醒或监督;3星,一半时间能做到,有一定的自觉性;4星,大部分时间能做到,卫生习惯良好;5星,总是能做到,卫生习惯优秀。

（三）效果评价

教学效果评价内容		分值	评价			
			优秀 (9~10)	良好 (7~8)	一般 (6)	较差 (0~5)
学生	1. 对本课的内容感兴趣，有参加活动的意愿	10				
	2. 愿意参与交流分享	10				
	3. 通过体验有所感悟	10				
教师	1. 教学内容正确，没有理论上的错误	10				
	2. 教学环节完整、流畅	10				
	3. 课堂注重体验性，活动形式活泼新颖	10				
	4. 尊重学生，注意倾听	10				
	5. 引导学生思考和感悟，讲究方法，自然不生硬	10				
	6. 课件和板书贴合教学需要	10				
整体	整堂课有无亮点所在	10				
对本节课的意见和建议						
总分	满分为 100 分，您给本节课打分，总分为（　　）分					
总体评价	（　）优秀　（　）良好　（　）一般　（　）较差					

三、课程拓展

（一）课内活动资料

（1）视频《小鹿叮当：个人卫生要注意》。

（2）绘本故事《超级细菌王国》。

（二）课外拓展资料

·七步洗手法

首先，我们需要湿润双手，可以在水龙头下直接冲洗，或者用水盆等容器装水湿润双手。接下来，涂抹洗手液或肥皂，并确保双手充分涂抹。

然后，按照以下7个步骤进行洗手：

（1）掌心相对，手指并拢并相互揉搓。这个步骤可以清洁手掌上的污垢和细菌。

（2）手心对手背沿指缝相互揉搓，交换进行。这个步骤可以清洁手指背面的污垢和细菌。

（3）掌心相对，双手交叉沿指缝相互揉搓。这个步骤可以清洁手指之间的污垢和细菌。

（4）弯曲各手指关节，半握拳把指背放在另一手掌心旋转揉搓，交换进行。这个步骤可以清洁手指关节处的污垢和细菌。

（5）一手握另一手大拇指旋转揉搓，交换进行。这个步骤可以清洁大拇指上的污垢和细菌。

（6）将五个指尖并拢放在另一手掌心旋转揉搓，交换进行。这个步骤可以清洁指尖上的污垢和细菌。

（7）一手握住另一只手的手腕旋转揉搓，交换进行。这个步骤可以清洁手腕处的污垢和细菌。

每个步骤都需要至少揉搓15秒，以确保彻底清洁双手。最后，用清水冲洗干净双手，并用干净的毛巾或纸巾擦干。

（三）其他

1. 个人卫生习惯

（1）每天保持个人仪表整洁，穿着干净衣服，展现出良好的精神风貌。

（2）养成勤洗手的习惯，特别是在饭前便后，确保双手清洁。

（3）定期修剪指甲，不涂抹指甲油，保持双手的卫生。

（4）不随地吐痰，不乱扔垃圾，养成良好的卫生习惯。

2. 班级卫生责任

（1）每天轮流安排值日生，负责打扫教室卫生，包括清理地面、擦拭桌椅等。

（2）保持教室窗明几净，定期开窗通风，确保室内空气流通。

（3）班级内的垃圾要及时清理，垃圾桶要定期清洗，保持清洁。

（4）爱护班级内的公共设施和用品，不随意破坏或浪费。

3. 公共区域卫生

（1）不在走廊、楼梯等公共区域乱扔垃圾，保持公共区域的整洁。

（2）使用公共卫生间后，要冲洗干净，保持卫生间的清洁。

（3）发现公共区域有垃圾或污渍，要主动捡起或报告老师，共同维护公共区域的卫生。

4. 健康饮食与运动

（1）均衡饮食，不挑食，多吃蔬菜水果，保持良好的饮食习惯。

（2）多参加户外活动和体育运动，增强体质，提高免疫力。

（3）保持良好的作息时间，保证充足的睡眠，有益于身体健康。

第二章 养成爱眼护眼习惯

一、课程设计

(一)课程名称、对象和时间

课程名称:爱眼护眼防近视

适用对象:小学低年级学生

上课时间:35 分钟

(二)教学目标

(1)知道保护眼睛的重要性。

(2)学会正确的眼部放松方法。

(3)能够保持正确的读写姿势,做到"一拳一尺一寸",预防眼疲劳。

(4)养成定期检查视力的习惯,并坚持到正规医院眼科检查。

(5)保护眼睛,预防眼外伤。

(三)理论依据

眼睛是人类感官中最重要的器官之一,不当的用眼习惯会导致眼部疾病,危害身体健康。为了宣传保护视力的重要性,世界卫生组织(World Health Organization,WHO)和国际防盲协会共同发起了世界视力日活动,日期为每年 10 月的第二个星期四,我国则将每年的 6 月 6 日确定为全国爱眼日。

教育部制定的《生命安全与健康教育进中小学课程教材指南》中的"领域 1:健康行为与生活方式"要点包括"用眼健康",并要求小学生"了解个人日常行为和生活方式与健康之间的关系,养成爱护眼睛的习惯,预防近视"。《上海市中小学学科教学中实施生命教育的指导意见》中也提及,在小学阶段,学校应在健康教育课程中进行正确的读写姿势、预防近视的养成训练。

（四）教学策略

1. 学情分析

进入小学后，学生的读写任务比幼儿园阶段增加了不少，对于使用眼睛的需求也增加了。如果过度或不当使用手机等电子产品，眼睛也会不堪重负。所以爱护眼睛的课程对他们来说非常重要。

小学低年级的学生好奇心强，对新鲜事物充满兴趣。他们可以通过生动的图片、动画或者故事来了解眼睛的结构和功能，以及为什么需要爱护眼睛。他们的注意力容易分散，持久性不强。他们可以通过参与一些有趣的游戏或者互动环节，寓教于乐，提高学习兴趣和参与度。他们的自我约束能力相对较弱，可能难以长时间保持正确的用眼姿势。他们可以通过学习示范、讲解和反复提醒，建立正确的用眼习惯，比如看书时要保持适当的距离、定时休息等。

2. 教学设计分析

针对小学低年级学生的爱眼护眼课程，在注重内容的生动性、互动性的同时，引导孩子养成良好的用眼习惯，可以设计以下几个活动：

活动一：通过游戏竞赛活动，让学生了解眼睛的作用，并感知眼睛、保护视力的重要性。

活动二：通过讲述保护眼睛的故事，结合互动环节（如提问、角色扮演等），让小学生们了解保护眼睛的重要性。

活动三：通过保护眼睛知识问答，让学生在轻松愉快的氛围中掌握相关知识。

活动四：通过示范和练习，让学生掌握正确的眼保健操动作；可以酌情设置比赛环节，增强趣味性。

活动五：鼓励学生记录自己每天的用眼习惯和护眼行为，如定时休息、远离电子屏幕等，培养良好的用眼习惯；定期分享优秀的"护眼日记"，让学生们互相学习、互相激励。

3. 教学重难点

重点：知道近视的预防方法，学会正确的眼部放松方法。

难点：养成爱护眼睛的习惯，保持正确的读写姿势。针对个体差异制定有效的护眼方案。

（五）教学资源

（1）硬件资源："蒙眼猜猜猜"活动中用到的物品、角色扮演医生的白大褂和道具、铅笔、尺、贴纸、学习单《我的护眼日记》。

（2）软件资源：本节课 PPT、视频等。

二、课程实施

（一）教学活动

1. 蒙眼猜猜猜

活动目标　通过游戏活动，体会眼睛的重要性。

指导语　我们先来做一个游戏，请两名同学佩戴眼罩，在 30 秒限定时间内，一次摸取箱内一件物品，猜猜是什么物品。猜对越多的同学就取得胜利。

活动程序

（1）讲解游戏规则：请两位同学上台比赛，其他同学观看。

（2）讨论分享：采访参与比赛的同学"你是如何猜出来的？"问问其他学生"你有什么体会？"

过渡语　假如我们看不见了，我们的生活会非常不方便。眼睛在我们的生活中起着格外重要的作用。

提问：眼睛有哪些作用？

结语　眼睛是人类感官中最重要的器官，我们看书、写字、看风景都要靠眼睛。小朋友们，你们知道吗？人类 80% 的知识与记忆是通过眼睛获得的。我们通过眼睛的工作，在大脑形成记忆，从而获得知识。因此，保护眼睛、保护视力是至关重要的。

2. 绘本故事《亮亮的眼睛》

活动目标　通过观看绘本故事，了解不恰当的用眼方式及预防近视的方法。

指导语　有个小朋友叫亮亮，他和我们一样，非常期待暑假的到来，可是……让我们一起来看看他遇到了什么事。

活动程序

（1）观看绘本故事《亮亮的眼睛》片段一。

过渡语 亮亮的眼睛怎么会变成这样的？因为他不注意用眼卫生，过度使用了眼睛。

（2）小组讨论、角色扮演。

过渡语 亮亮该怎么办呢？小朋友们可以两人一组进行讨论，给亮亮出个主意。有什么好方法可以帮助亮亮的眼睛恢复健康？每组可以选一位同学扮演眼科医生，另一位同学扮演亮亮，尝试把他们的对话表演出来。

（3）观看绘本故事《亮亮的眼睛》片段二。

结语 你们的方法都好棒，让我们一起来看看亮亮的眼科医生给他开了什么处方。亮亮终于在你们和医生的帮助下，眼睛恢复健康啦！

3. 护眼知识大比拼

活动目标 通过知识比拼活动，了解不恰当的用眼方式，学会正确的爱眼护眼方法；养成定期检查视力的习惯，并坚持到正规医院进行眼科检查；知道如何预防眼外伤。

指导语 同学们，"偷走"视力的"小偷"悄悄来到了我们身边，我们一起把他们抓出来好不好？如果你觉得他是"小偷"，就举手。

活动程序

1）判断题

（1）在昏暗的灯光下看书看报。

（2）不长时间看电脑或看电视。

（3）多喝牛奶、多吃鸡蛋。

（4）在车上看书。

（5）多吃富含膳食纤维的蔬菜、瓜果。

（6）眼睛好痒，直接拿手揉眼睛。

（7）眼睛看不清了，不想去检查，不告诉家长。

过渡语 同学们都好棒，把"偷"视力的"小偷"一下子就找出来了。接下来我们要增加难度，每组进行多选题抢答。

2）多选题

（1）以下哪些食物对眼睛有好处？

　　A. 糖果　　　　B. 奶茶　　　　C. 玉米　　　　D. 鱼

（2）小明做了哪些事有可能会导致眼睛看不清呢？

　　A. 睡觉　　　　　　　　B. 长时间玩手机

　　C. 长时间写作业　　　　D. 吃东西

（3）以下哪些场所不适合看书？

　　A. 车上　　　　　　　　B. 床上

　　C. 图书馆　　　　　　　D. 阳光下

（4）以下哪一种读写姿势容易引起近视？

　　A. 躺着看书　　　　　　B. 读写时眼睛离书本不足一尺

　　C. 读书时坐姿端正，眼睛离书本一尺（约33厘米）远

（5）保持正确的读写姿势需要注意什么？

　　A. 眼睛离书本一尺（约33厘米）远

　　B. 胸口离书桌边缘一拳远

　　C. 手指离笔尖一寸（约3厘米）远

　　D. 桌椅高度适宜

（6）以下哪些物品应该要好好存放，不能拿着奔跑和玩耍，以防伤害眼睛？

　　A. 铅笔　　　　B. 钉子　　　　C. 筷子　　　　D. 橡皮

3）操作题

找到"一拳""一尺""一寸"。

过渡语　请同学们拿出铅笔和尺，我们一起来用尺量一量，找找"一拳""一尺""一寸"。同桌间互相检查有没有找到。请一个同学到教室前方来演示给大家看。

结语　能够保持正确的读写姿势，保证"一拳""一尺""一寸"，预防眼疲劳。

4. "眼保健操"认真做

活动目标　通过练习眼保健操，掌握眼部放松方法。

指导语　眼睛疲劳了怎么办呢？今天我们要一起来学习放松眼部的方法。眼保健操对我们放松眼睛很有帮助，平时练习时要做得规范。

活动程序

（1）展示"眼保健操"图片，请个别学生上台示范动作，找准穴位的学生可以获得贴纸。其他学生跟着练习，注意穴位准确。同桌间互相观

看并纠正。

（2）讨论其他放松眼部的方式。（参考：保证睡眠时间、保证户外活动时间 > 2 小时 / 天、连续用眼不超过 40 分钟等）

结语 认真做好眼保健操，可以帮助我们有效放松眼睛。同时，我们也要注意休息和充分的户外活动时间，让我们的眼睛更明亮健康。

5. "我的护眼日记"活动

活动目标 通过"我的护眼日记"活动，记录自己每天的用眼习惯和护眼行为，如定时休息、远离电子屏幕等，培养良好的用眼习惯。

指导语 想要培养良好的用眼习惯，我们可以使用"我的护眼日记"来帮助我们，记录下自己关于用眼的内容。坚持一段时间后，我们就能养成好习惯。

活动程序

（1）发放"我的护眼日记"表格，介绍填写方法并开展今日实操。

（2）讨论分享：小组内交流分享及全班分享。

（3）定期分享优秀的"护眼日记"，让学生互相学习、互相激励。也可以以小组为单位进行评选。

结语 每天坚持记录并执行护眼日记，可以让我们更好地了解自己的眼部健康状况，采取相应的方法保护眼睛。

（二）活动延伸

我的护眼日记

日期	起床时间	睡觉时间	用眼时长	休息时间	眼睛状态	备注
2024 年 3 月 29 日	07:00	21:00	8 小时	3 次，每次 8 分钟。2 次，每次 5 分钟。2 次，每次 15 分钟	良好	有 3 次课间休息，2 次眼保健操，2 次回家学习间隙休息
2024 年 3 月 30 日	08:30	21:30	7 小时	3 次，每次 20 分钟	轻微干涩	长时间使用电脑，户外活动了 20 分钟
……	……	……	……	……	……	……

在这个表格中，学生可以记录每天起床时间、睡觉时间、用眼时长、

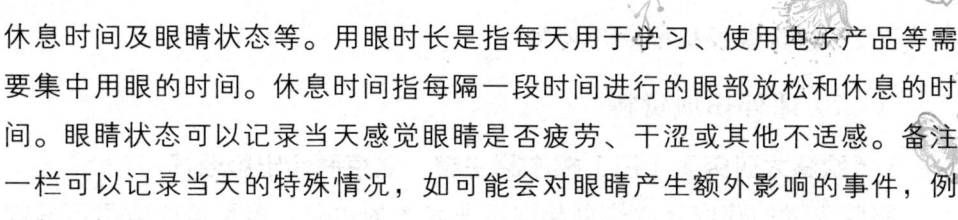

休息时间及眼睛状态等。用眼时长是指每天用于学习、使用电子产品等需要集中用眼的时间。休息时间指每隔一段时间进行的眼部放松和休息的时间。眼睛状态可以记录当天感觉眼睛是否疲劳、干涩或其他不适感。备注一栏可以记录当天的特殊情况，如可能会对眼睛产生额外影响的事件，例如长时间使用电子产品、阅读学习、户外活动等。

学生也可以根据自己的实际情况，增加或删除表格中的某些列来满足自身需求。关键是制定表格后能够坚持记录并执行。

（三）效果评价

	教学效果评价内容	分值	评价			
			优秀 (9~10)	良好 (7~8)	一般 (6)	较差 (0~5)
学生	1. 对本课的内容感兴趣，有参加活动的意愿	10				
	2. 愿意展示、交流、分享	10				
	3. 通过学习改变不良习惯	10				
教师	1. 教学内容正确，没有理论上的错误	10				
	2. 教学环节完整、流畅	10				
	3. 课堂注重实效性，活动形式活泼新颖	10				
	4. 尊重学生，注意倾听	10				
	5. 引导学生思考和感悟，让学生讲得出、做得到	10				
	6. 课件和板书贴合教学需要	10				
整体	整堂课有无亮点所在	10				
对本节课的意见和建议						
总分	满分为 100 分，您给本节课打分，总分为（　　）分					
总体评价	（　）优秀　（　）良好　（　）一般　（　）较差					

三、课程拓展

（一）课内活动资料

（1）绘本《亮亮的眼睛》，上海浦江教育出版社。

（2）眼保健操标准动作视频。

（二）课外拓展资料

1.《眼睛大研究》【日】根木昭主编，北京联合出版公司

眼睛为我们获取外界信息起到了非常大的作用，但是这些作用不易被人发现。本书通过各种插图和照片，为大家介绍了眼睛的结构和功能。阅读后，可以更好地了解眼睛的精密结构，知晓眼睛的重要性。

2.《小学生健康教育读本（低年级适用）》，上海教育出版社（第16~19页）

（1）读写姿势：读书写字时，胸口离书桌要保持一拳距离，眼睛离书本需一尺（约33厘米）远，手指离笔尖要有一寸（约3.33厘米）。正确姿势能预防近视。

（2）距离测量：握笔时，看看食指与拇指交叉点距笔尖是否为一寸。看书时，量一量眼睛与书本距离是否为一尺。

（3）眼操准备：洗手后，全身放松，闭上眼睛。按摩时位置要准确，力度以微微酸胀为宜。

（4）找准穴位：找准攒竹穴、睛明穴、四白穴、太阳穴、风池穴的位置，正确按摩这些穴位很关键。

第三章 培养健康饮食行为

一、课程设计

（一）课程名称、对象和时间

课程名称：培养健康饮食行为

适用对象：小学低年级学生

上课时间：35分钟

（二）教学目标

（1）了解一日三餐的营养要求。

（2）了解不良饮食行为的危害，能够坚持饮食多样化。

（三）理论依据

从营养学角度来看，人体需要各种营养素来维持生命活动和生理功能，而多样化的饮食能够确保儿童摄取丰富多样的营养素，从而满足其生长发育的需求。其次，儿童正处于生长发育的关键阶段，对于营养的需求尤为迫切，不良的饮食行为可能导致营养不均衡，影响儿童的身高、体重、智力等各方面的正常发展。因此，通过健康教育引导儿童养成饮食多样化的习惯至关重要。此外，多项实证研究也支持饮食多样化与儿童健康之间的正相关关系，如《美国医学会杂志》上发表的研究显示，饮食多样化的儿童在身体发育和免疫力方面表现更为优秀。综上所述，坚持饮食多样化不仅是营养学原理的体现，也是儿童生长发育需求和健康教育指导原则的必然要求。

（四）教学策略

1. 学情分析

小学低年级学生正处于身心迅速发展的阶段，他们的饮食习惯对于未来的健康至关重要。然而，小学低年级学生通常对营养学知识了解有限，容易受外部环境和个人喜好的影响，形成不健康的饮食习惯。因此，针对这一年龄段的学生，开展健康饮食行为培养的教学活动显得尤为重要。通过生动有趣的课堂互动、角色扮演和实践活动，可以引导学生认识到健康饮食的重要性，并激发他们对健康食品的兴趣，为他们的健康成长奠定坚实的基础。

2. 教学设计分析

为了达成活动目标，本节课分为4个活动：

活动一：学生观看、分析视频，从而认识到不良饮食习惯的危害，老师揭示本课主题。

活动二：老师讲解一日三餐的营养要求，科普每一种营养物质（蛋白质、碳水化合物、脂肪、纤维、维生素等）对人体的作用，使学生认识到多样化健康饮食的重要性。

活动三：通过角色扮演游戏，让学生分析一日三餐的搭配是否合理，以巩固知识内容。

活动四：通过制作健康饮食承诺墙，引导学生将所学健康饮食知识转化为日常生活中的持续习惯，促进家长、同学、老师的共同监督。

3. 教学重难点

重点：学习不同营养物质对人体的不同作用，让学生意识到每餐都要吃得全面，不偏食、不挑食。

难点：引导学生将所学健康饮食知识转化为日常生活中的持续习惯，促进家长、同学、老师的共同监督。

（五）教学资源

（1）硬件资源：活动教室、学生按照6人一组排好位置；厨师帽、菜单、一块干净的黑板或白板。

（2）软件资源：配套PPT（包括视频《小猪儿童动画：学习健康饮食习惯》）。

二、课程实施

（一）教学活动

1. 播放《小猪儿童动画：学习健康饮食习惯》

活动目标 学生观看、分析视频，从而认识到不良饮食习惯的危害，老师揭示本课主题。

指导语 同学们，让我们一起先看一段小猪的动画，看看它是怎么吃饭的。看完后，我们要一起讨论哪些饮食习惯是好的，哪些不好，怎样吃才能更健康。让我们一起学习吧！

活动程序

（1）播放动画《小猪儿童动画：学习健康饮食习惯》（见课程拓展），请学生认真观看。

（2）教师提问：小猪一开始的饮食习惯好吗？小猪只吃自己喜欢吃的东西造成了什么样的后果？

结语 小猪在前半段视频中只吃自己喜欢的东西，如汉堡、披萨、烤肠、培根……结果它很快就肚子疼了，好在它及时改变了自己的吃饭习惯，才重新恢复了健康。今天我们就一起来看看，在生活中，我们要怎么吃才能既保证身体健康又营养全面呢？

2. 认识我的身体"燃料"

活动目标 帮助学生理解不同食物对身体的作用。

指导语 想象一下，我们的身体就像是一台神奇的机器，需要能量才能动起来。而食物就是这台机器的"燃料"，给我们提供力量和活力。不同的食物会给我们提供不同的能量和营养，让我们一起看看它们各自的功能吧！

活动程序

（1）介绍健康饮食的基本原则（一日三餐需摄入适量的蛋白质、碳水化合物、脂肪、纤维、维生素和矿物质）。

（2）解释不同食物对身体的作用：通过比喻和实例展开，如碳水化合物作为"能量仓库"，给我们提供能量；蛋白质作为"建筑大师"，修复身体里的各种组织；脂肪作为"保温箱"，保护人体的各个器官；蔬菜

和水果作为"健康守护者",帮助我们抵抗疾病。

（3）讨论环节：引导学生讨论并分享他们对健康饮食的理解。

结语 现在我们明白了,每种食物都有它的营养价值和作用。选择健康多样的食物,身体才会更健康哦!

3. 角色扮演：营养餐厅

活动目标 通过角色扮演,让学生分析一日三餐的搭配是否合理,并培养他们的实践能力。

指导语 由于刚才每位同学听得都非常认真,所以现在我们要开一家班级营养餐厅,让各位同学大展身手,想要报名的同学请举手。接下来,让我们认真听活动的规则。

活动程序

（1）学生分成小组,每组选择一名"营养师"和一名"厨师"。

（2）"厨师"根据模拟的食材制作一日三餐的菜单。

（3）"营养师"根据膳食指南分析菜单的营养搭配,给出改进建议。

（4）各小组展示并交流他们的菜单和营养分析。

结语 通过角色扮演,我们学会了如何合理搭配食物。希望大家在真实生活中也能运用这些知识,为自己和家人制定健康的饮食计划!

4. 健康饮食承诺墙

活动目标 引导学生将所学健康饮食知识转化为日常生活中的持续习惯,培养学生的自律性,促进家长、同学、老师的共同监督。

指导语 经过一系列的动画观看、角色扮演和小组讨论,我们今天的活动即将接近尾声。回顾今天的课堂,我们认识到了健康、多样化的饮食对于保持身体健康的重要性。现在,让我们将所学的知识转化为实际行动,共同制定一个属于我们班级的健康饮食承诺墙,时刻提醒自己每天都要好好吃饭。

活动程序

（1）板书标题："健康饮食承诺墙"。

（2）学生依次上前,表达自己的承诺："我承诺,我会……"并在黑板上签名。

结语 大家都勇敢地站在了承诺墙前,做出了自己的承诺。希望大家都能够信守承诺，健康饮食，快乐成长！

（二）活动延伸

课后作业：健康饮食习惯评价表

评价内容	自评	同学评	老师评
每天摄入多种食物，包括蔬菜、水果、鱼、肉、豆制品、蛋类、奶类等			
三餐规律，定时定量，不暴饮暴食			
控制食盐和糖的摄入量，保持低盐低糖饮食			
每天摄入足够的水分，保持身体水分平衡			

评价标准：1星，几乎从未做到或完全未做到；2星，偶尔做到，但需要提醒或监督；3星，一半时间能做到，有一定的自觉性；4星，大部分时间能做到，饮食习惯良好；5星，总是能做到，饮食习惯优秀。

（三）效果评价

教学效果评价内容		分值	评价			
			优秀 (9~10)	良好 (7~8)	一般 (6)	较差 (0~5)
学生	1. 对本课的内容感兴趣，有参加活动的意愿	10				
	2. 愿意参与交流分享	10				
	3. 通过体验有所感悟	10				
教师	1. 教学内容正确，没有理论上的错误	10				
	2. 教学环节完整、流畅	10				
	3. 课堂注重体验性，活动形式活泼新颖	10				
	4. 尊重学生，注意倾听	10				
	5. 引导学生思考和感悟，讲究方法，自然不生硬	10				
	6. 课件和板书贴合教学需要	10				

续表

教学效果评价内容		分值	评价			
			优秀 (9~10)	良好 (7~8)	一般 (6)	较差 (0~5)
整体	整堂课有无亮点所在	10				
对本节课的意见和建议						
总分	满分为 100 分,您给本节课打分,总分为( )分					
总体评价	( )优秀 ( )良好 ( )一般 ( )较差					

三、课程拓展

（一）课内活动资料

视频《小猪儿童动画：学习健康饮食习惯》。

（二）课外拓展资料

各营养物质的作用和功能

为了维持生命活动，我们的身体需要摄取各种营养物质。这些营养物质包括碳水化合物、蛋白质、脂肪、维生素和矿物质等，每一种都在我们的生活中扮演着至关重要的角色。

碳水化合物是我们的主要能量来源，它们为身体提供必要的能量以支持日常活动。选择健康的碳水化合物来源，如全谷物和玉米、红薯等粗粮，有助于避免血糖波动过大。

蛋白质是构建和修复身体组织的关键成分，也是许多重要酶和激素的组成部分。我们需要从食物中摄取足够的蛋白质，以支持身体的生长和恢复。

脂肪也是重要的营养物质，为身体提供能量并维持细胞功能。选择健康的脂肪来源，如橄榄油、鱼类、坚果和种子，有助于避免摄入过多的饱和脂肪酸和反式脂肪酸。

维生素和矿物质参与免疫系统的调节、骨骼健康、视力保护以及血液凝固等生理过程，对于维持身体正常功能至关重要。多样化的饮食、每日坚持食用蔬菜和水果是摄取足够维生素和矿物质的关键。

综上所述，各种营养物质在我们的生活中发挥着不可或缺的作用。通过选择健康的食物，我们可以确保身体获得所需的营养，从而保持健康和活力。让我们珍惜并善用这些营养物质，为生活增添色彩和活力。

第三章 培养健康饮食行为

第四章　学会自我保护

一、课程设计

（一）课程名称、对象和时间

课程名称：身体红绿灯

适用对象：小学低年级学生

上课时间：35 分钟

（二）教学目标

（1）了解身体隐私部位，明确与他人接触的边界。

（2）通过情景模拟生活实例，学习自我保护的方法。

（3）增强自我保护意识，并学会求助。

（三）理论依据

性健康教育包括性生理、性心理、性道德以及性法律的教育，学校应该根据学生的身心发展特点和需求展开针对性指导，传播科学的性知识，培养学生的自我保护能力，并帮助学生树立健康的性价值观。小学阶段学生已经有了性别意识，学校不仅要引导学生喜欢自己的性别，了解男生和女生的区别，学会和异性恰当交往，还要帮助学生了解身体的秘密，增强自我保护意识，掌握自我保护的方法，顺利过渡到青春期。

《中小学心理健康教育指导纲要（2012 年修订）》明确提出了从小学到高中各个阶段的性健康教育的具体目标与内容。《中华人民共和国未成年人保护法（2020 年修订）》提出学校应当对未成年人开展适合其年龄的性教育，提高未成年人防范性侵害、性骚扰的自我保护意识和能力；对遭受性侵害、性骚扰的未成年人，学校应当及时采取相关的保护措施。《未成年人学校保护规定》也提出要有针对性地开展青春期教育、性教育，使学生了解生理健康知识，提高防范性侵害、性骚扰的自我保护意识和能力。

（四）教学策略

1. 学情分析

小学低年级的学生，已经初步具有性别意识，知道男生和女生在外貌、衣着等方面存在差别，能够明确自己的性别并建立起基本的性别意识。但是学生自我保护意识还是非常薄弱的，不少学生不能区分与他人接触的界限，遇到不舒服的接触时不知道如何拒绝，甚至对不恰当的行为没有明确的概念，防范意识不强。为了更好地保护自己，学生需要了解身体隐私部位，明确与他人接触的边界，增强自我保护意识，并在有需要的时候及时寻求帮助。

2. 教学设计分析

为了达成活动目标，本节课分为4个活动：

活动一：通过热身活动初步体验身体接触的界限，引出课题。

活动二：通过绘画等形式，引导学生了解身体的隐私部位，初步形成自我保护意识。

活动三：通过小小辩论赛的形式，引导学生进一步明晰具体情境下身体接触的界限，进而学会保护自己的隐私。

活动四：通过角色扮演，掌握自我保护的方法并学会及时求助。

3. 教学重难点

重点：通过绘画、辩论等形式让学生了解身体的隐私部位，初步意识到要保护自己的隐私，形成保护意识。

难点：辨别具体情境下身体接触的界限，勇敢拒绝不良接触，掌握自我保护的方法。

（五）教学资源

（1）硬件资源：卡通小人画像、彩色笔、活动教室，学生按性别4~5人一组排好位置。

（2）软件资源：配套PPT（包括歌曲《找朋友》）。

二、课程实施

（一）教学活动

1. 热身活动——找朋友

活动目标　通过热身活动初步体验身体接触的界限，引出课题。

指导语　同学们，大家都非常熟悉《好朋友》这首歌曲，下面我们一起玩一个小游戏，边听歌边找到自己的好朋友，并跟着歌曲一起做相应的动作。

活动程序

（1）播放《找朋友》歌曲，请学生离开位置找到自己的好朋友，并跟着歌曲一起做相应的动作，可以两个人也可以多人一起。

（2）换音乐，老师说指令，请同学们按照老师的指令做动作，如果有些指令你不想做可以选择不做。（指令：握握手，拍拍肩，顶顶头，碰碰鼻，拉拉手，贴贴脸，抱一抱）

（3）提问：听着《找朋友》这首歌做相应的动作时是什么心情？按照老师说的指令来做时是什么心情，有没有哪些动作是自己不想做的，为什么？

结语　有些身体接触让我们非常开心愉快，有的身体接触却让我们感觉不舒服，看来并不是所有的身体接触都是合理的，今天我们就一起看看身体接触的界限吧！

2. 身体红绿灯

活动目标　通过活动，了解身体的隐私部位，明确人与人接触的边界。

指导语　我们的身体有一部分是不能给别人看、不能给别人触碰的。每个小组都会拿到一张人物图片，请用红色涂一涂其他人绝对不能碰触的地方，绿色涂一涂其他人可以碰触的地方，黄色涂一涂有的人可以碰触、有的人不能碰触的地方。

活动程序

（1）将同学们分成6组，给学生分发卡通人物图片，每个小组一张，第一、二、三组同学（男生组）拿到的是小男孩的图片，第四、五、六组

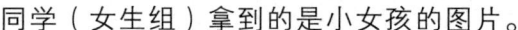

同学（女生组）拿到的是小女孩的图片。

（2）教师讲解活动规则，学生按照要求完成任务。

（3）学生完成任务后，请某一组男生将自己组的卡通人物贴到黑板上，并邀请小组内一位同学阐述涂色及理由，在这个过程中教师根据学生回答进行引导，该组同学分享完成后，请同性别的另外两个小组进行补充说明，或者提出不一样的意见，教师引导大家进行思考辨析；重复此过程完成女生组涂色分享。

（4）提问：日常生活中如何保护自己的隐私部位？学生进行分享，教师板书。（预设：用衣服遮住、拒绝他人接触、不随地大小便、穿脱衣服避开他人……）

结语　通过刚才的活动你们已经明确了身体的隐私部位，也知道了如何保护自己的隐私，现在邀请你们开动大脑帮一帮小欣同学。

3. 小欣的烦恼

活动目标　通过活动，引导学生进一步明晰具体情境下身体接触的界限，进而学会保护自己的隐私。

指导语　小欣同学最近遇到了一个难题，她苦恼极了，大家一起来帮她想想办法。

活动程序

（1）教师出示小欣的烦恼：老师和家长都说不能让别人看自己的隐私部位，可是上次去医院，医生叔叔却掀起她的衣服看了隐私部位，而且妈妈在旁边也没有阻止医生叔叔。

（2）学生分享自己的看法。

（3）教师进行引导：医生为了给我们看病，有时会看我们的隐私部位，甚至还会触摸我们的隐私部位，小时候我们都在爸爸、妈妈的陪同下看医生，长大后我们可能自己也会看医生，这都是合理的，但如果医生的触摸让你非常不舒服，就要小心了。

（4）是是非非我来辨：

①隐私部位就是被内衣遮住的部分，其他部分都不是隐私部位。

②隐私部位不能让别人摸，但是可以让别人看。

③爸爸、妈妈都是我非常亲密的人，可以让他们随意看看、摸摸我的

隐私部位。

④我的亲人不会故意摸我的隐私部位。

结语 通常隐私部位是指被内衣遮住的部分，但是如果你的手、耳朵等任何一个部位你不喜欢让别人碰触，别人强行碰你都算是侵犯了你的隐私部位，要勇敢地向别人说"不"。隐私部位既不能随便让人摸，也不能随便让人看。即使是我们的爸爸、妈妈以及其他亲人都不能随便看或者摸我们的隐私部位，但是当自己隐私部位不舒服时可以让爸爸、妈妈看看，给自己提供帮助，如果去看医生，可以要求爸爸、妈妈陪着自己。

4. 心理情景剧

活动目标 通过角色扮演掌握自我保护的方法。

指导语 通过前面的学习我们已经了解了身体的隐私部位，接下来我们一起来看看如果有人侵犯我们的隐私部位时，我们该怎么做？

活动程序

（1）出示情境：爸爸的好朋友来我们家里玩，他抱起我一直亲我，可是我不想让他亲，他的手还在我的身上摸来摸去，我很不舒服，甚至还把手伸到我的衣服里摸我的肚子。

（2）教师提问：遇到这种情况你们如何应对？

（3）学生进行分享，教师小结并板书：大声拒绝、离开叔叔、告诉家长……

（4）根据所学进行演一演可以如何说、如何做。

结语 今天我们学习了身体的隐私部位以及如何保护隐私，希望大家能利用课堂所学保护好自己，健康快乐成长。

（二）活动延伸

（1）请画出自己的自画像，并标出身体的隐私部位。

（2）与父母一起阅读绘本故事《邪恶的秘密》，和父母一起学习预防性侵犯的知识，并讨论遭遇性侵犯时正确的应对方法。

（三）效果评价

教学效果评价内容		分值	评价			
			优秀 (9~10)	良好 (7~8)	一般 (6)	较差 (0~5)
学生	1. 对本课的内容感兴趣，有参加活动的意愿	10				
	2. 愿意参与交流分享	10				
	3. 通过体验有所感悟	10				
教师	1. 教学内容正确，没有理论上的错误	10				
	2. 教学环节完整、流畅	10				
	3. 课堂注重体验性，活动形式活泼新颖	10				
	4. 尊重学生，注意倾听	10				
	5. 引导学生思考和感悟，讲究方法，自然不生硬	10				
	6. 课件和板书贴合教学需要	10				
整体	整堂课有无亮点所在	10				
对本节课的意见和建议						
总分	满分为 100 分，您给本节课打分，总分为（　　　）分					
总体评价	（　）优秀　（　）良好　（　）一般　（　）较差					

三、课程拓展

（一）课内活动资料

（1）音频《找朋友》。

（2）男生和女生身体画像。

（二）课外拓展资料

1. 绘本《邪恶的秘密》，【韩】刘炫（文），【韩】崔熙英（图），浙江教育出版社

绘本《邪恶的秘密》以小女孩妮妮的亲身经历为线索，引导小朋友学会应对大人的类似"这是我们之间的秘密"这样的话，通过阅读，大家可以教给小朋友一些预防性侵犯的知识以及遭遇性侵犯时正确的应对方法，让小朋友学会分辨是非并主动寻求帮助，从而保护好自己。

2.《中国儿童性教育全彩绘画读本：成长与性》（上、下两册），胡萍著，科学出版社

《成长与性》运用儿童喜爱的全彩绘画版，通过图文并茂的形式让儿童青少年了解男孩和女孩的身体构造、学会保护自己并尊重他人的隐私、了解生命的起源、学会预防性侵害等，整本书通俗易懂，适合家长和孩子一起共读。

（三）其他

板 书	
保护隐私	自我保护
遮住	大声说"不"
拒绝	离开
不随地大小便暴露隐私	向家长或老师求助……
穿衣服避开他人……	生命至上

第五章　了解垃圾分类

一、课程设计

（一）课程名称、对象和时间

课程名称：垃圾分类·保护环境

适用对象：小学中年级学生

上课时间：35分钟

（二）教学目标

（1）了解生活垃圾的定义、危害、处理方法以及垃圾分类的意义。

（2）掌握垃圾分类方法（有害垃圾、可回收物、湿垃圾和其他垃圾/干垃圾），培养学生的垃圾分类习惯。

（3）引导学生对可回收垃圾进行再利用，培养学生的环保意识。

（三）理论依据

党的十九大报告指出，人民对美好生活的向往就是我们的奋斗目标，必须坚持人与自然和谐共生。习近平总书记强调，"建设生态文明是中华民族永续发展的千年大计""绿水青山就是金山银山""普遍推行垃圾分类制度，关系13亿多人生活环境改善，关系垃圾能不能减量化、资源化、无害化处理"。卓越的城市，应该是人人支持绿色发展，敢于向落后的生产生活方式宣战；应该是人人倡导生态文化，在潜移默化中自觉养成环保习惯；应该是人人参与垃圾分类，用文明的双手装扮美丽家园。

2019年4月26日，住房和城乡建设部等部门发布了《关于在全国地级及以上城市全面开展生活垃圾分类工作的通知》，决定自2019年起在全国地级及以上城市全面启动生活垃圾分类工作。减少垃圾占地面积，提高土地利用率。生活垃圾中有些含有有害物质，不容易降解，土地受到严重破坏。如果进行分类能将可回收的去掉，减少填埋数量60%以上。

变废为宝，有效利用资源。

保护环境，人人有责。对受到污染和破坏的环境进行综合治理，以创造出适合于人类生活、工作的环境。懂得垃圾分类的意义，树立环保意识，节约资源必须从"我"做起，平时生活中应注意减少污染，关注环境，关爱生命。

（四）教学策略

1. 学情分析

孩子们较少关注小区中垃圾驿站的垃圾桶，家中的垃圾多数情况下都是家长去处理的，孩子参与较少、生活体验不丰富。在垃圾分类的实践经验中，学生对于餐厨垃圾比较熟悉，知道剩饭剩菜、果皮等食物残渣是餐厨垃圾，但对于垃圾分类的其他类别没有更多的经验。本节课让学生通过亲身感知、具体操作，建立起对垃圾分类的认知，让学生体验垃圾对环境的危害，培养学生的环保意识。

2. 教学设计分析

为了达成活动目标，本节课分为3个活动：

活动一：通过观看和分析图片，了解什么是生活垃圾，有什么危害，垃圾处理的方法，知道垃圾分类的意义。

活动二：通过观看视频和游戏活动，学会对常见的生活垃圾进行分类，成为一个垃圾分类小能手。

活动三：通过现场观看一些变废为宝的小作品或工艺品，让学生尝试回家自己做一个变废为宝的小作品，培养学生节约资源的意识，使他们成为环保小能手。

3. 教学重难点

重点：认识各类垃圾标识，并能根据不同的垃圾进行分类。

难点：了解垃圾分类的好处，引导学生爱护环境，从自身做起。

（五）教学资源

（1）硬件资源：学生4~5人一组，每组准备一些小卡片，上面是一些不同的垃圾图片、不同颜色的垃圾桶图标。准备一些变废为宝的小作品或工艺品。

（2）软件资源：课件PPT，视频《垃圾分类》。

二、课程实施

（一）教学活动

1. 垃圾是什么

活动目标 通过观看和分析图片，了解什么是生活垃圾、有什么危害、垃圾处理的方法，知道垃圾分类的意义。

指导语 同学们，大家先看看这几张照片，照片中的环境怎么样。

讲到生活垃圾，是不是让你立刻感到臭味熏天、蚊蝇乱飞？其实，做到良好、有序的垃圾分类，及时、高效的垃圾清运处置，周围的环境自然就会美美的。那么问题来了，垃圾怎么分类呢？谁又是处理城市垃圾的幕后英雄？垃圾最后何去何从？想知道这些答案，今天这节课就是让大家了解咱们的生活垃圾是怎么处置的，现代化的垃圾处理厂是什么样的；那些放错位置的垃圾一旦得到正确对待，又是如何焕发新颜的；大家是不是跃跃欲试了？

活动程序

1）生活垃圾的定义

生活垃圾是指单位和居民在日常生活及为日常生活服务中产生的废弃物。

2）生活垃圾的危害

（1）土壤：生活中的很多垃圾都是有害的，如果堆放在地上或者填埋起来，它们会完好地躺在那里数十年甚至上百年而不被降解。而它们中的有毒成分和重金属进入土壤后，土地就失去了利用价值。

（2）空气：裸露的垃圾堆产生的臭气是由垃圾腐化后产生的氨、硫化氢等气体组成的，对人体是有直接伤害的。

（3）水：一粒纽扣电池可以污染600吨的水，相当于一个人一生的饮水量。

（4）对其他生物的影响：生活垃圾对生态系统的平衡造成破坏，如垃圾中的重金属等有害物质通过食物链进入生物体内，影响生物的生长和繁殖。

3）每天产生多少垃圾？每个人每天产生多少垃圾？

上海这样2400万人口的城市每天产生的垃圾量，如果用厢式货车装，可以排成50千米的长队。一人一天制造的垃圾大概1.2千克。据国家生态环境部数据显示，2023年我国大、中城市生活垃圾产生量约为2.8亿吨，城镇生活垃圾在以5%~8%的速度递增，垃圾分类，迫在眉睫。

4）垃圾是如何处理的？

（1）填埋：将垃圾倒入预先准备的坑中，并用压实等方法进行处理，以减量化和控制污染。

（2）焚烧：将可燃垃圾在高温下燃烧，转化为无害的灰渣，同时利用燃烧产生的热量发电。

（3）堆肥：将有机垃圾通过微生物分解成腐殖质，用作肥料或土壤改良剂。

（4）其他技术：如生物处理、回收利用等。

结语　焚烧可以有效减少垃圾的数量和环境污染，但也可能带来一定的空气污染和水污染问题。因此，垃圾处理应结合多种技术和方法，确保既能有效地处理垃圾又能保护环境。

2. 垃圾如何分类

活动目标　通过观看视频和游戏活动，学会对常见的生活垃圾进行分类，知道垃圾分类可以保护环境。

指导语　同学们还记得开始上课时看到的几张图片吗？有那么多的垃圾，我们周围也有许多垃圾，我们应该怎么做？

尽可能地减少垃圾产生！做好垃圾分类！

活动程序

1）播放视频《垃圾分类》

（1）有害垃圾（红色）：对人体健康或自然环境造成直接或者潜在危害的，且应当专门处置的废弃物。我们生活中常用的充电电池、纽扣电池、荧光灯管、油漆桶、过期药品都是有害垃圾。

（2）可回收物（蓝色）：可回收物是指适宜回收、循环使用和资源利用的废弃物品，主要包括纸张、废旧塑料、废金属等。

（3）湿垃圾（棕色）：也就是生活中的瓜皮果皮、剩菜剩饭等。不过榴莲壳和大骨头不算湿垃圾。

（4）干垃圾（黑色）：除此以外，其余无法归为上述3类的垃圾则全部被划入干垃圾。

2）如何投放垃圾

（1）可回收垃圾：立体物先压扁；尖锐边角应包裹；保持清洁干燥；注意轻投轻放。

（2）有害垃圾：灯管、药品连带包装投放；压力罐破孔投放。

（3）湿垃圾：沥干收集，去除包装物。

（4）干垃圾：类别分辨不清的投放到干垃圾。

3）生活垃圾的收运

（1）湿垃圾、干垃圾每日分类投放，日产日清，分别由对应的收集专用车清运。

（2）有害垃圾及时投放，定期或预约收运，由有害垃圾收集专用车清运。

（3）可回收物随时纳入废品回收系统，由可回收物收集专用车清运。

4）小组活动：大家一起分一分

每组准备一些小卡片，上面是一些不同的垃圾图片（有废纸、果皮、塑料袋、剩饭、旧报纸、树叶、口香糖、泡沫塑料、硬果壳、橡皮泥、胶水胶带、笔、面包、蛋壳、植物、糕饼、糖果、蜜饯类，等等），让学生分类在不同标识的垃圾桶图标卡片里。

5）小组代表上台展示，教师点评

结语 同学们，垃圾分类很重要，不仅可以把有用的垃圾回收，还可以减轻垃圾场工作人员的劳动量，这真是一举两得的好事情。

3. 变废为宝

活动目标 通过现场观看一些变废为宝的小作品或工艺品，培养学生废物回收再利用的环保意识。

指导语 同学们，刚才我们在视频里看到，可回收的垃圾通过资源回收系统回收后，经过再加工，可以成为生产原料，或者经过整理后变废为宝，再次被我们利用。当然对于一些可回收垃圾，我们可以用其做一些小工艺品。

活动程序

（1）学生做的小作品或工艺品展示。

（2）让学生分享体会，可以布置回家作业：让学生尝试制作一个变废为宝的小作品。

结语　同学们，通过今天的学习，你是不是对生活中的垃圾有了新的认识呢？现在是不是可以理直气壮地说你会扔垃圾了？环境保护、垃圾分类期待你的参与！我们只有一个地球，我们都是地球公民！只要我们改变一下生活习惯就可以为环保出力！

（二）活动延伸

（1）小组讨论：日常生活中，我们在家里会产生哪些垃圾？写在不同的卡片上，小组互换卡片，让学生利用卡片进行垃圾分类的练习。

（2）画一幅垃圾分类的宣传海报或尝试制作一个变废为宝的小作品。

（三）效果评价

教学效果评价内容		分值	评价			
			优秀 (9~10)	良好 (7~8)	一般 (6)	较差 (0~5)
学生	1.对本课的内容感兴趣，上课能举手发言	10				
	2.都愿意参加小组活动并能分享	10				
	3.通过活动有所收获（学会垃圾分类）	10				
教师	1.教学内容正确，没有理论上的错误	10				
	2.教学环节完整、流畅	10				
	3.设计内容新颖，活动形式活泼	10				
	4.尊重学生，注意倾听	10				
	5.引导学生思考和实践	10				
	6.课件和板书贴合教学需要	10				
整体	整堂课有无亮点所在	10				
对本节课的意见和建议						
总分	满分为100分，您给本节课打分，总分为（　　）分					
总体评价	（　）优秀　（　）良好　（　）一般　（　）较差					

三、课程拓展

（一）课内活动资料

（1）视频《垃圾分类》。

（2）课件PPT。

（二）课外拓展资料

目前我国的垃圾处理多采用填埋的方式，不仅占用大量的土地面积，还会造成环境污染。在现有的生产技术条件下，将丢弃的垃圾按品类处理，将有效物质和能量利用起来，将无用垃圾进行填埋，这样不仅可以提高对垃圾资源的利用，还可以减少垃圾处置量。我们的生活垃圾中有30%~40%可回收并进行合理利用。以塑料制品为例，相关数据显示，我国每年使用塑料快餐盒的数量高达40亿个、一次性筷子10亿双、方便面碗5亿~7亿个，这些占生活垃圾的15%左右，而1吨废塑料可提炼600千克柴油。

1. 垃圾分类，可以减少对水体的污染

垃圾分类可以减少渗滤液产生，减少对地下水和地表水的污染。水是人类赖以生存的宝贵自然资源。未分类的混合垃圾由于含有60%以上的湿垃圾，极易产生渗滤液。渗滤液处理起来十分棘手，而且要花很大的代价。如果渗滤液处理能力跟不上，处理不及时，有害成分可能会污染地表水、地下水，甚至通过食物链影响人体健康。

2. 垃圾分类，可以减少对土地的侵占

生活垃圾中有些物质不易降解，如果随意堆放或者无序填埋，这些物质数十年甚至上百年都不会降解。未分类垃圾中的有害垃圾，如重金属，进入土壤后，土地就会失去利用价值。垃圾分类把湿垃圾及可回收物分出来，可以减少35%以上的垃圾处置量，有效减少处理设施建设对土地的占用。

3. 垃圾分类，可以提高湿垃圾的资源化利用

生活垃圾中的剩菜剩饭、瓜皮果皮、过期食品、花卉绿植等生物垃圾是可以制成有机介质土的资源，每回收1吨厨余垃圾可制成0.3吨有机质

含量大于70%的营养土。垃圾分类可以获得更多纯净的湿垃圾和有机肥，让老百姓少吃"化肥蔬菜"。此外，湿垃圾中的有机物在密闭的厌氧罐中进行发酵，产生沼气并进行沼气发电，1吨湿垃圾能产生沼气约80立方米，燃烧后发电约150度。

4. 垃圾分类，可以促进资源循环与可持续发展

随着垃圾分类，大量的玻璃、金属、塑料、纸质、织物类的包装、容器、产品等物质，就可以被回收循环再利用，有效地节约各类资源，减少对矿产的开发和森林的砍伐，保证环境资源可持续发展，造福子孙后代。

第六章 保持口腔卫生

一、课程设计

（一）课程名称、对象和时间

课程名称：口腔卫生

适用对象：小学中年级学生

上课时间：35 分钟

（二）教学目标

（1）了解牙齿的种类、功能和外形特点。

（2）了解龋齿产生的原因及预防方法。

（3）掌握正确的刷牙方法，保持口腔清洁。

（4）理解日常饮食、卫生习惯的重要性，形成正确的护齿理念。

（三）理论依据

健康乃是一种身体上、精神上、社会适应上的完全良好状态，而不仅是没有疾病和虚弱。口腔健康作为全身健康的重要组成部分，是维系和提高生命质量的重要因素，包括牙齿清洁、无龋洞、无痛感，牙龈颜色正常和无出血现象等。WHO 对于口腔健康的标准是：①牙齿干净整洁、无炎症；②牙龈颜色正常，无出血。正常人的牙龈颜色呈现淡粉色，牙龈组织可以紧紧地包裹住牙齿，不会出现牙龈萎缩的情况，在刷牙的时候不会出现牙龈出血的情况。吃饭的时候牙齿也没有不适感，就说明口腔卫生是做得比较到位的，符合 WHO 对于口腔健康标准的定义。

统计资料显示，中国达到牙齿健康标准的人口比例低于 1%，严重牙病患者超过 30%。不良的口腔卫生习惯、饮食习惯和对口腔医疗卫生服务的利用等都会影响到口腔健康，例如在吃完甜食后没有刷牙的习惯，细菌迅速以这些食物残渣为食并形成牙菌斑附着在牙齿上，细菌产生的酸性物质会破坏牙釉质，容易产生龋齿，从而损害牙齿健康；又比如说平日里喜爱吃辛辣的食物，就会导致口腔黏膜受到刺激，从而产生口腔溃疡。

（四）教学策略

1. 学情分析

本节课是针对小学中年级学段的学生而设计的，学生正在经历乳牙换成恒牙的过程。通过自己掉牙的经历让学生知道乳牙、恒牙的相关知识。学生身体正处于发育阶段，但他们关于牙齿的保健常识却知之甚少，而且每个家长的态度和具体的做法有所差异，会影响学生牙齿的生长，所以尽快让学生掌握正确的刷牙方法，了解龋齿的形成过程，做好牙齿的保健尤为重要。另外，学生在换牙的时期，会遇到各种各样的牙病，可是又往往怕去看牙医，这就需要老师给予正确的引导，让学生在发现自己有牙病的时候，要让家长及时带自己去医院，接受牙齿检查与治疗。希望学生学会正确的刷牙方法，养成正确的饮食习惯，保持口腔清洁。

2. 教学设计分析

为了达成活动目标，本节课分为3个活动：

活动一：通过数一数、看一看、想一想及观察牙齿模具，让学生知道牙齿的数量、种类及功能。

活动二：通过让学生观看龋齿的形成过程视频，让学生感受到爱护牙齿的重要性，以及让学生知道如何预防龋齿。

活动三：通过学习刷牙的正确方法，提出《健康从"齿"开始倡议书》，从而养成良好的口腔卫生习惯，培养学生健康文明的生活方式。

3. 教学重难点

重点：认识牙齿的结构及功能，知道龋齿的预防方法，学会正确的刷牙方法。

难点：知道龋齿的形成过程，分析不良的饮食、卫生习惯与龋齿发生之间的关系，理解口腔卫生的重要性。

（五）教学资源

（1）硬件资源：整副牙齿模型；切牙、尖牙和磨牙模型；牙刷若干。

（2）软件资源：本节课PPT，关于龋齿和护牙的视频（包括《牙齿种类》《牙齿功能》《龋齿的形成》《龋齿2》）。

二、课程实施

（一）教学活动

1. 牙齿的数量、种类和功能

活动目标 通过观察牙齿模型，简单了解牙齿的种类、功能和外形特点。

指导语 统计资料显示，中国牙齿健康人口比例低于1%，严重牙病患者超过30%。同学们，你们知道全国爱牙日是哪一天吗？（答案：9月20日）

活动程序

1）数一数：你自己或帮你的同伴数一数有几颗牙

（1）乳牙20颗，恒牙28~32颗（有些人会长智齿，数目为0~4颗）；换牙期间，嘴里既有乳牙又有恒牙，数量在20~28之间。

（2）什么是乳牙？乳牙又称奶牙，是人生的第一副牙齿，共20颗，上、下颌各10颗。

（3）展示婴幼儿时期乳牙萌出时间和顺序（PPT），食物的咀嚼全凭乳牙来完成。

（4）什么是恒牙？数量有变化吗？（PPT）

过渡语 随着孩子一天天地长大，身体需要的营养成分增多，食物的种类逐渐接近于成人，乳牙胜任不了咀嚼的工作，所以，孩子到了6~7岁时，乳牙开始脱落，恒牙开始长出。恒牙是人生的第二副牙齿，也是人生的最后一副牙齿。之所以称之为"恒牙"是因为它不会再替换，是伴随终生的牙齿，而且牙坏了以后不会自行修复，属于不可再生资源哦。恒牙一般有28~32颗，有的人很幸运一生拥有28颗牙齿，因为他不长智齿呀；有的人有30颗牙齿，其中包括2颗智齿；有的人有32颗牙齿，长了4颗智齿呢！

2）出示牙齿模型，看一看每颗牙的形状相同吗？想一想不同形状的牙齿作用一样吗？（视频播放：《牙齿种类》《牙齿功能》）

（1）切牙：切割。

（2）尖牙：撕裂。

（3）磨牙：磨碎、咀嚼。

3）牙齿结构和作用

（1）牙釉质：人体中最坚硬的物质，起保护作用。

（2）牙本质：近似骨骼结构。

（3）牙髓腔：内有血管和神经。

结语 健康的乳牙是健康恒牙的基础，保护牙齿可别偷懒哦。

2．龋齿的形成和预防

活动目标 通过观看关于龋齿的视频资料，了解龋齿产生的原因及预防方法。

指导语 俗话说"牙痛不是病，痛起来真要命"。为什么得了龋齿会牙痛？

活动程序

1）观看视频《龋齿的形成》

形成龋齿四因素：糖、淀粉；细菌；宿主（牙齿）；时间。

2）观看视频《龋齿2》：为什么得了龋齿会牙痛？

（1）早期龋坏在牙齿的外层釉质，没有痛感。

（2）向深层发展，接近牙神经，冷水刷牙痛。

（3）侵犯牙神经，晚上有剧痛，必须治疗。

3）如何判断是否患有龋齿？

（1）看牙齿咬合面、颜色是否正常——洁白或淡黄色。是否呈白垩色无光泽（粉笔白）或有黑点、黑线？

（2）食物是否会嵌塞在牙缝中？

（3）是否嘴里含着冷水时，牙齿就会酸疼？

（4）是否有吃烫的食物牙齿就酸痛的情况？

（5）咬东西时会牙痛吗？

（6）有松动的牙齿吗？（换牙除外）

（7）嘴里有臭味吗？

（8）牙齿是否有洞？

4）龋齿的预防

（1）早、晚和饭后要刷牙，或漱口，或利用牙线清除牙垢。

（2）少吃甜食。

（3）定期检查牙齿，最少每年1次。

（4）发生龋齿或牙周病时，能够及时提醒家长陪同就医。

（5）膳食要均衡。钙、磷和维生素D等物质都有助于保持牙齿的健康。

结语　龋齿的出现对大家身体的影响是非常大的，所以对于每一个人来说都应该做好预防龋齿的工作。

3. 护齿行动

活动目标　通过活动学会正确的刷牙方法，保持口腔清洁。认识到平常饮食、卫生习惯的重要性，从而形成正确的护齿理念。

指导语　同学们，口腔是身体健康的门户，做好口腔保健是身体保健的第一步。

活动程序

1）活动：比眼力

老师将提供3组图片（PPT展示），每组图片均会传达一个护齿好习惯，每组图片将展示两张内容、颜色、大小均相近的图，其中有3处不同，看谁既快又准找出它们。

知识点如下：

（1）不仅仅是早上，晚上睡觉前也要认真仔细地刷牙。

（2）医学研究证实氟可以减少和预防龋齿的发生。

（3）成人使用含氟牙膏，用量约在1/2牙刷头的位置就够，儿童使用含氟牙膏用量不应超过黄豆粒大小，以免在误吞时对身体不利。

（4）保持健康的饮食习惯不仅有益于牙齿健康，同时也有益于全身健康。应该多吃对牙齿健康有益的食物，比如粗粮、核桃、牛奶、玉米、水果等，少吃甜食和含糖饮料，时刻维护牙齿健康。

2）掌握正确的刷牙方法

采用巴氏刷牙法，刷毛和牙面呈45°，并且朝向牙龈，小幅颤动，牙刷每次运动幅度不超过2颗牙齿，来回颤动10次左右后，从牙根方面转动刷头，刷毛拂过牙面。每颗牙齿的每个面都要刷到，可以让几个同学示范一下。

3）学生讨论护牙的好方法，教师总结（倡议书）

结语　牙齿的健康对于同学们的成长至关重要，养成良好的清洁口腔的卫生习惯，刻不容缓！为了同学们能拥有一口健康的好牙，在此，我们向全体同学提出倡议：健康从"齿"开始——倡议书（PPT展示倡议书）。

（二）活动延伸

（1）每学期都有医生到学校给每个同学检查牙齿，就是检查有无牙菌斑（看颜色的变化），让学生了解龋齿好发部位在哪里，及早预防和治疗龋齿。（PPT展示）

（2）健康从"齿"开始——倡议书，同学们可以再补充修改。

（三）效果评价

	教学效果评价内容	分值	评价			
			优秀 (9~10)	良好 (7~8)	一般 (6)	较差 (0~5)
学生	1. 对本课的内容感兴趣，有参加活动的意愿	10				
	2. 愿意展示、交流、分享	10				
	3. 通过学习改变坏习惯	10				
教师	1. 教学内容正确，没有理论上的错误	10				
	2. 教学环节完整、流畅	10				
	3. 课堂注重实效性，活动形式活泼新颖	10				
	4. 尊重学生，注意倾听	10				
	5. 引导学生思考和感悟，让学生讲得出、做得到	10				
	6. 课件和板书贴合教学需要	10				
整体	整堂课有无亮点所在	10				
对本节课的意见和建议						
总分	满分为100分，您给本节课打分，总分为（　　）分					
总体评价	（　）优秀　（　）良好　（　）一般　（　）较差					

三、课程拓展

（一）课内活动资料

（1）视频《牙齿种类》。

（2）视频《牙齿功能》。

（3）视频《龋齿的形成》。

（4）视频《龋齿2》。

（5）本节课PPT。

（二）课外拓展资料

1. "三减三健"——健康口腔

（1）口腔健康是指牙齿清洁、无龋洞、无痛感，牙龈颜色正常、无出血现象。

（2）每天早晨起床后、晚上睡觉前分别刷牙1次。睡前刷牙更重要，养成刷牙后不再进食的好习惯。

（3）成年人每年至少进行1次口腔检查，及时发现口腔疾病并进行早期治疗。

（4）使用含氟牙膏是安全、有效的防龋措施，提倡使用含氟牙膏刷牙（高氟地区除外）。

（5）餐后、食用零食、饮用碳酸饮料后，应及时用清水漱口，清除食物残渣，或咀嚼无糖口香糖，可降低龋齿产生的风险。

（6）减少吃糖次数，少喝碳酸饮料。饼干、冰激凌、蛋糕、巧克力等含糖量高或黏度大的食物容易引起龋病，应降低这部分食物的摄入频率。

（7）儿童易患龋齿且进展较快，应每半年进行1次口腔检查。

2. 健康从"齿"开始——倡议书

亲爱的同学们：

每年的9月20日是"全国爱牙日"。口腔是身体健康的门户，做好口腔保健是身体保健的第一步。牙齿的健康对于我们的成长至关重要，养成良好的清洁口腔的卫生习惯，刻不容缓！为了我们能拥有一口健康的好牙，在此，我们向全体同学提出倡议：

（1）养成良好的口腔卫生习惯。做到饭后漱口，早晚都刷牙，刷牙时间要足够，每次应刷3分钟。

（2）掌握正确的刷牙方法。采用巴氏刷牙法，刷毛和牙面呈45°，并且朝向牙龈，小幅颤动，牙刷每次运动幅度不超过2颗牙齿，来回颤动10次左右后，从牙根方面转动刷头，刷毛拂过牙面。每颗牙齿的每个面都要刷到。

（3）正确选择牙刷。要使用自己的牙刷刷牙，应购买和使用保健牙刷，不要使用不合格的牙刷（如刷毛太硬或刷毛太密）刷牙。

（4）正确选择牙膏。根据自己口腔的实际情况选择合适的牙膏。含氟牙膏能降低40%的龋齿发病率，但3~4岁前的幼儿及高氟地区的人不宜使用。

（5）牙签和牙线的使用。牙签对上年纪的人很适用，但年轻人最好不用，以免出现牙缝变大。牙签应选用清洁、不易折断、光滑、无毛刺，横断面呈扁圆形或三角楔形的。牙线对牙龈损伤小，较安全，但使用时用力要轻柔。注意不要压入龈沟以下过深的牙龈组织内。

（6）定期做口腔检查。及时治疗牙病或口腔疾病。在幼儿时期，进行窝沟封闭能有效预防龋齿。

（7）不用牙齿咬硬物。比如不用牙开启瓶盖等。

（8）牙齿缺失、缺损后应及时镶补。牙齿的缺失、缺损对健康有一定的影响，如能及时修复，可保护牙齿健康，恢复正常的咀嚼功能。牙齿缺失易造成邻牙松动、对侧牙伸长和咬合创伤，也可造成食物嵌塞引起口臭、龋齿、牙周病等问题。

（9）养成良好的刷牙习惯。饭后用温开水漱口，早晚各刷牙1次。刷牙的次数不能太多，多了反而会损伤牙齿，刷牙的时间也不宜过长。刷牙要注意正确的方法，每颗牙齿的每个面都要刷到，不可横向来回用力刷，否则会损伤牙龈。

（10）平时要注意牙齿卫生，保护好牙齿。要少吃糖果，尤其是临睡前不要吃糖，预防龋齿。此外，要注意平时的卫生习惯，不咬手指头，不咬铅笔头等异物，不用舌头舔舐牙齿。

亲爱的同学们，关爱健康、保护牙齿，从今天做起！

第七章　培养健康作息

一、课程设计

（一）课程名称、对象和时间

课程名称：健康作息

活动对象：小学中年级学生

活动时间：35 分钟

（二）教学目标

（1）了解规律作息的重要性。

（2）了解充足睡眠的好处，能够及时睡觉，保证充足的睡眠。

（3）学习制定适合自己的健康作息表及学习计划。

（4）形成有规律的作息习惯和学习节奏，提高自律性。

（5）能够协调课内外的学习安排，保证每日运动量，促进自身的身心健康发展。

（三）理论依据

充足的睡眠、均衡的饮食和适当的运动，是国际社会公认的 3 项健康标准。睡眠是人体生理调节的一种主动过程，可以解除疲劳和恢复精神。每年的 3 月 21 日是世界睡眠日，于 2001 年设立，目的是引起人们对睡眠重要性和睡眠质量的关注。

教育部《生命安全与健康教育进中小学课程教材指南》指出，"应教育学生从小认识日常行为和生活方式对健康的影响"，要"注意养成良好生活习惯，形成健康的生活方式"。《上海市中小学生命教育指导纲要》（2005 年）明确小学中高年级生命教育内容重点之一是"养成良好的生活习惯和学习习惯，树立时间观念"。

(四)教学策略

1. 学情分析

小学中高年级学生正处于成长发育的关键时期,生理和心理都在发生很大的变化。他们的学习能力在逐步增强,但也容易受到外界因素的影响,同伴的作用也在逐步增加。

学生在进入中年级之后,学习内容不断深入和丰富,学习任务开始繁重,相对应的学习方法也需要发生变化。学生需要学会自主学习,掌握一定的学习方法和技巧,提高学习效率。这一阶段的学生,需要能够合理规划自己的学习时间,向自主学习、个性化学习过渡。

这一时期的学生尽管已形成一定的生活和学习习惯,但生活自理能力差异较大,他们需要培养良好的生活习惯,保证充足的睡眠时间,以保持良好的学习状态,逐步形成规律的生活作息,以适应学习节奏的变化。

2. 教学内容分析

"健康作息"这一系列的课程,可以围绕以下内容进行教学:

①健康作息:学生要知道健康作息的重要性,健康的作息包括哪些内容;②睡眠教育:引导学生了解正确的睡眠观念,培养良好的睡眠习惯;③规律用餐教育,让学生了解规律用餐对于身体和大脑的重要性,培养规律的用餐习惯;④制定适合自己的健康作息表,形成有规律的作息节奏,提高学习效率,提升学习能力。

对小学中高年级学生进行健康作息的教学和训练,能够帮助学生培养良好的学习习惯,有规律的作息有助于身体生物钟的正常运作,促进身体健康,预防疾病,增强学生的自我管理能力。

"健康作息"这一系列课程可以作为整个系列第四部分的教学内容,在学生对健康的作息习惯有了全面的了解后,根据自己的生活和学习节奏,制定适合自己的作息时间表,并在日常的生活中进行实践检验,将作息表调整到最适合自己的节奏。

3. 教学重难点

重点:制定适合自己的作息时间表,并在实践中进行检验。

难点:通过作息时间表,调整自己的生活和学习节奏,养成健康的生活方式,提高时间管理能力。

（五）教学资源

（1）硬件资源：学生4~6人一小组，围坐；每小组一份打乱的七巧板+盒子；每人一份《作息计划表》学习单。

（2）软件资源：课堂教学课件PPT。

二、课程实施

（一）教学活动

1. 游戏"回家"

活动目标 在游戏中知道每一块七巧板在盒子里都有它最合适的位置，为之后引入生活中的每一部分也都需要有其最合适的时间位置做准备。

指导语 这是一套七巧板，不小心从盒子里掉了出来，打乱了，你能把它们都装回盒子里去吗？需要全部放进盒子里哦！游戏限时1分钟。

活动程序

（1）出示七巧板。

（2）学生分组活动。

（3）交流：七巧板都"回家"了吗？游戏要获得成功，有什么诀窍吗？

结语 这一套七巧板要能够"回家"，每一块都要放在最合适的位置，各占其位，才能使七块板全部放进盒子里去。

2. 各占其位

活动目标 了解健康作息的概念，知道健康、规律作息的重要性。

指导语 从游戏中我们知道每一块七巧板只有都"各占其位"了，才能全部回家。在我们的生活中，有很多事情要做，这些事情是不是也需要"各占其位"呢？

活动程序

（1）以刚过去的昨天为例，一天里，你做了多少事情？记录一下。

时间	我做的事情	大概花了多久时间
上午	1. 2. ……	
中午	1. 2. ……	
下午	1. 2. ……	
晚上	1. 2. ……	

注：如果可以，在课前布置学生做一天的记录，课上交流自己在这一天做了什么，分别花了多少时间。

（2）交流讨论：①你还有什么事情是想做而没有做的？为什么？②怎样才能在一天有限的时间里，既能来得及做自己想做的事情，又能保持健康的生活？

结语 每一天我们要做的事情，也需要在最合适它们的时间段，也需要"各占其位"，这才是健康、有规律的生活。

3. 我的作息时间表

活动目标 学着制定适合自己的作息时间表，合理安排时间。

活动程序

1）讨论环节一

从健康的生活方式出发,我们在制定自己的作息时间表时,需要注意什么?

2）归纳板书一

（1）根据自己的实际情况，确定合理的起床时间和睡觉时间。

（2）根据家庭情况，合理安排吃饭时间和学习时间。

（3）合理安排休息时间，避免长时间连续学习。

（4）最好每天有室内/户外活动等。

3）讨论环节二

从健康的生活方式出发，哪些不良的作息习惯是我们需要避免的？

4）归纳板书二

（1）不要熬夜。

（2）避免不按时吃饭。

（3）控制打游戏/看视频的时间。

5）活动

请学生制定一份适合自己的健康作息表。（填写"时间"和"事情"两列）

时 间	事 情	是否完成	感 受

6）交流

（1）请两个学生交流自己制定的作息时间表，教师适时进行点评。

（2）小组交流，相互点评。

结语 同学们都根据健康作息的原则制定了适合自己的健康作息表，希望同学们能坚持执行，养成有利于健康的好习惯，祝愿大家都有一个健康的体魄和心态。

（二）活动延伸

1. 布置回家作业

根据自己制定的作息时间表，试行一周，填写完成情况。

时 间	事 情	是否完成	感 受

1）填写说明

主要完成"是否完成"和"感受"两列。作业为长周期作业，完成时间为一周，在这一个星期的时间里，学生可以根据自己制定的作息时间表调整自己的作息时间，并在实践中检验作息时间表是否可行。

2）作业要求

（1）根据作息时间表安排好自己的时间。

（2）记录是否按计划表完成，可以记录（也可以不记）当时的感受。

（3）可以根据试行的情况酌情调整作息时间表，但要记录调整的过程。

（4）一周试行完，可以邀请一位家长谈谈对你这一周作息时间调整的感受。

2. 健康作息计划表（第二课时）

可以设计第二课时，作为作息时间表作业的反馈。内容可以有两部分：一是交流作息时间表试行一周，自己的感受和家长的反馈；二是讨论如何制定适合自己学习、生活的作息时间表，并调整作息时间表，使之更健康，更适合自己。

（三）效果评价

	教学效果评价内容	分值	评价			
			优秀 (9~10)	良好 (7~8)	一般 (6)	较差 (0~5)
学生	1. 对本课的内容感兴趣，有参加活动的意愿	10				
	2. 在活动中养成良好的生活习惯，关注身体健康	10				
	3. 通过体验有所感悟，树立正确的人生观和价值观	10				
教师	1. 教学内容正确，没有理论上的错误	10				
	2. 教学环节完整、流畅	10				
	3. 课堂注重体验性，活动形式活泼新颖	10				
	4. 教学注重课堂与生活的联系，引导学生在生活中体验生命教育的价值	10				
	5. 引导学生思考和感悟，讲究方法，自然不生硬	10				
	6. 课件和板书贴合教学需要	10				
整体	整堂课有无亮点所在	10				
总分	满分为 100 分，您给本节课打分，总分为（　　　）分					
总体评价	（　）优秀　（　）良好　（　）一般　（　）较差					

三、课程拓展

（一）课外拓展资料

· 儿童青少年规律作息的意义和要点

规律作息可以使人体有充分的时间休息，并且符合人体正常的生物钟以及正常昼夜节律变化，对提高免疫力、保持身体健康等方面均有一定的积极意义。对儿童青少年来说，良好的作息习惯有助于生长发育。充足的睡眠和有规律、适合的运动可以促进体内生长激素的分泌，帮助儿童青少年长高，促进健康生长，还可以让儿童青少年在面对学习和生活的挑战时更有精力。健康作息有助于提高儿童青少年的免疫力，充足的睡眠可以让免疫系统得到充分休息和恢复，有规律的运动可以增强抵御疾病的能力，规律饮食可以保证摄入充足的优质蛋白质和微量元素，提升身体免疫力。有规律的运动有助于提高注意力、创造力和解决问题的能力，最终提高学习效率。

健康作息通常建议遵循以下几点：

（1）早起早睡。早上 6~7 点起床，开始吃早饭。21 点前入睡，保证充足睡眠。对小学生来说，每天应保证 10 小时睡眠。

（2）规律饮食。早餐是一天中非常重要的一餐，应该吃营养均衡的食物。午餐和晚餐要吃饱，多吃蔬菜、水果和奶蛋食品，保证摄入充足的蛋白质。

（3）每天坚持运动。儿童青少年应每天至少坚持一小时中等或中等强度以上的身体活动，如快走、慢跑、打球、游泳、爬楼梯、骑车、跳操等运动。此外，儿童青少年每周至少 3 天进行较高强度的运动或增强肌肉或骨骼健康的训练，如短跑、羽毛球、篮球、引体向上、俯卧撑、仰卧起坐等。

（4）学习和休息相结合。避免长时间连续学习，适当休息和放松，比如听音乐、阅读或冥想。

（5）避免不良习惯，不熬夜、不暴饮暴食。

（二）课外读物推荐

1.《改变你的作息，改变你的生活》，苏哈斯·克什尔萨加尔、米歇尔·西顿（著），孙锦甜（译），北京联合出版有限公司

身体有自然的运行规律和生物钟，遵循 24 小时的循环机制，每天按时进行食物消化、入睡、新陈代谢、细胞修复等活动。《改变你的作息，改变你的生活》是一本指导人们调整作息和生物节律，从而改变生活状态的书，它从改变睡眠模式、调整饮食习惯和优化运动方案 3 个角度出发分享如何形成健康的生活方式，从而帮助建立健康作息，促进身体健康。

2.《我的健康我最懂》，戴尔芬·果达尔、娜塔莉·威尔（著），奥雷莉·格朗（绘），山东科学技术出版社

这是《了解我自己》丛书中的一本，是一本健康宝典！这本书介绍了皮肤、肠胃、耳鼻喉等人体主要器官构造和相关疾病，比如感冒、发热、过敏、水痘等，并对疾病的前因后果做出了科学解释，帮助读者摆脱谈"病"色变的恐惧心理。书中也强调在日常生活中合理摄入营养物质、合理运动、注意个人卫生习惯等健康作息的重要性。

第八章　了解自己　悦纳自己

一、课程设计

（一）课程名称、对象和时间

课程名称：我就是我

适用对象：小学中年级学生

上课时间：35 分钟

（二）教学目标

（1）通过不同的途径来完善对自己的认识，并树立积极的自我概念。

（2）学会挖掘自己的特长，全方位地认识自己并乐于向他人介绍自己。

（3）增强自信心，学会悦纳自己，超越自我，欣赏自我。

（三）理论依据

自我意识是指一个人对自己的意识，如自我知觉、自我评价、自我监督等。自我意识的发展过程是个体不断社会化的过程，也是个性特征形成的过程。自我意识的成熟往往标志着个性的基本形成。小学生的自我意识正处于客观化时期，是获得社会自我的时期。在这一阶段，个体显著地受社会文化的影响，是学习社会角色最重要的时期。角色意识的建立，标志着小学生的社会自我观念趋于形成。

《学生心理健康教育指南》指出，小学阶段学生需要认识自己的基本特征，逐步发展主体意识与自主意识；学会客观地评价自己和他人，认识到自己和他人的优点、不足和独特性，悦纳自己，包容他人。《中小学心理健康教育指导纲要（2012 年修订）》指出，开展中小学心理健康教育，要以学生发展为根本，遵循学生身心发展规律，必须坚持科学性与实效性相结合的原则。要根据学生身心发展的规律和特点及心理健康教育的规律，科学开展心理健康教育，注重心理健康教育的实践性与实效性，切实提高学生心理素质和心理健康水平。心理健康教育的具体目标是：使学生学会学习和生活，正确认识自我，提高自主自助和自我教育能力，增强调控情绪、承受挫折、适应环境的能力。小学中年级阶段的心理健康教育需要帮助学生了解自我、认识自我。

（四）教学策略

1. 学情分析

小学中年级学生正处于儿童期向少年期的过渡阶段，他们的心理发展呈现出许多显著的特点。随着知识和经验的积累，中年级学生的认知能力得到显著提升，他们开始能够更深入地理解抽象概念，对事物间的因果关系有更为清晰的认识。在这一阶段，学生的自我意识开始萌发，他们开始关注自己的内心世界，对自己的特点和个性有更深刻的认识。同时，他们也开始意识到自己的优缺点，可能因此会产生一定的自我认同或自我否定的情感。此时，需要帮助学生更好地认识自己，了解自己的优点和不足，形成积极的自我认同。同时，也需要引导学生学会客观看待自己的不足，以悦纳的态度面对自己的缺点和短处。

2. 教学设计分析

为了达成活动目标，本节课分为4个活动：

活动一：通过照镜子游戏，引发学生好奇心，提高学生学习兴趣。

活动二：通过绘画活动，让学生初步全方位地认识自己，从不同的途径来完善对自己的认识。

活动三：通过意象活动，可以让学生充分挖掘自己的特长或特征。

活动四：通过自我绘画活动，增强自信心，学会悦纳自己、超越自我、欣赏自我。

3. 教学重难点

重点：让学生通过不同的途径来完善对自己的认识，初步全方位地认识自己。

难点：让学生学会悦纳自己，欣赏自己。

（五）教学资源

（1）硬件资源：活动教室、空白A4纸、彩笔或铅笔、小镜子若干。

（2）软件资源：配套 PPT。

二、课程实施

（一）教学活动

1. 热身活动，引入话题

活动目标　　通过照镜子游戏，引发学生好奇心，提高学生学习兴趣。

指导语　　同学们，你们有没有认真想过自己到底是一个怎样的人呢？自己有哪些优点和缺点呢？你们想不想了解自己是个什么样的人？我们通过这节课的学习，让大家了解自己，认识自我。

活动程序

（1）教师出示 PPT，猜谜语：你动它也动，你静它也静，脸上脏不脏，看它就知道。（谜底：镜子）

（2）拿出镜子（每组一面镜子），轮流给学生照镜子。

（3）教师提问：对着镜子照一照，你有什么发现或感受？（从外貌、性格等方面介绍自己）

（4）请学生在全班交流、分享。

结语　　我们每一位同学看着镜子里的自己都有不一样的感受与发现，有的同学从外貌上发现，有的同学从表情上发现，有的同学通过心灵之窗的眼睛发现……每一个发现都会让我们感到惊奇。

2. 初步探索：我的"自画像"

活动目标　　通过绘画活动，让学生初步全方位地认识自己，从不同的途径来完善对自己的认识。

指导语　　同学们，你有认真地了解过自己吗？接下来，请每一位同学画一画，从画中认识自己。我们可以从外貌、性格、兴趣、能力、优缺点、潜力等方面去认识自己。

活动程序

（1）教师出示活动要求：①请同学们用笔在空白纸上画一幅简易的"自画像"；②可以用彩笔，也可以用铅笔；③你想画全身或半身都可以；④你想添加一些装饰体现兴趣等方面的内容都可以。

（2）学生独立绘画活动。

（3）请同学说一说，根据图画用5句话介绍自己，教师提示：从外貌、性格、兴趣、能力、优缺点、潜力等方面介绍自己。

（4）介绍句型以"我"开头

我_____；

我_____；

我_____；

我_____；

我_____。

结语 我们发现，如果从外貌、性格、兴趣、能力、优缺点或潜力等方面来介绍自己，可以让我们学会多角度地认识自己，也可以让他人从不同角度来认识我们。

3. 深入探究：我是谁？

活动目标 通过意象活动，可以让学生充分挖掘自己的特长或特征。

指导语 请同学们观看，这些都是什么图片呢？是的，这些都是动物的图片，如果让你选一种动物来代表你自己，你会选择什么动物呢？请你根据所展示的动物图片选一选。同时，请同学们思考，为什么这个动物可以代表你自己呢？

活动程序

（1）教师PPT出示动物图片（包括猫、狗、北极狐、猎豹、鹰、狼、猴子、兔子、骆驼、老虎、狮子、牛、羊、马、大象、大熊猫、乌龟、鱼、蜜蜂、蚂蚁等）。

（2）教师提问，学生思考：哪一个动物可以代表自己？

（3）学生交流分享。

句型：我觉得_____（动物）可以代表我。

（4）提示：自动播放课件中的动物图案，扩充学生了解的动物种类。

（5）学生第二次交流分享。

（6）学生重新独立思考：为什么这个动物可以代表我呢？

句型：我觉得_____（动物）可以代表我，因为它_____，我_____。

（7）教师示范。

我觉得<u>小蜜蜂</u>可以代表我，因为它<u>很勤劳</u>，我<u>也很勤劳</u>。

（8）小组四人依次交流分享。

（9）小组分享完毕，教师引导学生完成相互的补充，完善小组成员的特点或优点。

（10）教师引导学生：除了"我眼中的自己"，还可以听听小组成员"眼中的自己"，了解不同人眼中的自己。

（11）全班交流分享。学生自主主持互动过程，尽量做到每个学生都能分享。

结语 当我们自己不知道还有什么特长、特点或特征的时候，我们可以借助外力去发现，比如我们可以通过自己认为可以代表自己的动物发现这个动物的特征，从而发现原来自己也有这个动物所具有的特点或特征。

4. 画一画：我就是我

活动目标 通过自我绘画活动，增强自信心，学会悦纳自己、超越自己、欣赏自己。

指导语 同学们的分享真棒，每个人都在挖掘自己的特长，有自己没发现过的优点，或他人没发现过的特点。那么，如果我们在刚才画的自画像上，再添加上可以代表自己的动物画像会怎么样呢？请同学们试试看，如果想添加其他任意图案也都可以。

活动程序

（1）请同学在原来自画像的基础上开始添加图画。

（2）介绍活动要求：①每个人完成一幅"我就是我"的画；②画中需要包括一个"我"自己（人）的自画像与一个可以代表"我"的动物的画像；③美化图片，可以添加除要求的两个"我"以外的任意图案；④选择适合的颜色进行涂色。

（3）学生独立完成作品。

（4）作品展示并分享。

结语 在这个世界上，没有一个人完全像我。从我身上出来的每一点、每一滴，都那么真实地代表我自己。我拥有全部的我：我的身体、大脑，以及我所有的感觉和行动。我拥有关于我的一切胜利与成功，一切失败与错误。我能爱自己并友善地对待自己的每一部分,因为这就是我!

(二)活动延伸

(1)把今日课堂作品带回家,给家里人介绍一下全方位的自己。

(2)课后完成《我就是我》学习单。

不同的人眼中的我	用至少2~3个词形容眼中的我
我眼中的我	
同学眼中的我	
老师眼中的我	
父母眼中的我	
爷爷奶奶外公外婆眼中的我	
朋友眼中的我	
……	

这些都是我,我就是我!

(三)效果评价

教学效果评价内容		分值	评价			
			优秀 (9~10)	良好 (7~8)	一般 (6)	较差 (0~5)
学生	1.对本课的内容感兴趣,有参加活动的意愿	10				
	2.愿意参与交流分享	10				
	3.通过体验有所感悟	10				
教师	1.教学内容正确,没有理论上的错误	10				
	2.教学环节完整、流畅	10				
	3.课堂注重体验性,活动形式活泼新颖	10				

续表

教学效果评价内容		分值	评价			
			优秀 (9~10)	良好 (7~8)	一般 (6)	较差 (0~5)
	4. 尊重学生，注意倾听	10				
	5. 引导学生思考和感悟，讲究方法，自然不生硬	10				
	6. 课件和板书贴合教学需要	10				
整体	整堂课有无亮点所在	10				
对本节课的意见和建议						
总分	满分为100分，您给本节课打分，总分为（　　）分					
总体评价	（　）优秀　（　）良好　（　）一般　（　）较差					

三、课程拓展

（一）课外拓展资料

1. 绘本：《接纳不完美的自己》，【德】朱莉亚·佛默特（文/绘），孙红（译），石油工业出版社

每一个人都想成为被别人喜欢的好人，因此努力展现自己好的一面，拼命掩藏自己的缺点。这本绘本告诉我们要想成为一个好人，必须先是一个完整的人。完整就意味着有美有丑，有善有恶，有光明也有阴暗。要成为一个完整的人，首先就是正视自己，接纳自己的缺点和不完美。

2. 绘本：《破耳兔：你不完美的样子也很好》，麦可洛克（绘/著），百花洲文艺出版社

这本书以童趣的方式展现了破耳兔的快乐生活，充满了暖意和正能量。破耳兔用自己的故事展现了不完美也能与完美和谐共存，我们每一个人，都是不完美的存在，即使是不完美的，也要笨拙却用力地爱，也要积极、努力地生活。

3. 乔哈里窗

运用"乔哈里窗"，也就是自我意识的发现－反馈模型，它能够帮助孩子更好地看待自己。教师可以提醒学生：每个人都有很多特点，有些是自己知道的，有些是别人知道的；我们可以进行组合，从而全面地认识

自己。我们可以梳理开放区，区分自己和他人所知道的优劣势，发挥自己的优势。可以尝试去发现自己的盲目区，也就是自己不知道的，但别人知道的，比如自己的不足之处，当我们感觉到迷茫的时候，可以求助父母或老师。随着逐渐长大，我们慢慢开始有自己的秘密，即隐秘区，这部分信息只有自己知道，别人不知道。我们可以慢慢探索未知区，就是自己和他人都不知道的区域，这个区域隐藏着我们的潜能，通过尝试一些全新的领域，挖掘未知潜能，会让我们看到不一样的自己。

乔哈里窗示例：

	自己知道	自己不知道
别人知道	开放区	盲目区
别人不知道	隐秘区	未知区
学生填写学习单		
别人知道		
别人不知道		

（二）其他

板　书				
我就是我				
学生作品①	学生作品②	学生作品③	学生作品④	学生作品⑤ ……

第九章　养成自主学习的习惯

一、课程设计

（一）课程名称、对象和时间

课程名称：习惯推进器

适用对象：小学中年级学生

上课时间：35 分钟

（二）教学目标

（1）认识习惯和学习习惯。

（2）了解养成良好学习习惯的重要性。

（3）能正确识别良好的学习习惯和不良的学习习惯。

（4）能针对自己的学习特点，分别写出"开学前、课前、上课、阅读、复习、做作业、考试以及期末后放假期间"良好的学习习惯。

（三）理论依据

《学生心理健康教育指南》指出，学习能力教育中需要明确学习的重要性，培养学生积极的学习态度，学会克服厌学心理。同时，学生学会主动完成学习任务，养成自觉、认真的学习习惯，按计划初步安排自己的学习时间。学生能够掌握基本的学习方法，听课时能集中注意力，学会预习、复习，形成初步的自学能力。培养学生不仅有探索新事物的欲望，乐于表达自己的想法、意见和观点，还能正确地对待考试及学习成绩，有对毕业升学的向往和进取态度。

《中小学心理健康教育指导纲要（2012 年修订）》指出，学校心理健康教育工作需要根据学生的身心发展特点，循序渐进地开展。其中，关于学习心理辅导，则提出可以根据不同学习阶段学生的特点制定不同阶段的教学目标，在中年级阶段，可以初步培养学生的学习能力，激发学习兴趣和探究精神，树立自信，乐于学习。能帮助学生增强时间管理意识，正确处理学习与兴趣、娱乐之间的矛盾。

（四）教学策略

1. 学情分析

小学生的好奇心强，他们对新事物和未知领域充满探索欲望。这种好奇心促使他们积极去尝试、去学习，从而形成了乐于接受新知识的习惯。在学习过程中，他们会主动提问、寻求答案，以满足自己的好奇心和求知欲。但是，他们的注意力水平有限，容易被外界干扰分散注意力。因此，他们在学习过程中需要经常进行短暂的休息和放松，以缓解疲劳和提高学习效率。小学阶段的学生模仿能力强，他们善于通过观察他人的行为来学习新知识，比如在学习过程中，他们会模仿老师、同学和家长的行为，从而逐渐形成自己的学习方式和习惯。但是培养小学生良好的学习习惯也不是易事，他们自我意识逐渐明确，同时渴望得到他人的认可和肯定，在学习上，他们希望自己能够取得好成绩，得到老师和家长的表扬，但是又很难去坚持。所以需要培养自我意识的驱动使得他们更加努力地学习，从而形成积极向上的学习习惯。

小学中年级的学生正处于向青少年过渡的儿童期的后期阶段，大脑发育正好处在内部结构和功能迅速发展和完善的关键期，学生的学习能力和情感能力快速发展，是培养学习能力和情感能力的重要时期。小学中年级还是养成良好的学习习惯和改变不良习惯的关键时机。小学阶段结束以后，除非进行特殊的训练，孩子的学习习惯将很难改变，所以小学中年级是培养孩子学习恒心的关键期。而中年级也是小学低年级向高年级的过渡期，学生开始从被动的学习主体，向主动的学习主体改变，学生自身心理和能力的发展都会表现出比较明显的学习分化现象，有一些孩子甚至开始出现学习偏科的端倪。

2. 教学设计分析

为了达成活动目标，本节课分为5个活动：

活动一：通过谜语导入，吸引学生注意力，提高学生学习兴趣，同时引出课题。

活动二：通过游戏形式，讲解"习惯"的理论以及明确习惯是由后天养成的。

活动三：通过观看情景剧，可以让学生思考不同人物的不同习惯，从而了解拥有良好学习习惯的重要性。

活动四：通过探索活动，引导学生针对自己的学习特点，找寻适合培养自己良好学习习惯的方法。

活动五：通过学习习惯改善卡，增强学生能发现、会探索、能完善自身学习习惯的能力。

3. 教学重难点

重点：了解学习习惯有哪些，并养成良好的学习习惯。

难点：引导学生了解自己的学习习惯，激发学生养成良好学习习惯的意识。

（五）教学资源

（1）硬件资源：活动教室、苹果卡片、大树形状的海报纸。

（2）软件资源：配套PPT。

二、课程实施

（一）教学活动

1. 谜语导入

活动目标 通过谜语导入，吸引学生注意力，提高学生学习兴趣，同时引出课题。

指导语 同学们，课堂开始前，我先让大家猜一个谜语，如果你猜到了，请你举手，表示你知道谜底了，准备，开始。

活动程序

（1）PPT播放谜语，并请举手的同学回答（谜底：习惯）

我不是你的影子，但我与你亲密无间。

我不是机器，但我全心全意听命于你。

对成功的人来说，我是功臣；

对失败的人来说，我是罪人。

培训我，我会为你赢得整个人生；

放纵我，我会毁掉你的终身。

我到底是谁？我平凡得让你惊奇。

（2）教师揭示主题并板书——习惯。

（3）教师提问：请同学说一说，你理解的习惯是什么？

结语 谜语的谜底是习惯，每个同学对习惯的理解也有点不一样，那么，今天的课堂我们就一起来探索什么是习惯。

2. 游戏中的习惯

活动目标 通过游戏形式，讲解"习惯"的理论以及明确习惯是由后天养成的。

指导语 同学们，接下来，我们一起玩一个游戏叫"大风吹"，请看游戏规则。

活动程序

1）教师出示游戏规则

活动规则：听清要求，思想集中；不说话，不讨论；积极参与，互相尊重。

活动方法：大风吹，吹什么？吹……

2）教师示例

老师说：大风吹。学生问：吹什么？老师答：吹全体同学。此时全班同学起立。

3）教师尽量选择"吹"与"习惯"有关的内容，从简单到复杂

例：吹女生；吹戴眼镜的同学；吹按时交作业的同学；吹上课认真的同学；吹上学从不迟到的同学；吹时常自觉主动学习的同学……

4）习惯小测试并由学生交流回答

有的同学鼓掌的时候，喜欢右手拍左手，有的左手拍右手，而有的同学是左右手同时，每个人鼓掌的习惯不一样，那么现在请同学们两手十指相扣，看一下，你哪只手的大拇指在上面？

5）全班同学测试反馈

提示：测试反馈时，可以利用直观可视化的方式进行，如教师邀请双手交叉时，左手拇指在上的同学举手或右手拇指在上的同学举手。

教师引导过渡：我们发现每个人十指交握时，有的同学习惯左手拇指在上，有的同学习惯右手拇指在上。

6）模仿动作——双臂交叉触肩动作

提示：教师演示动作，双臂交叉环胸，右手手指碰触左肩膀，左手手指碰触右肩膀。（建议：教师可以先语言上指导学生做"双臂交叉触肩"动作，如发现学生不理解，再进行演示，以免学生复制模仿，无法测试左手臂在上还是右手臂在上的习惯。）

教师引导过渡：现在我们再来反馈一下，双臂交叉触肩时，左手臂在上的同学请举手，好，放下；右手臂在上的同学请举手，好，放下。现在请你用你习惯的方式拥抱自己，触肩5次。

结语 不管是哪只手的大拇指在上，或者哪边的手臂在上，都只是大家的习惯。所谓习惯，就是经过重复练习而巩固下来的思维模式和行为方式。所以它不是先天的，而是我们后天养成的，也没有好坏之分。

3．情景剧赏析

活动目标 通过观看情景剧，让学生思考不同人物的不同习惯，从而了解拥有良好学习习惯的重要性。

指导语 同学们，相信你们每一个人都有自己的习惯。接下来，我们一起观看一段情景剧，说说剧中这几位同学的习惯。

活动程序

（1）教师PPT出示活动规则，要求全班齐读规则。

活动规则：保持安静，仔细观看；用心聆听，认真思考。

（2）教师PPT出示3个问题。①这个情景剧在描述小力和小欣哪个方面的习惯？②小力与小欣有哪些学习习惯？③你对他俩不同的学习习惯有什么看法？

（3）请同学上台表演情景剧（情景剧为课前邀请同学排演）。

（4）请小组同学交流第一个问题：这个情景剧在说小力和小欣哪方面的习惯？（补充板书：学习）

（5）教师引导：学习习惯，就是在不间断地学习实践中养成的那种自然表现出来的学习上的习性。

（6）教师提问：请同学说说小力与小欣有哪些学习习惯？（提示：

课件中可以直接输入学生的回答）

（7）通过观察PPT中填写完成的学习习惯，直观对比后，请同学分享对不同习惯的看法或想法。

结语 我们不能说小欣的习惯就一定都是好习惯，而小力的习惯就一定都是坏习惯，只能说每个人都有各自的习惯，关键是要找到适合自己的好习惯。

4. 亲身体验，互相启迪

活动目标 通过探索活动，引导学生针对自己的学习特点，找寻适合培养自己良好学习习惯的方法。

指导语 其实，同学们身上也有很多良好的学习习惯，你们愿意与大家分享吗？

活动程序

（1）教师邀请3位同学分享自己比较满意的学习习惯，以及这些习惯带给他们的益处有哪些？

（2）教师根据学生回答，引导学生理解学习习惯似乎比学习成绩更重要。

（3）小组合作探究。

①6人一组，完成苹果卡片上的内容。你觉得良好的学习习惯在不同方面都有哪些表现？（比如：制作苹果卡片，每张卡片要求不同，分别要求填写的内容是：课堂上时、写作业时、阅读时、考试做题时、学习时。）②小组成员讨论并完成苹果卡片学习单。③交流反馈：每小组请一位同学分享本小组想到的良好学习习惯的表现。④分享结束，请同学将苹果卡片贴在黑板上的大树内。

结语 看来找到良好的学习方法并不难，难的是如何坚持去做，让它真正成为自己的好习惯。主动运行的力量，就是习惯的力量。习惯的力量巨大，一个人的日常活动，90%是在不断重复原来的动作，再在潜意识中转化为程序化的惯性，相信我们每位同学只要坚持好的学习方法，就一定能养成更多良好的学习习惯。

5. 学习习惯自评与收获

活动目标 通过学习习惯改善卡，增强学生能发现、会探索、能完善自身学习习惯的能力。

指导语 同学们,这里有一道一年级的数学题,请同学们再次回顾并说说这道题的答案是什么?

活动程序

(1)教师出示PPT图片。

数学题:树上有8只麻雀,飞走了3只,有1只麻雀也想要飞走,现在树上还有几只麻雀?提示:5只。因为有一只麻雀只是想飞走,而没有真的飞走。

(2)教师引导:看来不管做什么事情,都要下定决心,付出行动,那么,心动不如行动。

(3)请学生独立完成学习习惯改善卡:填写内容包括不良学习习惯、改进方法,邀请一位同学做评判人;一周后看表现,评判人给分、签名。

结语 每个同学都能发现自己某一方面的学习习惯很不错,也能觉察到自己需要改进的方面,让我们从现在做起,从小事做起,一点点练习,在生活中和校园中养成良好的学习习惯,做更好的自己!

(二)活动延伸

可以将板书上的大树和学生填写完成的卡片全部移到教室的某一面墙壁上,打造一面习惯墙。在日常生活中,学生也可以把自己认为能养成好习惯的方法写在苹果形的便利贴上,继续往"习惯"之树上粘贴。

(三)效果评价

教学效果评价内容		分值	评价			
			优秀 (9~10)	良好 (7~8)	一般 (6)	较差 (0~5)
学生	1.对本课的内容感兴趣,有参加活动的意愿	10				
	2.愿意参与交流分享	10				
	3.通过体验有所感悟	10				
教师	1.教学内容正确,没有理论上的错误	10				
	2.教学环节完整、流畅	10				
	3.课堂注重体验性,活动形式活泼新颖	10				

续表

教学效果评价内容		分值	评价			
			优秀 (9~10)	良好 (7~8)	一般 (6)	较差 (0~5)
	4. 尊重学生，注意倾听	10				
	5. 引导学生思考和感悟，讲究方法，自然不生硬	10				
	6. 课件和板书贴合教学需要	10				
整体	整堂课有无亮点所在	10				
对本节课的意见和建议						
总分	满分为100分，您给本节课打分，总分为（　　）分					
总体评价	（　）优秀　（　）良好　（　）一般　（　）较差					

三、课程拓展

（一）课内活动资料

1. 情景剧对话内容

小力和小欣是一对兄妹。放学后，小力在学校踢足球，小欣马上回家了，一进门。

小欣：妈妈，我回来啦！

妈妈：回来啦，今天在学校表现好吗？

小欣：妈妈，今天语文老师又表扬我了，说我作业认真，上课不懂就问，敢于大胆发言。

妈妈：好，只要你努力学习就好。妈妈就放心了。

小欣：我现在就去做作业了。（坐下来，边吃薯片边做作业）

（一个小时后，小力也兴高采烈地回家了）

小力：妈，我回来了。

妈妈：儿子回来啦，今天上课有举手发言吗？

小力：没有，没把握的我都不举手的，答错题很没面子的。别提了，我饿了，什么时候吃饭呀？

妈妈：还需要一会儿，你先去写作业。

（小力也坐下来开始写作业。小力写作业很快，难免会犯粗心的毛病）

小力：你怎么写作业还吃东西，就知道吃。

小欣：哼！要你管！

小欣：咦，这是什么字呢？我查查字典。（看到不懂的生字，查阅字典）

小力：查什么字典呀，随便写个不就好了嘛，你做题那么慢，我都快完成了。不会的随便写个答案就好了。

2. 课前小测试

请问，你有良好的学习习惯吗？请对下列各题选择你认为最适合的答案。

（1）你是否有明确的学习目标？

   A. 是   B. 不清楚   C. 不是

（2）你觉得学习是一件有趣的事吗？

   A. 是   B. 说不清   C. 不是

（3）遇到没弄懂的知识，你是否会设法弄懂它？

   A. 是   B. 不一定   C. 不是

（4）假如你考了一个不理想的成绩，你是否有下次一定考好的决心？

   A. 是   B. 不一定   C. 不是

（5）你是否在每个学期刚开学给自己制定一个学习计划？

   A. 是   B. 不一定   C. 不是

（6）你喜欢自己解一些课外书中的难题吗？

   A. 是   B. 不一定   C. 不是

（7）看书时你常摘录一些你感兴趣的内容吗？

   A. 是   B. 不一定   C. 不是

（8）如果没有家人督促，你也能在家里自觉学习吗？

   A. 是   B. 不一定   C. 不是

（9）重要考试前你是否有复习计划？

   A. 是   B. 不一定   C. 不是

（10）你经常使用诸如词典、百科全书之类的工具书吗？

   A. 是   B. 不一定   C. 不是

（11）你常把书中看到的一些有意思的事，讲给同学或父母听吗？

   A. 是   B. 不一定   C. 不是

（12）你常与同学争论（或讨论）学习上的一些问题吗？

   A. 是   B. 不一定   C. 不是

（13）你把一些在书中学到的知识用到生活上了吗？

  A. 是   B. 不一定   C. 不是

（14）对公式、定理等，你总是在理解其含义和推导过程的基础上记住它们吗？

  A. 通常是   B. 多数是   C. 少数是

（15）你因生活中的某种需要去查阅有关资料吗？

  A. 常常是   B. 有时是   C. 很少是或不是

（16）你喜欢在书中用画线的方法标出重点、难点及疑点吗？

  A. 是   B. 不一定   C. 不是

（17）当你在学习中遇到了无法解决的难题，会询问可能了解此问题的人吗？

  A. 是   B. 不一定   C. 不是

（18）你多次根据书中的某些知识，发现一些解决问题的新方法吗？

  A. 是   B. 不一定   C. 不是

评分规则：

每题答 A 记 2 分，答 B 记 1 分，答 C 记 0 分。各题得分相加，统计总分。

总分为 0~12 分：表示学习习惯不好。从学习习惯上看，你缺乏学习的目的性和计划性，学习的效果也不好。

总分为 13~24 分：表示你的学习习惯不完全符合要求。

总分为 25~36 分：表示你的学习习惯总的来说是好的，请坚持下去。

（二）课外拓展资料

1. 绘本：《上课我要更专心》，曹慧思（著），山海（绘），北京科学技术出版社

  该绘本是《我有学习好习惯》（全6册）中的一册，绘本通过讲述课堂中的魔法故事以让学生明白认真听课的重要性，书中还提供了保持专注的好方法，帮助学生适应课堂，提高听课效率。

2. 绘本：《懒女孩和聪明鼠》，【德】彼得·哈克斯（著），【德】克劳斯·恩西卡特（绘），梅竹（译），天津人民出版社

  该绘本讲述了知识改变命运的故事。一只老鼠吃了很多书变得无所不知，女孩借助老鼠的力量，成为一个无所不知的优等生，而当她失去老鼠时，情况就完全朝着失控的方向发展，成为了老师眼中"最蠢的女孩"。最后，女孩认识到学习需要靠自己的努力，她变得脚踏实地，拥有了自己真正的智慧和成就。这本书启示一个正常人的"聪明"得益于他的"勤奋"。

（三）其他

板书
习惯推进器
（事先在黑板上画一棵大树或张贴一张大树形状的海报纸，课中让同学们的红苹果卡片贴在树上）
学习好习惯 

第十章　了解健康与疾病的基本知识

一、课程设计

（一）课程名称、对象和时间

课程名称：健康、病毒、常见传染病的预防
适用对象：小学高年级学生
上课时间：35 分钟

（二）教学目标

（1）科学认识健康，能够描述健康新概念四要素：身体健康、心理健康、良好的社会适应性和道德健康。

（2）知道病毒知识，了解病毒引起的一些传染病。

（3）了解几种传染病的病原体及传播途径，知道传染病流行的 3 个基本环节及预防传染病的一般措施。

（三）理论依据

《生命安全与健康教育进中小学课程教材指南》指出，良好的学校生命安全与健康教育有助于学生树立正确生命观、健康观、安全观，养成健康文明行为习惯和生活方式，自觉采纳和保持健康行为，为终身健康奠定坚实基础。

健康，其实很简单，只需要从了解健康知识和养成健康行为开始，学习健康知识，提升健康认识，改变不良行为，掌握健康技能，做好个人防护，学会健康生活，学会应急避险，及时判断处置，做到趋利避害，你将收获一个健康的自我。WHO 对健康的定义是一个人在身体、精神和社会等方面都处于良好的状态，健康不仅包括身体没有疾病和体格强健，还包括心理健康、社会适应良好和有道德，这意味着一个人不仅要具备正常的生理功能，还要有良好的心理状态和社会适应能力。WHO 关于健康的定义考虑了人的自然属性，又侧重于人的社会属性，把人看成既是生物的人，又是心理的人、社会的人、道德的人。

（四）教学策略

1. 学情分析

由于健康问题紧贴学生生活实际，健康的含义对学生来说不是很抽象，学生能够理解。因为小学生对自然科学有浓厚的兴趣，他们好奇心强，积极好动，但知识范围有限，对病毒、病毒与人类的关系、传染病预防知识不能全面客观地认识，所以对本节课的学习有一定的难度。通过活动让学生感悟，引导学生观察、分析。充分利用文字、图片、视频，结合学生的生活常识来增强学生对病毒的感知和认识，知道传染病的预防方法。

2. 教学设计分析

为了达成活动目标，本节课分为3个活动：

活动一：为了帮助学生科学认识健康新概念和纠正对健康的不正确认识，教师通过列举一些学生感兴趣的、与生理和心理健康有关的案例进行分析，并引导学生总结健康新概念。

活动二：病毒与人类的关系。通过非典型性肺炎、禽流感等实例教学。让学生明白病毒是比细菌更小的一类生物，由于没有细胞结构，所以，它只能寄生生活。正因为它寄生在其他生物的细胞内，所以，要消灭它也是相当困难的。

活动三：传染病及预防。教师提供一些病原体的图片，引导学生理解传染病是由细菌、病毒、真菌等病原体引起的疾病，同时了解传染病的流行及其预防措施，引导学生初步形成对传染病的理性认识。

3. 教学重难点

重点：传染病的病因、传播途径及预防措施。

难点：运用学生熟悉的非典型性肺炎、禽流感等病例进行讨论与分析，帮助学生理解传染病流行的3个环节及预防措施，引导学生逐步建立预防传染病的正确观念。

（五）教学资源

（1）硬件资源：学习单。

（2）软件资源：布置学生分组查找：WHO关于健康的定义；常见传染病的资料。本节课PPT。视频《一个喷嚏的飞沫能传多远》。

二、课程实施

（一）教学活动

1. 认识健康

活动目标 通过学习，能够描述健康新概念四要素：身体健康、心理健康、良好的社会适应性和道德健康。

指导语 有人说，肌肉发达、强健有力是健康。也有人说，没病没伤就是健康。那么，究竟什么是健康呢？

活动程序

（1）提出问题：甲、乙、丙3个人，谁是最健康的人？为什么？请学生发表看法。

甲是一位小伙子，靠打短工来谋生，但他渐渐厌倦了每天早晨四点半就去排队等工作，而且有时还找不到工作的日子。可他一方面需要支付房租，另一方面又不愿意伸手向人要钱。终于，他想出一个主意，他每天提着垃圾袋到大街上清理垃圾，每天都要收集满满的50袋垃圾，他还在自己的背上背了一块告示牌，上面写着：通过工作让我们的城市更清洁，请支持我和我的事业，谢谢。经过几个月的努力，他有了一些相对稳定的工作场所，那里的人们经常给他垃圾，或者请他打扫卫生给他一些钱。现在他每天生活得很充实，也很快乐。

乙是一位20多岁的中专毕业生，身体健壮，但因为怕吃苦，工作了几天就辞职在家靠父母养活。现在，他整天沉迷于玩电子游戏，还经常伸手向父母要钱。父母若不能满足他的要求，他还会恶语相向。

丙是一位中年妇女，幼年时因意外事故造成了下肢瘫痪。在父母的帮助下，她以顽强的毅力完成了义务教育阶段的学习任务。随后，她利用电视和广播等媒体自学成才，成了一名作家。现在，她不仅用自己的作品教育年轻人勇敢地面对困难和挑战，还用自己的收入帮助那些需要帮助的人。

（2）教师讲解：WHO关于健康的定义。

1989年WHO关于健康的定义，既考虑了人的自然属性，又侧重于人的社会属性，把人看成既是生物的人，又是心理的人、社会的人、道德的人。其指出了影响健康的因素有4个方面：生理健康即身体健康、心理健康即精神健康、社会适应良好及道德健康4个方面的完美和谐，才称得上是一个健康的人。

（3）教师讲解：社会心理因素对身心健康的影响。

我们把这些受到社会心理因素影响，以躯体症状表现为主的疾病叫作身心疾病。身心疾病的种类有很多，包括消化系统、内分泌系统、神经系统、生殖系统、血液循环系统、泌尿系统、呼吸系统和运动系统的疾病。常见的有胃溃疡、原发性高血压、冠心病、支气管哮喘等。身心疾病的发病机制，普遍认为是由社会心理因素引起的。

结语 身体健康是生理基础，心理健康是核心，社会适应健康是保障，道德健康是心理健康的最高境界。

2. 病毒与人类疾病

活动目标 知道病毒的形态结构和生活习性，了解病毒引起的一些热点疾病：非典型性肺炎和禽流感。

指导语 你们见过病毒吗？听说过病毒吗？能否描述一下病毒？（请学生回答）

病毒分布广泛，无论是空气、水、土壤，还是每个人身上都有病毒存在。但它是单细胞生物，个体十分微小，所以我们用肉眼看不到，下面我们就来了解一下病毒的形态和结构特点。

活动程序

1）病毒知识介绍

（1）病毒的结构：蛋白质外壳，核酸构成的核心（遗传物质）。蛋白质外壳的作用就是保护核心和将病毒的核酸物质注入其他生物的细胞内。

（2）病毒的种类：动物病毒；植物病毒；细菌病毒（噬菌体）。

（3）病毒的特性：病毒不能独立生活，必须寄生在其他生物活的细胞里才能体现生命活动；一般来说病毒只能寄生在特定的宿主身上，而对其他生物则完全无害。所以病毒的特性是：结构特殊、寄生性和专一性。

2）病毒与人类的关系

（1）非典型性肺炎介绍。

概述：非典型病原体肺炎特指冠状病毒变异体感染所致，自2003年年初以来我国局部地区发生的，主要通过近距离空气飞沫和密切接触传播的呼吸道传染病，临床主要表现为肺炎，在家庭和医院有显著的聚集现象。冬、春两季容易高发。WHO将非典型病原体肺炎称为SARS。

传播："非典"病毒的传播方式可能主要是通过近距离空气飞沫传播、以及与患者密切接触，密切接触是指治疗或护理患者、探视患者；与患者共同生活、工作；直接接触患者的呼吸道分泌物或体液。

预防：感染者应至少隔离10天，待呼吸道症状消失、体温正常后出院；应限制患者与外界接触、暂停工作；10天内所有在一起生活的家庭成员应加强卫生消毒措施，勤洗手或用酒精擦洗污染物；患者在打喷嚏或咳嗽时要用织物或医用纱布盖住口、鼻；恢复期患者在同非感染者接触时要戴外科口罩或N95型口罩；其他人或医务人员与患者接触时也要戴外科口罩并戴防护眼镜；接触患者的身体、分泌物、体液等时应戴一次性使用的手套并洗手；患者的餐具、毛巾、床被等应与他人分开，待常规消毒洗涤后可再使用。

（2）禽流感介绍。

概述：禽流行性感冒简称禽流感，是由A型流感病毒引起的禽类感染病，主要发生在鸡、鸭、鹅、鸽子等身上，也可以影响包括人类在内的哺乳动物。禽流感已遍及世界各地。人感染高致病性禽流感是由禽甲型流感病毒某些亚型中的一些高致病性毒株引起的人类急性呼吸道传染病，主要通过密切接触鸟类或受污染的环境（如后院家禽养殖场和售卖鸟类的市场）而由受感染的鸟类传播给人类。症状从轻微到严重不等，咳嗽、呼吸急促、咽痛等呼吸道症状较常见。

传播：禽流感病毒在干燥尘埃中可存活2周，在4℃可保存数周，在冷冻的禽肉和骨髓中可存活10个月之久。禽流感的扩散主要是通过粪便中大量的病毒粒子污染空气而传播。

预防：WHO建议，所有国家一旦发现鸡患有能感染人类的禽流感，就应将鸡全数销毁；严格出入境检验检疫，加强国内禽类及其产品的市场管理，这些举措能有效防止疫病传入传出和扩散。WHO还出版了《禽流感防治手册》一书。

3）组织学生讨论

我们应该怎样预防禽流感？怎样养成良好的卫生习惯？

（1）远离家禽的分泌物，尽量避免触摸活的鸡、鸭等家禽及鸟类。

（2）保持室内空气流通，应每天开窗换气2次。

（3）保持地面、天花板、家具及墙壁清洁。

（4）吃禽肉要煮熟煮透，避免生食蛋、奶、肉类。

（5）注意手卫生，定期用肥皂和流动的水洗手。

结语 病毒虽小但危害极大，病毒使人、畜患病，我们必须要养成良好的卫生习惯。

3. 常见传染病及预防

活动目标 运用一些图片、实例和视频，激起学生对传染病的关注，知道几种常见的传染病及预防的一般措施。分析几种传染病的病原体、传播途径和易感人群，逐步养成良好的生活卫生习惯。

指导语 下列疾病哪些是传染病？〔学生可以看学习单，并完成《课堂学习单》中（1）〕

活动程序

（1）提问：什么是传染病？

传染病是具有传染性的疾病，由各种病原体引起，能在人与人、动物与动物或人与动物之间相互传染。例如2019年新型冠状病毒感染导致的肺炎，这个疾病由新型冠状病毒感染引起，具有很强的传染性。

（2）提问：传染病传染的是什么？（不同的病原体）

请学生完成《课堂学习单》中（2）：将病原体与对应的传染病连线。

（3）提问：常见传染病的传播途径。

常见传染病的传播途径：飞沫（空气）传播、接触传播、消化道传播、虫媒传播、血液传播、母婴传播、性接触传播。

请学生完成《课堂学习单》中（3）：指出下列传染病的传播途径。

（4）提问：为什么传染病的传播这么快？

请学生观看视频《一个喷嚏的飞沫能传多远》。

（5）传染病流行过程及预防。

传染病流行的3个基本环节：①传染源：指能散播病原体的人或动物；

②传播途径：指病原体离开传染源到达健康人所经过的途径；③易感人群：指对某种传染病缺乏免疫力而容易感染该病的人。

学生针对如何预防传染病进行讨论：控制传染源，切断传播途径，保护易感人群。

结语　我们了解了传染病的有关知识后，当你再次听到"传染病"时，你的反应又如何呢？虽然如此，我们仍要对传染病提高警惕，人类与传染病的战争并没有结束，预防传染病的工作任重而道远。

（二）活动延伸

讨论：假设有人不幸感染了艾滋病病毒（HIV），你应如何与他相处呢？为什么？（PPT 内有）

（三）效果评价

教学效果评价内容		分值	评价			
			优秀 (9~10)	良好 (7~8)	一般 (6)	较差 (0~5)
学生	1. 全班同学都能参与3个活动，对本课的内容感兴趣，有参加活动的意愿	10				
	2. 能积极完成学习单，并参与交流分享	10				
	3. 能学以致用，建立预防传染病的正确观点	10				
教师	1. 教学内容正确，没有理论上的错误	10				
	2. 教学环节完整、流畅，适应学生特点	10				
	3. 上课思路清晰，设计活动新颖	10				
	4. 课堂注重体验性，注意倾听学生想法	10				
	5. 关注学生，尊重学生，能体现老师的指导作用	10				
教师	6. 课件和板书贴合教学需要	10				
	7. 引发学生思考：学会解决生活中的问题	10				
总体评价	（　）优秀　（　）良好　（　）一般　（　）较差					

三、课程拓展

（一）课内活动资料

1. 课堂学习单

（1）下列疾病哪些是传染病
流感、麻疹、水痘、肺结核、近视眼、结膜炎、贫血、龋齿、蛔虫病、冠心病、乙肝、灰指甲
（2）病原体与传染病连线
淋病双球菌　　　　　结核杆菌　　　　　间日疟原虫　　　　　流感病毒   淋病　　流行性感冒　　婴儿秋季腹泻　　结核病　　疟疾　　艾滋病　　禽流感　　乙型肝炎   轮状病毒　　　　人类免疫缺陷病毒　　　　高致病性禽流感病毒　　　　乙型肝炎病毒

（3）指出下列传染病的传播途径

飞沫（空气）传播	艾滋病
接触传播	
消化道传播	乙型肝炎
虫媒传播	
血液传播	结核病
母婴传播	
性接触传播	婴儿秋季腹泻

2. 视频《一个喷嚏的飞沫能传多远》
3. 本节课 PPT

（二）课外拓展资料

艾滋病

艾滋病的医学名称为"获得性免疫缺陷综合征"（acquired immunodeficiency syndrome, AIDS），是一种病死率很高的严重传染病，

"艾滋"是它的英文缩写"AIDS"的音译。它是由于感染了人类免疫缺陷病毒（human immunodeficiency virus，HIV）所引起的、具有一系列复杂症状的综合征。HIV侵入人体后破坏人体的免疫系统，使人体发生多种难以治愈的感染和肿瘤，最终导致死亡。

HIV的特性主要有两个。首先，对外界环境的抵抗力较弱。艾滋病病毒离开人体后，常温下只可生存数小时至数天，高温、干燥或者通常用的化学清洁剂或消毒剂（如碘酒、酒精或医院中经常使用的一些消毒药品）都可以杀死这种病毒，甚至用自来水冲刷，水中的余氯就会使它失去活性。其次，艾滋病病毒不能在昆虫（如蚊子、跳蚤等）体内存活。

感染艾滋病病毒的途径主要有3条：血液途径传播、性途径传播和母婴途径传播。

感染艾滋病病毒终身具有传染性。就艾滋病来说，从感染到发病、死亡前都属于传染期。因为目前尚未发现任何一种药物可以清除人体内的艾滋病病毒。

作为个人，如何预防艾滋病病毒感染？

艾滋病虽然是一种极其危险的传染病，但对个人来讲是可以预防的。

（1）不以任何方式吸毒。

（2）不轻易接受输血和血制品。（如必须使用，要求医院提供经艾滋病病毒检测合格的血液和血制品）

（3）不与他人共用针头、针管、纱布、药棉等用具。

（4）不去消毒不严格的医疗机构或其他场所打针、拔牙、穿耳洞、文身、文眉、针灸或手术。

（5）避免在日常救护时沾上受伤者的血液。

（6）不与他人共用有可能刺破皮肤的用具，如牙刷等。

不会感染艾滋病病毒的途径有哪些？下列日常生活接触不会感染艾滋病病毒：

（1）食物、饮水、空气。

（2）公共场所的一般日常生活接触，如同在一个教室上课，接触各种公共交通工具的座位、扶手，使用办公室的办公用品、工厂车间的工具，以及影剧院、商场、游泳池等场所的接触。

（3）礼节性亲吻。

（4）礼节性拥抱。

（5）双方手部皮肤完好时的握手。

（6）公用马桶、浴缸。

（7）蚊虫叮咬。

（8）纸币、硬币、票证。

第十一章 预防常见传染病

一、课程设计

（一）课程名称、对象和时间

课程名称：常见传染病的预防措施

适用对象：小学高年级学生

上课时间：35 分钟

（二）教学目标

（1）了解流行性感冒、水痘等呼吸道传染病的预防措施。

（2）了解手足口病、诺如病毒感染性腹泻等消化道传染病的预防措施。

（3）能够列举出相关的个人防护方法和学校、社区防控措施。

（三）理论依据

健康教育的核心理念是培养学生的健康意识和健康行为。根据流行病学的相关研究，呼吸道和消化道传染病是威胁人类健康的重要疾病，其预防和控制对于维护公共卫生安全至关重要。本章注重通过适合学生的方法和专业科学的理论支撑，引导学生了解传染病的传播途径和预防措施，培养他们的自我保护意识和能力。通过本章的学习，学生不仅能够掌握相关的预防知识，还能够为未来的公共卫生实践打下坚实的基础。

（四）教学策略

1. 学情分析

根据皮亚杰的认知发展理论，小学高年级的学生正处于从具体运算阶段向形式运算阶段的过渡时期，他们的思维逐渐从直观具体向抽象逻辑转变，但对抽象概念的理解还不够深入。传染病预防知识涉及内容复杂且专业，学生虽然在生活中有所接触，但往往只是表面的了解，缺乏深入的认

识。因此，针对这一学情特点，我们将采用多种教学方法，如角色扮演、教师专业讲授、拼图游戏等，让学生在活动中深入了解传染病的预防知识，提升自我保护能力。

2. 教学设计分析

为了达成活动目标，本节课分为 4 个活动：

活动一：通过让学生观看、分析视频，认识什么是传染病，揭示本课主题。

活动二：通过老师科普讲解，使学生认识常见呼吸道传染病的传染源、传播途径、易感人群及预防措施。

活动三：通过老师科普讲解，使学生认识常见消化道传染病的传染源、传播途径、易感人群及预防措施。

活动四：通过制作创意海报，让学生宣传呼吸道和消化道传染病的防控知识。

3. 教学重难点

重点：掌握呼吸道和消化道传染病的传播途径和预防措施。

难点：引导学生将所学知识应用到实际生活中，提高自我保护能力。

（五）教学资源

（1）硬件资源：多媒体教室，投影仪设备，制作海报用的彩纸、画笔、贴纸等。

（2）软件资源：PPT 课件。

二、课程实施

（一）教学活动

1. 什么是传染病？

活动目标　通过动画让学生思考并初步认识什么是传染病，揭示本课主题。

指导语　同学们，你们知道什么是传染病吗？接下来请大家仔细观看一则视频，等一下老师要提问问题哦，看哪位同学观看得最认真！

活动程序

（1）播放一个简短的动画视频《科普：传染病》（见课程拓展），

请学生认真观看。

（2）教师提问：①什么是传染病？（有传染性的疾病）②传染病的发生和传播离不开哪3个因素？（传染源、传播途径、易感人群）

结语　在刚才的视频中我们了解了传染病不同于其他疾病的特点，也知道了它是可以控制和预防的。今天我们就来一起学习传染病相关的知识，保护自身和他人的身体健康。常见传染病主要分为呼吸道传染病和消化道传染病两种类型，首先让我们一起学习呼吸道传染病。

2.常见呼吸道传染病及预防措施

活动目标　学习常见呼吸道传染病（流感和水痘）的传染源、传播途径、易感人群，以及预防措施。

指导语　呼吸道传染病是我们日常生活中常见的疾病，它们通过空气、飞沫等途径传播，给我们的健康带来威胁。接下来，让我们一起来看看常见呼吸道传染病的传染源、传播途径和易感人群以及预防措施吧！

活动程序

1）老师讲解：流感知识

（1）定义：流感是由流感病毒感染引起的对人类危害较严重的急性呼吸道传染病。轻症流感常与普通感冒表现相似，但其发热和全身症状更明显，如畏寒、寒战、头痛、肌肉和关节酸痛、极度乏力、食欲减退等。

（2）传染源：已经感染的患者和隐性感染者。这些人在发病后的几天内，特别是在发病初期，具有高度的传染性。

（3）传播途径：主要通过其呼吸道分泌物的飞沫传播，也可以通过口腔、鼻腔、眼睛等黏膜直接或间接接触传播。

（4）易感人群：流感对人群普遍易感，但某些特定人群更容易受到感染。这些人群包括儿童、老年人、孕妇以及肥胖者等。

2）老师讲解：水痘知识

（1）定义：水痘是由水痘带状疱疹病毒初次感染引起的急性传染病。

（2）传染源：水痘患者，特别是从发病前两天到疱疹完全结痂这段时间内，患者的传染性最强。这是因为患者的皮肤和黏膜上会排出大量水痘病毒，这些病毒通过特定的方式传播给其他人。

（3）传播途径：直接接触传播是最主要的途径，当健康人群与水痘

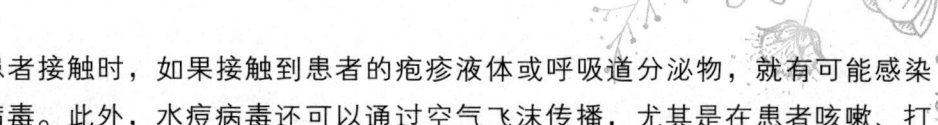

患者接触时,如果接触到患者的疱疹液体或呼吸道分泌物,就有可能感染病毒。此外,水痘病毒还可以通过空气飞沫传播,尤其是在患者咳嗽、打喷嚏或谈话时,病毒会随着飞沫进入空气中,被他人吸入后导致感染。

(4)易感人群:水痘对人群普遍易感,但某些人群更容易受到感染。儿童是水痘的主要发病群体,尤其是学龄前儿童和小学生,他们的免疫系统相对较弱,更容易受到病毒的侵袭。此外,孕妇、免疫系统受损者以及未接种水痘疫苗的人群也是水痘的易感人群。

3)老师讲解:如何预防呼吸道传染病

(1)注射疫苗:水痘疫苗是预防水痘的最有效手段。疫苗可以刺激机体产生免疫力,减少感染水痘的风险。

(2)避免与病患接触:在水痘高发季节,应尽量避免前往人群密集的地方,特别是医院等病毒易聚集的场所。如果必须外出,应佩戴口罩,减少与病毒接触的机会。

(3)保持良好的个人卫生:经常洗手,特别是在接触公共物品或外出归来后。

(4)增强自身免疫力:通过均衡饮食、适度锻炼和充足睡眠来增强自身免疫力。多吃富含维生素C的食物,如柑橘类水果、绿叶蔬菜等,有助于提高抗病能力。

结语 通过学习呼吸道传染病的相关知识,我们不仅增强了对疾病的认识,也掌握了更多预防和保护自己的方法,让我们在面对潜在的健康威胁时更加从容。

3.常见消化道传染病及预防措施

活动目标 学习常见消化道传染病(手足口病、诺如病毒感染性腹泻)的传染源、传播途径、易感人群。

指导语 学习完呼吸道传染病,接下来,让我们一起来看看常见消化道传染病的传染源、传播途径和易感人群以及预防措施吧!

活动程序

1)老师讲解:手足口病

(1)定义:手足口病是由肠道病毒感染导致的发热性疾病。

(2)传染源:手足口病的传染源主要包括患者和隐性感染者。

(3)传播途径:手足口病主要通过粪-口途径传播,即病毒通过感

染者的粪便污染手、日常用品、衣物等，进而通过口腔进入人体。此外，飞沫传播也是一个重要的途径，患者的咽喉分泌物及唾液中的病毒可通过空气飞沫传播给他人。

（4）易感人群：手足口病的高发人群主要为婴幼儿和儿童，尤以5岁以下幼儿的发病率最高。成人大多已通过隐性感染获得相应的抗体，因此发病率相对较低。

2）老师讲解：诺如病毒感染性腹泻

（1）定义：诺如病毒感染性腹泻是由诺如病毒引起的一种肠道传染病。

（2）传染源：患者和隐性感染者是主要的传染源。这些个体在潜伏期和发病期都可能排出病毒，污染周围环境，进而传播给他人。此外，患者的粪便和呕吐物中也含有大量病毒，若处理不当，极易造成病毒的扩散。

（3）传播途径：诺如病毒感染性腹泻主要通过粪－口途径进行传播。病毒可通过污染的水源、食物、物品以及空气等途径进入人体。

（4）易感人群：诺如病毒对全人群普遍易感，但成人和学龄儿童是主要的感染对象。

3）老师讲解：如何预防消化道传染病

（1）保持良好的个人卫生：在接触食物、使用卫生间后，应用肥皂和流动水彻底洗手。同时，妥善处理个人分泌物，如鼻涕、口水、粪便等，避免污染环境。保持身体清洁，勤换衣服，勤洗澡。

（2）注意饮食卫生：消化道传染病主要通过食物传播，因此饮食卫生至关重要。要选择新鲜、干净的食物，避免食用不洁、不新鲜的食品。食品烹调要彻底，避免食用未熟透的食品。生吃瓜果要洗净，不喝生水，不吃被雨水淋过或其他原因污染的食物。餐具要清洗彻底，避免传染病通过餐具传播。

（3）加强水源管理：水源污染是消化道传染病传播的重要途径，因此要加强水源管理，确保饮用水的安全。

（4）保持室内外环境清洁：避免垃圾、污水等污染环境。加强公共场所环境卫生管理，如餐饮店、厕所等。注意个人卫生对环境卫生的影响，避免个人分泌物等污染物污染环境。

结语 预防消化道传染病需要从个人卫生、饮食卫生、环境卫生等多方面入手，只有综合施策，才能有效预防消化道传染病的传播。

4.创意海报——宣传防控知识

活动目标　　通过制作创意海报，让学生宣传呼吸道和消化道传染病的防控知识。

指导语　　现在，我们要来制作一张创意海报，宣传我们学到的传染病防控知识。让我们发挥想象力，创作出独一无二的作品吧！

活动程序

（1）教师提供海报制作材料和工具，如彩纸、画笔、贴纸等。

（2）学生分组进行海报创作，将所学的传染病预防措施以图文并茂的形式展现出来。

（3）完成海报后，每组展示并介绍自己的作品，其他同学进行评价和建议。

结语　　通过制作创意海报，我们不仅巩固了所学知识，还锻炼了自己的创造力和表达能力。希望大家能够将这些防控知识传播给更多的人。

（二）活动延伸

课后作业：卫生习惯评价表

评价内容	自评	同学评	老师评
饭前便后洗手			
不乱摸公共物品			
定期修剪指甲			
勤换内衣和袜子			
保持书桌和文具整洁			
不吃未洗净的水果和食物			
咳嗽或打喷嚏时用纸巾遮住口鼻			

评价标准：1星，几乎从未做到或完全未做到；2星，偶尔做到，但需要提醒或监督；3星，一半时间能做到，有一定的自觉性；4星，大部分时间能做到，卫生习惯良好；5星，总是能做到，卫生习惯优秀。

（三）效果评价

教学效果评价内容		分值	评价			
			优秀 (9~10)	良好 (7~8)	一般 (6)	较差 (0~5)
学生	1. 对本课的内容感兴趣，有参加活动的意愿	10				
	2. 愿意参与交流分享	10				
	3. 通过体验有所感悟	10				
教师	1. 教学内容正确，没有理论上的错误	10				
	2. 教学环节完整、流畅	10				
	3. 课堂注重体验性，活动形式活泼新颖	10				
	4. 尊重学生，注意倾听	10				
	5. 引导学生思考和感悟，讲究方法，自然不生硬	10				
	6. 课件和板书贴合教学需要	10				
整体	整堂课有无亮点所在	10				
对本节课的意见和建议						
总分	满分为 100 分，您给本节课打分，总分为（　　）分					
总体评价	（　）优秀　（　）良好　（　）一般　（　）较差					

三、课程拓展

（一）课内活动资料

动画视频《科普：传染病》。

（二）课外拓展资料

·传染病的分类

根据相关规定，传染病被划分为甲、乙、丙 3 个类别，管理措施也因类别而不同。

甲类传染病有鼠疫和霍乱这 2 种高度危险的疾病。需要进行强制管理，即对患者、疑似感染者和密切接触的对象和疫区进行严格的控制、隔离、治疗。

乙类传染病的范畴则相当广泛，包括但不限于传染性非典型病原体肺炎、艾滋病、病毒性肝炎、脊髓灰质炎、高致病性禽流感（人类感染）、麻疹、流行性出血热、狂犬病、流行性乙型脑炎、登革热、炭疽、细菌性和阿米巴性痢疾、肺结核、伤寒和副伤寒、流行性脑脊髓膜炎、百日咳、白喉、新生儿破伤风、猩红热、布鲁氏菌病、淋病、梅毒、钩端螺旋体病、血吸虫病以及疟疾等多种疾病。乙类传染病对患者根据病情采取必要的治疗和控制传播措施。

丙类传染病主要涉及流行性感冒、流行性腮腺炎、风疹、急性出血性结膜炎、麻风病、流行性和地方性斑疹伤寒、黑热病、包虫病、丝虫病等，以及除霍乱、细菌性和阿米巴性痢疾、伤寒和副伤寒外的其他感染性腹泻病。丙类传染病主要进行监测管理。

此外，国务院卫生行政部门在综合考量传染病的暴发情况、流行趋势及其潜在危害后，有权决定对乙类和丙类传染病的种类进行增减或调整，并及时向社会公众公布，以确保有效的防控措施得以实施。

第十二章　理解吃动平衡

一、课程设计

（一）课程名称、对象和时间

课程名称：吃对了，动起来

适用对象：小学高年级学生

上课时间：35 分钟

（二）教学目标

（1）理解吃动平衡的概念。

（2）理解健康体重、超重与肥胖、消瘦与生长迟缓的概念。

（3）了解健康问题与体重的关系。

（4）了解保持健康体重的方法。

（三）理论依据

教育部制定的《生命安全与健康教育进中小学课程教材指南》提到，"生命安全与健康教育内容主要涉及 5 个领域 30 个核心要点"，"领域 1：健康行为与生活方式"要点包括："形体健康、健身锻炼与运动、合理膳食"。小学阶段要求学生"了解个人日常行为和生活方式与健康之间的关系，定期监测体重，预防超重"。

《上海市中小学学科教学中实施生命教育的指导意见》提及，在小学阶段，各学科课程的教学要求包括：知道人需要有充足的食物，需要运动和休息，了解养成良好的饮食、起居、卫生习惯对自身成长的重要性；了解食物的营养成分，知道合理的营养对人体健康的重要性。了解运动对人体健康的意义，养成积极锻炼的习惯。

（四）教学策略

1. 学情分析

随着学生进入高年级，开始进入青春期，他们逐渐关注自己的外貌和形象，对体重和身材产生了一定的敏感性。一些学生可能会因为体重问题而产生自卑或焦虑的情绪。因此，教师在开展健康体重教学时，需要关注学生的心理健康，引导他们正确看待体重问题，树立健康自信的价值观。在健康与体重管理方面，他们可能对一些与健康饮食、运动锻炼相关的话题感兴趣，也愿意尝试一些新的健康生活方式。因此，教师可以结合学生的兴趣点，设计有趣的教学活动，激发他们的学习热情。

2. 教学设计分析

针对小学高年级学生的吃动平衡课程，在注重内容的生动性、互动性的同时，引导学生养成良好的饮食运动习惯，可以设计以下 5 个活动：

活动一：吃动平衡小调研。通过小组活动，在组内记录一天内的饮食和运动量，了解吃动平衡的概念，理解保持吃动平衡对维持健康体重的重要性。

活动二：饮食案例讨论会。通过扮演案例中的角色，其他学生分小组讨论如何修改饮食习惯，在互动中增加提问环节，激发参与热情，了解健康饮食与体重、健康密不可分。

活动三：健康体重知识问答。通过一系列关于健康体重、超重与肥胖、消瘦与生长迟缓、健康与体重关系的知识问答题目，以抢答、分组竞赛等方式，让学生在轻松愉快的氛围中掌握相关知识。

活动四：运动总动员。通过视频案例，了解运动对青春期身心发展的重要性。通过小组讨论，学会如何养成运动的习惯。

活动五：制定健康体重计划。根据个人体重和健康状况，制定一份保持健康体重的计划，学会合理安排饮食、制订适量的运动计划及调整其他生活习惯。

3. 教学重难点

重点：理解吃动平衡的概念，了解健康问题与体重的关系。

难点：养成健康饮食、保持健康体重的习惯，针对个体差异制定有效的吃动平衡方案。

（五）教学资源

（1）硬件资源：学习单、有代表性的食物道具。

（2）软件资源：本节课PPT、视频。

二、课程实施

（一）教学活动

1. 吃动平衡小调研

活动目标 了解吃动平衡的概念，理解保持吃动平衡对维持健康体重的重要性。

指导语 我们先来分组，每位组员会拿到一张《饮食运动记录表》学习单（样单见课内活动资料），记录下你昨天一天的饮食和运动量，再请组长把组内同学的数据统计在小组的记录表上。

活动程序

（1）讲清活动规则，发放记录表。

（2）回收记录表，各组汇报他们的记录情况。

（3）讨论分享：哪些行为符合吃动平衡的原则，哪些不符合。

结语 吃动平衡指在饮食与运动之间找到平衡点，有助于我们身心达到健康平衡的状态。保持吃动平衡对于维持健康体重具有极其重要的意义。食物摄入量和身体活动量是保持能量平衡、维持健康体重的2个主要因素。体重过高或过低都是不健康的表现，易导致多种疾病，并可能缩短寿命。

2. 饮食案例讨论会

活动目标 通过故事讲述、角色扮演，了解健康饮食与体重、健康密不可分。

指导语 我们先一起来看一个故事。

活动程序

（1）观看案例故事《小迪》片段一。

过渡语 你觉得小迪买的食品怎么样？请小组讨论，说说你们的观点。

（2）小组讨论、角色扮演。

过渡语 确实，同学们说得都很有道理。妈妈却并不满意，问小迪："你觉得我们什么买得太多了？还缺什么？"他们的对话是怎样的？2人一组进行讨论，一位同学扮演小迪，一位同学扮演妈妈。一起把我们刚才讨论的更优采购方案演出来。

（3）观看案例故事《小迪》片段二，并开展小组讨论、角色扮演。

（4）游戏：请一个同学扮演小迪，背对大家，其他人轮流给他提出饮食方面的建议，愿意接纳就转身。老师先做示范：①喜欢喝奶茶，有机会就喝个痛快吧。②少吃点炸鸡，油炸食品对身体不好。（提示学生可以从食物原料、烹饪方式、规律时间等方面提出改善建议）

结语 你们的建议都好棒，相信小迪已经接收到了这些建议。希望我们也能像小迪一样，保持健康的饮食习惯能够让我们身体更健康！

3. 健康体重知识大比拼

活动目标 通过一系列关于健康体重、超重与肥胖、消瘦与生长迟缓、健康与体重关系的知识问答题目，以抢答、分组竞赛等方式，让学生在轻松愉快的氛围中掌握相关知识。

指导语 同学们，健康的体重对我们的健康来说很重要。今天就让我们一起来比一比，看谁了解的健康体重知识最多。（题目见课内活动资料）

结语 通过今天的知识问答，我们了解了健康体重的重要性，在日常生活中我们要注意饮食与运动的平衡，来维护自己的健康。

4. 运动总动员

活动目标 通过视频案例，了解运动对青春期身心发育的重要性。通过小组讨论，学会如何养成运动的习惯。

指导语 要保持吃动平衡，除了健康饮食，我们还要做什么？是的，还要坚持体育锻炼。可是，有个叫小轩的小朋友，他就遇到了一些困难。让我们一起来看看吧。

活动程序

（1）观看视频《小轩》。故事大意：小轩是个"小书迷"，他最喜欢的就是看课外书，喜欢到同学叫他一起去玩，他都不愿放下书本。体育课上，他也不爱多活动。就这样废寝忘食地看了几个月课外书，小轩感觉自己的身体有点不对劲。眼睛经常觉得不舒服，脖子和肩膀酸痛。体育课时，一动起来就觉得很累。

（2）小组讨论：你有什么妙招能帮帮小轩吗？运动有哪些好处呢？（促进生长发育、远离疾病、让大脑更发达、促进心理健康、培养团队协作精神）

如何养成运动的习惯：设定目标，循序渐进，体会运动的快乐。

结语 体育锻炼对我们有很多好处，比如增强心肺功能和肌肉力量，提高免疫力，调节神经系统，陶冶情操，希望同学们都能养成坚持运动的好习惯。

5. 制定健康体重计划

活动目标 根据个人体重和健康状况，制定一份保持健康体重的计划，学会合理安排饮食、制订适量的运动计划及调整其他生活习惯。

指导语 同学们，我们一起来制定一张健康体重计划记录表，将我们每天的一日三餐、运动内容、体重都记录下来。经过一段时间，我们可以来观察和挖掘我们的身体变化，并且进行反思和调整。

活动程序

（1）发放《健康体重计划记录表》学习单。提供范例，分析并解释每项如何记录。

（2）学生填写完一天的计划后，在小组和班级内交流分享。

（3）定期分享优秀的"记录表"，让学生互相学习、互相激励。也可以以小组为单位进行评选。

结语 每天坚持记录并执行健康体重计划记录表，可以让我们更好地了解自己的吃动平衡及体重健康状况，并进行相应的改善与调整，以达到保持健康的目的。

（二）活动延伸

健康体重计划记录表（范例）

日期	饮食计划	运动计划	体重记录	备注
2024-03-29	早餐：牛奶、全麦面包、水果 午餐：蔬菜沙拉、瘦肉、米饭 晚餐：鱼肉、蔬菜、少量主食 其他：薯片一袋50g	晨跑：30分钟 下午跳绳：15分钟 晚上散步：20分钟	XX千克	饮食基本合理，运动量适中
2024-03-30	早餐：燕麦粥、鸡蛋、水果 午餐：蔬菜炖豆腐、瘦肉、杂粮饭 晚餐：蔬菜炒面、少量瘦肉	羽毛球训练：1小时 晚上瑜伽：30分钟	XX千克	饮食稍有超量，运动量足够
2024-03-31	早餐：不吃 午餐：面条、蔬菜、肉 晚餐：汉堡、薯条、冰淇淋	无	XX千克	早餐没吃，饮食不规律，且晚上吃了"垃圾食品"，运动没有坚持
……	……	……	……	……

在这个表格中，学生可以记录每天的饮食计划、运动计划、体重及备注情况。记录每日三餐的食物种类和分量，确保摄入的营养均衡且热量适中。

运动计划：记录每日的运动项目、运动时间和强度，确保运动量达到健康标准。

体重记录：每日记录体重，观察体重变化趋势，及时调整饮食和运动计划。

备注：记录每日的特殊情况或感受，如饮食稍有超量、运动量达标等，以便后续分析调整。

学生也可以根据自己的实际情况，增加或删除列来满足自身需求。关键是制定表格后能够坚持记录并执行。

（三）效果评价

教学效果评价内容		分值	评价			
			优秀 (9~10)	良好 (7~8)	一般 (6)	较差 (0~5)
学生	1. 对本课的内容感兴趣，有参加活动的意愿	10				
	2. 愿意展示、交流、分享	10				
	3. 通过学习改变坏习惯	10				
教师	1. 教学内容正确，没有理论上的错误	10				
	2. 教学环节完整、流畅	10				
	3. 课堂注重实效性，活动形式活泼新颖	10				
	4. 尊重学生，注意倾听	10				
	5. 引导学生思考和感悟，让学生讲得出、做得到	10				
	6. 课件和板书贴合教学需要	10				
整体	整堂课有无亮点所在	10				
对本节课的意见和建议						
总分	满分为 100 分，您给本节课打分，总分为（　　）分					
总体评价	（　）优秀　（　）良好　（　）一般　（　）较差					

三、课程拓展

（一）课内活动资料

1. 饮食运动记录表（样单）

饮食运动记录表（个人）	
日期：	
一、饮食记录	
早餐	晚餐
主食：	主食：
蛋白质：	蛋白质：
蔬菜 / 水果：	蔬菜 / 水果：

续表

其他：	其他：
午餐	零食/加餐
主食：	时间：
蛋白质：	内容：
蔬菜/水果：	
其他：	
二、运动记录	
运动类型：	运动强度：
运动时长：	运动感受：
三、身体数据记录	
体重：	身高：
四、备注（记录当天特殊情况，如：身体不适、饮食异常、运动量过大等）	

填写方法：请在相应的饮食栏目中填写所吃的食物种类和份量，如：早餐－主食：燕麦粥1碗，蛋白质：鸡蛋1个，蔬菜/水果：苹果1个。在运动栏目中，填写运动类型（如：跑步、游泳、瑜伽等）、运动时长和运动强度。

2. 小组饮食运动汇总表（样单）

小组饮食运动汇总表							
小组名称：			记录日期：				
姓名	早餐	午餐	晚餐	零食/加餐	运动类型	运动时长	运动强度
备注：							

3. 案例故事《小迪》

这天，小迪和妈妈一起去超市采购食品。妈妈交给他一个任务：挑选最近家里需要的食材。小迪左看右看，那么多琳琅满目的食品让他挑花了眼。在生鲜区，他挑了自己喜欢的鸡腿、猪肉。到了水果区，红红的大苹果看起来真诱人，小迪也选了几个放进购物车。最后，他冲到最爱的零食区，挑了一大堆膨化食品、糖果、碳酸饮料。（片段一）

妈妈却并不满意，问小迪："你觉得我们什么买太多了？还缺什么？"小迪仔细想了想，终于想起来应该再买一些_____。把多拿的_____放回了货架上。妈妈微笑着给他竖起了大拇指。

走出了超市，小迪好高兴。路过炸鸡店和奶茶店，小迪对妈妈说："妈妈，我好想吃炸鸡、喝奶茶，能给我买吗？"妈妈："_____"。（片段二）

4. 健康体重知识大比拼

1）选择题

（1）健康体重是指体重在哪个范围内？

  A. 越轻越好   B. 适中最好

  C. 越重越好   D. 随便什么体重都可以

（2）超重和肥胖可能是因为什么造成的？

  A. 吃太多零食   B. 经常运动

  C. 睡眠不足   D. 喝水太少

（3）消瘦和生长迟缓可能是因为什么造成的？

  A. 饮食不均衡   B. 经常运动

  C. 睡眠充足   D. 喝水太多

（4）保持健康体重对我们的身体有哪些好处？

  A. 容易生病   B. 行动不方便

  C. 更有活力   D. 容易感到累

（5）为了保持健康体重，我们应该怎么做？

  A. 多吃零食   B. 减少运动

  C. 合理饮食   D. 熬夜不睡觉

[参考答案：（1）B；（2）A；（3）A；（4）C；（5）C]

2）判断题

（1）超重和肥胖对身体没有影响，只是看起来胖一些而已。（　）

（2）吃太多高热量食物容易导致超重和肥胖。（　）

（3）消瘦和生长迟缓可能是因为饮食不均衡或营养不良。（　）

（4）保持健康体重可以预防一些慢性疾病，如心脏病和糖尿病。（　）

（5）只要运动就可以减肥，不需要注意饮食。（　）

[参考答案：（1）×；（2）√；（3）√；（4）√；（5）×]

5. 视频《小轩》

（二）课外拓展资料

· 课外小活动

体育运动会给我们带来很多益处。试试和小伙伴们一起来做做看吧！

（1）一分钟扎马步——锻炼肌肉与平衡性。

两腿平行开立，两脚间距离大约与肩膀宽度相同。然后下蹲，脚尖平行向前，不要外撇。两膝向外撑，膝盖不能超过脚尖，同时大腿与地面平行。同时，胯部要向前内收，臀部不要突出。含胸拔背，不要挺胸，胸要平，背要圆。两手可环抱胸前，如抱球状。在练习时，注意要循序渐进，不要一开始就尝试长时间保持姿势，以免肌肉疲劳或受伤。可以从短时间开始，逐渐适应并增加时长。

（2）"马兰花开"——集中注意力，提高反应速度。

学生围成一个圈，慢跑的同时，注意听老师的口令，当老师说"马兰花，开五朵"，就立刻按人数5人抱成一团。

（3）手拉手深蹲——增强平衡感，培养协作精神。

可以两人或三人一组，大家都单脚站立，另一只脚搭在一起，手拉手一起做深蹲，看看能做几个。组与组之间也可以比赛。

第十三章 合理饮用含糖饮料

一、课程设计

(一)课程名称、对象和时间

课程名称:合理饮用含糖饮料

适用对象:小学高年级学生

上课时间:35 分钟

(二)教学目标

(1)能够识别饮料的种类和成分。

(2)了解功能饮料、能量饮料对儿童身体健康可能造成的危害。

(3)学会阅读食品营养标签,科学认识食品添加剂。

(4)养成每天足量饮水的习惯。

(三)理论依据

过量饮用饮料,尤其是含糖饮料会给身体带来风险与危害,包括但不限于:牙齿损害、身体肥胖、胃肠功能紊乱、加速皮肤老化、肾脏排泄负担增大,增加患糖尿病、痛风、心脏病、肾结石和多种癌症的风险。对儿童来说,会影响正常进食和正常生长发育。

WHO 发布的《成人及儿童糖摄入量指南》认为,游离糖加大膳食的总体能量密度,尤其是通过饮用含糖饮料摄入游离糖,增加总能量,可能会降低含更适当营养热量食品的摄入,导致不健康饮食,体重增加,加剧非传染性疾病患病风险。摄入游离糖还增加龋齿的发生风险。因此,WHO 建议:在整个生命历程中减少游离糖摄入量(强烈建议);将成人和儿童游离糖摄入量降至摄入总能量的 10% 以下(强烈建议);将游离糖摄入量降至摄入总能量的 5% 以下(条件性建议);禁止生产商在 3 岁以下婴幼儿食品中添加糖(强烈建议)。中国营养学会补充建议儿童游离糖摄入量中的添加糖少于 10 克。

教育部制定的《生命安全与健康教育进中小学课程教材指南》提到，"生命安全与健康教育内容主要涉及 5 个领域 30 个核心要点"，"领域 1 健康行为与生活方式"要点包括"合理膳食"。小学阶段要求学生"了解健康及其影响因素，知道预防常见健康问题和疾病的基本知识，了解个人日常行为和生活方式与健康之间的关系，定期监测体重，预防超重"。《上海市中小学学科教学中实施生命教育的指导意见》中提及，在小学阶段，学校应在多学科教学中达成以下教学目标:"知道人需要有充足的食物，需要运动和休息，了解养成良好的饮食、起居、卫生习惯对自身成长的重要性"（自然学科），"知道合理饮食的重要性，能养成卫生好习惯"（道法学科）。

（四）教学策略

1. 学情分析

甜味能使人产生愉悦感，几乎没有小孩能抵抗糖的诱惑，他们对糖的喜爱是与生俱来的。随着生活水平的提高，饮料的消费量逐年增加，儿童青少年作为饮料的消费主体，他们接触含糖饮料的机会越来越多，对含糖饮料的摄入量不容乐观。小学生正处于生长发育的关键阶段，他们的身体和心理特点决定了他们对新知识的好奇心和探索欲望较强，但注意力容易分散，需要通过生动有趣的教学方式吸引他们的注意力。学生可能对含糖饮料有一定的了解，但可能并不清楚含糖饮料对身体健康的影响以及合理饮用的重要性。因此，他们亟需了解如何合理饮用含糖饮料，以维护身体健康。

2. 教学设计分析

为了达成活动目标，本节课分为 4 个活动。

活动一：将学生分成小组，让他们讨论含糖饮料的好处和坏处，以及自己平时饮用含糖饮料的习惯。每个小组可以派代表上台分享讨论结果，培养学生的表达能力和合作能力。

活动二：让学生为含糖饮料设计警示标签，提醒人们在饮用时注意控制摄入量。培养学生的创意思维，让他们更加深入地理解合理饮用含糖饮料的重要性。

活动三：饮料配料表寻宝游戏。将学生分成小组，给每个小组分发几种饮料包装。小组内合作，找出配料表中的特定成分，如食品添加剂、糖等，并记录在表格中。各小组分享发现，并讨论这些成分对健康的影响。通过视频学习食品添加剂的作用及危害、功能性饮料的危害。

活动四：组织一场关于含糖饮料的知识问答竞赛，通过抢答、必答等形式，检验学生对所学知识的掌握程度。竞赛形式可以激发学生的学习热情，让他们在轻松愉快的氛围中巩固知识。

3. 教学重难点

重点：理解含糖饮料如何影响身体健康，如导致肥胖、蛀牙、糖尿病等健康问题的原理；知晓合理饮用含糖饮料的标准和方法，根据自身需求适量饮用含糖饮料，选择合适的替代品，以及形成良好的饮食习惯。

难点：引导学生树立正确的健康饮食观念，培养自控力。由于学生年龄较小，他们可能更偏向于喜欢甜味，对于健康饮食的重要性理解不够深入。

（五）教学资源

（1）硬件资源：学生按小组就座的桌椅、《含糖饮料好处与坏处》记录单、饮料瓶、奶茶杯、方糖、警示标签、彩笔、食品添加剂调查表。

（2）软件资源：本节课PPT、相关视频。

二、课程实施

（一）教学活动

1. 小组讨论：饮料"辨一辨"。

活动目标　通过观看视频、小组讨论等形式简单了解饮料的分类与利弊，同时培养表达与合作能力。

指导语　周末到了，妈妈带着明明来到了超市采购，琳琅满目的饮料吸引了明明的注意。我们一起来看看明明会怎么挑选？

活动程序

（1）播放视频《明明去超市》，引出问题。

过渡语　我们能不能帮明明把饮料分类？你会以什么标准给饮料分类？你会给明明推荐哪一类饮料？

（2）展示不同的饮料瓶，以小组为单位给饮料分类，用方糖展示不同含糖饮料中的糖含量。

过渡语 我们可以按原料和制作工艺分类：果蔬汁、蛋白饮料、茶饮料、乳类饮料、功能饮料、碳酸饮料等。它们有什么共同点吗？观察一下饮料瓶包装上的配料表，看看你有什么发现？是的，几乎所有的饮料中都含有白砂糖或糖浆等让我们感到甜味的成分。

什么是"无糖"和"低糖"？根据《食品安全国家标准 预包装食品营养标签通则（GB 28050—2011）》，如果每100毫升饮料中含糖≤5克，可以称为低糖饮料；含糖≤0.5克可称为无糖饮料。所以，低糖饮料如果在饮料中含有添加的单糖或双糖，则仍属于含糖饮料。

如果饮料包装没有特别标注"无糖"或"低糖"字样，一般碳酸饮料、果味饮料、茶饮料等的含糖量基本都>5%。例如，普通碳酸饮料（如可乐、柠檬味汽水、橙味汽水等）的含糖量约10%，茶饮料含糖量为5%~10%，常见凉茶饮料约9%。我们很多同学喜欢喝的奶茶，也含有大量的糖。让我们来看看这几种饮料中所含的糖有多少。

（3）分组讨论：讨论含糖饮料的好处和坏处，分享自己平时饮用含糖饮料的习惯。

（4）播放视频《过量饮用含糖饮料的风险》。

结语 含糖饮料经常能吸引我们，大部分小朋友都爱喝，喝了让我们觉得解渴、开心快乐，但是同学们也说了含糖饮料对健康有一些坏处。通过视频学习，我们也了解到过量饮用含糖饮料对我们的身体有非常明显的危害。

2. 标签设计：为含糖饮料设计警示标签

活动目标 通过为含糖饮料设计警示标签活动，提醒他人和自己控制摄入量，同时培养创意思维。

指导语 过量饮用含糖饮料对我们的健康有不少危害，那我们可以怎么做呢？今天就让我们一起来为含糖饮料设计警示标签，提醒人们控制摄入量。

活动程序

（1）活动规则讲解，每组选择一个最佳作品，再在全班进行分享。

或者根据学生实际情况，以小组为单位进行创作。

规则参考：

明确标签目的：标签应明确告知消费者过多摄入糖分可能带来的健康风险，如增加龋齿、超重或肥胖的风险。

使用醒目的颜色和字体：建议使用醒目的颜色（如红色）和易于阅读的字体，确保标签内容能够迅速吸引注意力。

简洁明了的文字描述：标签上的文字应简洁明了，避免使用过于复杂的词汇或句子结构。例如，可以使用"高糖警告"或"过多摄入糖分有害健康"等表述。

添加图示和图表：图示和图表可以更直观地展示糖分含量及其对健康的影响。例如，可以使用柱状图或饼图来展示饮料中糖分的占比，或者使用示意图来展示糖分摄入过多可能导致的健康问题。

提供健康建议：标签上可以添加一些健康建议，如"建议适量饮用"或"选择低糖或无糖饮料"。

（2）设计制作含糖饮料警示标签。

（3）交流分享，总结。

结语　同学们的警示标签都颇具创意，给含糖饮料贴上警示标签，可以提醒人们引起警惕，控制饮用量。我们在日常的购买和饮用过程中，也要学会留心和阅读食品、饮料配料表。

3.配料表寻宝游戏

活动目标　通过活动，学会阅读食品饮料配料表，了解不同添加剂的名称、作用、对健康产生的影响，以及功能性饮料的特点和过量饮用的危害，从而形成适量饮用含糖饮料的理念。

指导语　同学们，你挑选食品或饮料时会留心配料表的内容吗？你知道常见的食品添加剂的作用吗？让我们一起来试试，找出不同添加剂的名称，猜一猜它们分别有哪些作用？会对健康有什么影响？

活动程序

（1）小组活动：配料表寻宝游戏。使用贴纸，完成"食品添加剂调查表"。

（2）播放视频《食品添加剂的介绍》。

（3）食品添加剂角色扮演。

选择几种常见的食品添加剂，如防腐剂、色素、香精等。让学生扮演这些食品添加剂，准备简短的介绍，包括它们的名称、作用、在食品中的常见应用以及可能的健康影响。在课堂上进行角色扮演展示，其他学生可以提问或发表自己的看法。

（4）播放视频《功能性饮料的危害》。

在含有大量糖分与其他添加剂的基础上，功能性饮料还额外添加了咖啡因、牛磺酸等。过量饮用的危害包括但不限于：肥胖、肠胃不适、失眠、营养不良、损伤肝肾、增加心脏病风险等。

结语 在日常生活中，食品、饮料配料表可能常常会被我们忽视。为了我们的健康，今后我们在挑选购买饮料时，可以多留心一下配料表。对小学生来说，我们应该尽量避免饮用功能性饮料，少量、适量饮用含糖饮料，养成多喝水的习惯。

（二）活动延伸

1. 创意海报制作

制作关于食品添加剂的海报，内容可以包括食品添加剂的种类、作用、对健康的影响以及如何避免过多摄入等。提供一些参考图片和资料，将海报展示在教室或学校走廊，让更多人了解食品添加剂的知识。

2. 家庭实践活动

与家人一起查看家中食品和饮料的配料表，并记录下含有食品添加剂的食品和饮料。让学生撰写一篇短文或报告，分享发现以及家庭如何调整饮食习惯以减少食品添加剂的摄入。

（三）效果评价

教学效果评价内容		分值	评价			
			优秀(9~10)	良好(7~8)	一般(6)	较差(0~5)
学生	1.对本课的内容感兴趣，有参加活动的意愿	10				
	2.愿意展示、交流、分享	10				
	3.通过学习改变不良习惯	10				

续表

教学效果评价内容		分值	评价			
			优秀 (9~10)	良好 (7~8)	一般 (6)	较差 (0~5)
教师	1. 教学内容正确，没有理论上的错误	10				
	2. 教学环节完整、流畅	10				
	3. 课堂注重实效性，活动形式活泼新颖	10				
	4. 尊重学生，注意倾听	10				
	5. 引导学生思考和感悟，让学生讲得出、做得到	10				
	6. 课件和板书贴合教学需要	10				
整体	整堂课有无亮点所在	10				
对本节课的意见和建议						
总分	满分为100分，您给本节课打分，总分为（　　）分					
总体评价	（　）优秀　（　）良好　（　）一般　（　）较差					

三、课程拓展

（一）课内活动资料

1）视频《明明去超市》

2）视频《过量饮用含糖饮料的风险》

3）视频《食品添加剂的介绍》

4）视频《功能性饮料的危害》

5）学习单

含糖饮料的好处与坏处统计表（选择题）、含糖饮料警示标签、食品添加剂调查表（连线题或者贴纸）。

含糖饮料的好处与坏处

（1）哪种说法关于含糖饮料是不正确的？

A. 含糖饮料可以快速补充能量。

B. 含糖饮料有助于预防蛀牙。

C. 偶尔喝含糖饮料可以当作一种奖励。

D. 含糖饮料中含有糖分，可以让人感觉更快乐。

（参考答案：B）

（2）经常喝含糖饮料可能会带来什么健康问题？

　　A. 让皮肤变得更光滑。

　　B. 增加体重和肥胖的风险。

　　C. 让眼睛更明亮。

　　D. 让人变得更聪明。

（参考答案：B）

（3）下列哪项是减少含糖饮料摄入的好方法？

　　A. 每天多喝几瓶含糖饮料来解渴。

　　B. 用清水或无糖饮料代替含糖饮料。

　　C. 只在饭前喝含糖饮料来增加食欲。

　　D. 多吃甜食来弥补不喝含糖饮料的"损失"。

（参考答案：B）

含糖饮料警示标签设计

请你为某一款含糖饮料设计警示标签，标签可以包含的内容：
糖分含量：每100毫升饮料中的含量克数。
警示语句：例如"含糖饮料，过多摄入可能增加健康风险"。
健康指南：每日糖分摄入建议量，帮助消费者控制糖分摄入。
其他：_____

食品添加剂调查表

防腐剂	A. 让食物颜色更鲜艳
色素（如红色40）	B. 延长食品的保质期
甜味剂（如阿斯巴甜）	C. 增加食品的甜味，减少糖分摄入
发酵剂（如酵母）	D. 帮助面包等面食膨胀松软
酸味剂（如柠檬酸）	E. 使食品具有特定的酸味
乳化剂（如大豆卵磷脂）	F. 防止食品中的油和水分离

参考答案：

防腐剂——B. 延长食品的保质期

色素（如红色40）——A. 让食物颜色更鲜艳

甜味剂（如阿斯巴甜）——C. 增加食品的甜味，减少糖分摄入

发酵剂（如酵母）——D. 帮助面包等面食膨胀松软

酸味剂（如柠檬酸）——E. 使食品具有特定的酸味

乳化剂（如大豆卵磷脂）——F. 防止食品中的油和水分离

（二）课外拓展资料

· **文献阅读**

（1）世界卫生组织指南：成人和儿童糖摄入量。

（2）中国营养学会《中国居民膳食营养素参考摄入量（2023版）》。

第十四章　青春期情绪波动与调节

一、课程设计

（一）课程名称、对象和时间

课程名称：青春期情绪波动与调节

活动对象：小学高年级学生

活动时间：35 分钟

（二）教学目标

（1）初步了解青春期身体的变化和心理的变化。

（2）知道在青春期自己情绪剧烈波动是正常的，尝试用最适合自己的方法来应对。

（3）树立珍爱生命的意识，学会自我保护。

（三）理论依据

青春期是一个人从儿童过渡到成年人的关键时期，对于小学生来说，这个阶段的身体和心理变化尤为显著，如身体快速发育、第二性征出现、情绪波动较大、自我意识和独立意识增强、社交需求增加以及对性知识产生浓厚的兴趣和需求。学生在这个阶段需要得到家长、老师和社会的关爱和支持，帮助他们顺利度过这个特殊时期。因此，在学生进入生长突增期时，加强对学生的教育显得尤为重要。

教育部《生命安全与健康教育进中小学课程教材指南》指出，中小学生命教育的领域包括生长发育与青春期保健，在小学阶段需要教育学生了解生命与生长发育知识，初步学习青春期发育、心理健康及相关保健知识与技能，树立珍爱生命的意识，学会自我保护。《上海市中小学生命教育指导纲要》（2005 年）指出，小学阶段着重帮助和引导学生初步了解自身的生长发育特点，初步树立正确的生命意识，养成健康的生活习惯。三

到五年级的学生需要了解身体的生长情形，具备欣赏自己和悦纳自己的积极乐观心态，初步认识和体验人的生命是可贵的，能珍惜生命。

（四）教学策略

1. 学情分析

小学高年级学生正处于青春期前期或早期，是成长发育的关键时期，生理和心理都在发生很大的变化。在这个阶段，学生的自我意识逐渐增强，对社会的认识更加深入。他们开始意识到自己是社会的一员，需要遵守社会规则。学生开始更加关注自我，他们对自己的外貌、能力等方面有了更深入的认识。他们开始有自己的价值观和信念，对事物有自己的判断和看法。学生在这个阶段情绪可能会出现比较大的波动，同时，他们也开始学习如何处理自己的情绪，如何调整自己的心态。学生的独立性在这一阶段开始逐渐增强，他们开始能够独立完成一些任务，开始有自己的想法和主张，希望能得到成人的认可和尊重。

在这个年龄段，家长和老师需要给予学生足够的关注和支持，引导他们认识到自己在青春期前期和早期身体和心理上的一系列变化，学习一些必要的应对方法，帮助学生能够顺利地度过这一个阶段。

2. 教学内容分析

"了解生命知识和生长发育"这一系列的课程，可通过"我和'混乱'"的活动，帮助学生了解青春期心理上的变化，以及与父母、长辈之间相处中可能会出现的状况，并掌握合适的应对方式。具体内容如下：

首先，帮助学生了解进入青春期后自己的身体和心理可能会发生的变化：身体会发育，外形上会有变化，会遭遇一段"尴尬期"；同时，在青春期自己的情绪波动会比较大，可能会经历情绪的高低起伏，容易受到外界因素的影响；自我意识开始增强，对自己的身体、能力和价值观有更多的思考；更加渴望与同伴的相处等。出现这些变化，在这个年龄段都是很正常的，是大家都会遇到的。

其次，知晓当自己的心理发生急剧变化的时候，要冷静应对，选择最适合自己的应对方式，学会自我保护。

最后，知晓如何合理应对身体上的巨大变化，知道为促进健康的生长发育，自己需要做些什么，用适合自己的方式来应对，树立珍爱生命的意识。

3. 教学重难点

重点：让学生知道青春期时，自己在心理、情绪上发生急剧变化是正常的。

难点：引导学生选择最适合自己的方法来应对自己情绪的波动。

（五）教学资源

（1）硬件资源：学生4~6人一小组围坐；环境比较安静，学生有一定的空间能够进行放松练习。

（2）软件资源：课堂教学课件PPT。

二、课程实施

（一）教学活动

1. 小调查

活动目标　通过小调查帮助学生了解自己遇到的困扰是同龄人中常见的情况，是在这个年龄都会遇到的普遍现象。

指导语　你有遇到过这些状况吗？如果有，就点点头。

活动程序

1）出示青春期可能遇到的状况（可根据学生的具体情况酌情增改内容）

（1）现在的我，容易冲着爸爸妈妈发脾气。

（2）时不时，我的心情会起伏很大。

（3）我更喜欢和小伙伴在一起，而不是和父母在一起。

2）小结

结语　同学们有没有发现，这些现象是大家都会遇到的普遍现象。那为什么我们会遇到这样的状况呢？

2. 神奇的"混乱"

活动目标　学生从绘本故事《神奇的色彩女王》中了解到当进入青春期后，自己的情绪变化是没有规律的，对自己的生活影响是非常大的。

活动程序

（1）介绍绘本故事《神奇的色彩女王》。

过渡语　我们发现，现在的我们容易和父母长辈发生矛盾，你有没有发现，自己越是生气，脑子里越是混乱，就像女王周围出现的混乱和一团糟？（如学生想说，可以请几位学生说说自己曾经遇到的事情，重点在引导学生发现当自己生气时，影响了对事情的判断和解决。）

（2）提问：你知道为什么自己会出现这样的状况吗？教师在学生的回答中总结补充要点。

结语 在青春期，男孩和女孩体内的性激素水平发生显著变化，这些激素的变化会导致情绪波动，比如易怒、焦虑和抑郁情绪。激素变化还会影响睡眠和食欲等，这些问题也可能进一步影响情绪。所以，现在的我们，因为身体的变化，情绪也变化剧烈。有时一点点小事就会让我们像个小炸弹一样，脾气来得突然。当我们冷静下来，会对自己刚才的脾气感到莫名和无奈，是不是这样？

3."混乱"中的我

活动目标 引导学生发现自己情绪不稳定时，可以通过调节情绪的方法，努力改善当下和父母的相处。

指导语 你能说说最近发生的，你在和父母的相处中感到"混乱"情绪的事件吗？（学生交流中，教师注意引导学生发现这种"混乱"是普遍现象，大家都会遇到的）

活动内容

1）选择一个学生的情景进行演绎

要求：情景演绎中小演员定格在学生最"混乱"的那一刻（事件当事学生不参与演绎）。

询问事件当事学生，当时脑子里想什么？看了情景的重现，现在知道当时你为什么会"混乱"的原因了吗？

2）讨论

我们来给这位同学出出主意，如果时间能倒流到事件发生的那一刻，他怎么做、怎么说，能够改变那一刻自己的"混乱"？

教师在学生的回答中，总结一些切实可行的方法，归纳并板书，如冷处理、停一停……

3）学习"蝴蝶拍"放松法

（1）闭上眼睛，回想一下最近发生的自己感到很有成就感或者感到被关爱的事情，让自己慢慢进入安静而平和的状态中。

（2）双手手臂在胸前交叉，右手放在左上臂，左手放在右上臂，双手轻轻搭在肩膀或上臂。

（上海市虹口区第四中心小学 唐欣悦、于欣然 绘图）

（3）双手轮流轻轻拍打自己的肩膀，可以从左侧开始，也可以从右侧开始，用自己最习惯的方式即可，左一下右一下为一轮，左一下右一下……随着手臂的拍打，慢慢而轻缓地呼吸，用最习惯而放松的节奏。

（4）拍打的速度合着呼吸的节奏，尽量放慢，轻柔而缓慢地拍打，以自己感觉舒适为准，4~6轮为一组，一组结束后，停下来深呼吸几次，感受自己情绪的变化，发现好的感受在不断增加。然后可以进行下一组"蝴蝶拍"，直到情绪完全平复。

（5）注意事项：离开让自己"混乱"的现场，找一个安静的地方开始"蝴蝶拍"；在"蝴蝶拍"的过程中，顺其自然地感受自己，告诉自己"现在我只关注积极的感受，消极的感受以后再来处理，现在我是安全的"。

结语 当我们感到生气、愤怒，火气冲到头顶的"混乱"时刻，我们也可以用一些方法，让自己放松下来，比如，深呼吸、运动、听舒缓的音乐，也可以试试"蝴蝶拍"。

4. "混乱"后的我

活动目标 引导学生选择最合适的方法应对自己的"混乱"，帮助自己回到最适合的生活节奏，改善亲子关系。

活动过程

（1）小组讨论：我用过的比较有效的应对"混乱"的方法有哪些？

（2）交流。

结语 我们发现在这个年龄，和父母的相处中感觉到自己的"混乱"是很多同学都会遇到的，如何应对这时的"混乱"，帮助自己在和父母的相处中减少矛盾，我们需要在生活中寻找到最适合自己的方法。

（二）活动延伸

1. 心理课

主题：如何与父母沟通。

教学目标：了解与父母的沟通中可能会出现的状况；学习更适合自己的沟通方式。

2. 生命教育课

主题："混乱"后的回归。

教学目标：归纳自己曾经或正在经历的"混乱"状态；梳理出最适合自己的应对方法。

（三）效果评价

教学效果评价内容		分值	评价			
			优秀 (9~10)	良好 (7~8)	一般 (6)	较差 (0~5)
学生	1. 对本课的内容感兴趣，有参加活动的意愿	10				
	2. 在活动中养成良好的生活习惯，关注身体健康	10				
	3. 通过体验有所感悟，树立正确的人生观和价值观	10				
教师	1. 教学内容正确，没有理论上的错误	10				
	2. 教学环节完整、流畅	10				
	3. 课堂注重体验性，活动形式活泼新颖	10				
	4. 教学注重课堂与生活的联系，引导学生在生活中体验生命教育的价值	10				

续表

教学效果评价内容		分值	评价			
			优秀 (9~10)	良好 (7~8)	一般 (6)	较差 (0~5)
	5. 引导学生思考和感悟，讲究方法，自然不生硬	10				
	6. 课件和板书贴合教学需要	10				
整体	整堂课有无亮点所在	10				
总分	满分为 100 分，您给本节课打分，总分为（　　）分					
总体评价	（　）优秀　（　）良好　（　）一般　（　）较差					

三、课程拓展

（一）课内活动资料

绘本故事《神奇的色彩女王》，【德】尤塔·鲍尔（文/图），刘海颖（译），河北教育出版社。

（二）课外拓展资料

学生在青春期可能会出现的身体和心理的变化包括：

1. 身体变化

身高和体重增加，发育速度加快；性征发育，如男孩声音变低、胡须生长、阴茎勃起等，女孩乳房发育、月经来潮等；皮肤问题，如痘痘、油脂分泌增多等；骨骼发育，骨骼会变得更强壮，但也可能导致骨头弯曲等问题；肌肉发育，肌肉量增加，身体变得更加结实；生殖器官发育，男孩的睾丸和阴茎会逐渐增大，女孩的卵巢和子宫会逐渐增大；牙齿变化，智齿开始生长，导致口腔不适和疼痛等。

2. 心理变化

自我意识增强，对自己的外貌、能力等方面产生更多的关注和评价；情绪波动，由于激素水平的变化，情绪可能会变得更加不稳定，容易出现情绪波动、易怒、焦虑等问题；独立性增强，渴望获得更多的自主权和决策权，与家长产生更多的摩擦和冲突；社交关系变化，开始更加关注同伴关系，对友谊和群体认同感有更高的需求，可能出现追求同辈认同的行为。

3. 青春期可能会出现的情绪问题

情绪波动大，容易出现情绪低落、焦虑、易怒等情况；自我意识增强，对自己的外貌、能力等方面产生不满和自卑感；社交压力增加，担心被同龄人排斥或孤立；家庭关系变化，与父母产生矛盾和冲突；学业压力增大，对未来的不确定性感到不安和担忧；性别角色认同问题，对自己性别身份的认知和接受程度不同；恋爱情感问题，初恋、分手等经历可能带来情感上的波动和困扰。

（三）课外读物推荐

1. 绘本《有什么毛病》，巴贝·柯尔（著），黄钰璇（译），格林文化出版

这是一本描绘发育的科普漫画。擅长描绘家庭问题和亲子关系的幽默作家巴贝·柯尔，让玩偶泰迪熊担任"成长"专家，让小时候的爸爸妈妈成为故事中的例子，年轻的父母在他们想不到的地方长出卷毛，让他们满脸痘痘，心情郁闷，而且还想赶快谈恋爱……巴贝·柯尔用直接、不造作的语言，夸张、幻想与逗趣并陈的图画，将成长的辛苦、曲折与奇妙，化成一场丰富而神奇的探险。

2. 绘本《独一无二的我》，【韩】狐狸星（著），【韩】文载彬（绘），中童未来（译），云南出版集团/晨光出版社

在这个世界上，每个孩子都是独一无二的，就像世上绝无一模一样的两片树叶一样。在成长的过程中，儿童青少年可能会有不自信，甚至自卑的表现。这个绘本通过小鱼丹尼即将出去探索世界之前，爸爸妈妈告诉丹尼是独一无二的，也告诉它如何与别人和睦相处，学会看到和欣赏别人的独特之处。

3.《倾听花开的声音——青春期性健康自助读本》，赖虎强（著），巴蜀书社

这是一本青春期少男少女的自助读本，涉及性生理、性心理、性法律和自我保护等多维度，有对迷惘、烦恼、困惑、焦虑等的深入探讨。打开这本书，倾听青少年们自己的声音，为青少年的成长保驾护航。

第十五章 理解生命的意义和价值

一、课程设计

（一）课程名称、对象和时间

课程名称：感受生命的色彩

适用对象：小学高年级学生

上课时间：35 分钟

（二）教学目标

（1）知道生命历程只有一次，探索生命的意义与价值。

（2）意识到生命的成长和发展需要经历各种挑战和困难，学会珍爱生命、敬畏生命。

（3）感受生命的喜悦与珍贵，活出生命的精彩。

（三）理论依据

《上海市中小学生命教育指导纲要》指出开展生命教育是提升国民素质的基本要求。青少年是社会主义事业未来的建设者和接班人，青少年的生命质量决定着国家和民族的前途与命运。生命教育着眼于全体学生的身心和谐发展，为学生的终身幸福奠定基础；着眼于学生个性的健康发展，为提升学生的生存能力和生命质量奠定基础；着眼于增强学生在自然和社会中的实践体验，为营造健康和谐的生命环境奠定基础。引导学生热爱生命，建立生命与自我、生命与自然、生命与社会的和谐关系，学会关心自我、关心他人、关心自然、关心社会，提高生命质量，理解生命的意义和价值。生命教育既要对学生进行科学知识的传授，又要引导学生贴近生活、体验生活，在生活实践中融知、情、意、行为一体，使学生丰富人生经历，获得生命体验，拥有健康人生。

《生命安全与健康教育进中小学课程教材指南》中指出生命安全与健

康是人类生存、发展的基本需求和永恒追求，生命权、身体权和健康权是每一位公民的权利。通过基本知识介绍、具体技能训练和个人卫生习惯培养，引导学生了解生命与生长发育知识，树立珍爱生命的意识。

（四）教学策略

1. 学情分析

小学生处于身心发展的关键时期，年龄跨度较大，从低年级到高年级，学生的认知水平逐渐提高。小学生对于生命教育的态度普遍较为积极，随着年龄增长，受家庭、社会等多方面因素影响，学生的情感态度和价值观存在差异。小学高年级学生在日常生活中已经积累了一定的生命教育相关经验，如动植物的生长、人类的生命周期等。然而，这些经验往往是零散的、不系统的，甚至小部分学生可能缺乏对生命的敬畏和尊重。本节课旨在帮助学生认识到每一个生命都有其独特的价值和意义，认识到生命历程只有一次，帮助学生探索生命的意义与价值。

2. 教学设计分析

为了达成活动目标，本节课分为5个活动：

活动一：通过热身小游戏，吸引学生注意力，激发学生的学习兴趣。

活动二：通过直观地看到一次生命可能的历程，用通俗易懂的语言简单介绍生命的意义。

活动三：通过冥想体验活动，让学生感受自我赋予的多彩的生命。

活动四：通过分析真实案例，让学生意识到生命的成长和发展可能会经历各种挑战和困难。

活动五：通过卡牌活动，引导学生看到自己的生命价值，学会积极看待生命历程中的挑战与困境。

3. 教学重难点

重点：通过冥想体验活动，让学生感受自我赋予的多彩生命，了解生命的多面性。

难点：在于引导学生看到自己的生命价值，学会积极看待生命历程中的挑战与困境。

（五）教学资源

（1）硬件资源：彩笔、白色小卡片、点胶。

（2）软件资源：配套PPT、精彩视频片段。

二、课程实施

（一）教学活动

1. 热身活动：不一样的石头剪刀布

活动目标 吸引学生注意力，激发学生的学习兴趣，使其怀着愉悦的心情进入课堂。

指导语 同学们，课堂开始前，我们先来玩个大家熟悉的游戏——石头剪刀布。但是它又和我们日常玩的石头剪刀布的游戏有点不一样，请听好要求。

活动程序

1）教师讲解游戏的简单玩法

（1）教师握拳举起右手，请学生也握拳举起右手。

（2）请同学们用右手和教师的右手进行石头剪刀布的游戏。

（3）学生与教师石头剪刀布进行5次，学生自行计算在五局PK中，能赢几次。

（4）结束后，请同学们出手势（右手出指）表示自己赢的次数。

2）教师讲解增强难度后的玩法

（1）教师握拳举起右手，请学生同时握拳举起右手和左手。

（2）请同学们用右手和教师的右手进行石头剪刀布的游戏。

（3）同时，需要同学的左手出石头、剪刀或布，查看学生的右手是否赢过教师，学生的左手是否可以赢过自己的右手。

（4）学生与教师石头剪刀布进行5次，学生自行计算在五局PK中，左右手都赢的次数。

（5）结束后，请同学们出手势（右手出指）表示自己赢的次数。

3）教师提问

当你发现自己赢了游戏的心情怎么样？感受如何？

当发现自己输了游戏时的心情怎么样?又有什么样的感受?

你觉得什么颜色可以代表你此刻的情绪和心情。

4)教师小结,揭示课题《感受生命的色彩》

结语 活动过程中,有的同学感受非常愉悦,选择的色彩是明亮的黄色或热烈的红色;有的同学感受到挫败,选择的色彩是忧郁的蓝色或暗淡的灰色。假如给我们的生命选择色彩,你会选择用哪些色彩来装点你的生命底色呢?今天,我们就一起来感受生命的色彩。

2. 生命的基本含义

活动目标 PPT展示从出生(婴幼儿)、成长(青年人、成年人)到老年、死亡(墓碑)的图片,直观地看到一次生命可能的历程,用通俗易懂的语言简单介绍生命的意义,探索生命的价值。

指导语 同学们,你知道什么是生命吗?你理解的生命是什么呢?请同学们说说看。

活动程序

(1)教师提问:请同学思考,什么是生命?

(2)全班交流,请同学回答,每一个同学对于生命的理解不一样。

(3)请同学描述一下自己理解的生命是怎样的?

(4)教师通过播放PPT,让学生知道生命的基本概念,以及生命相关的理论知识。

结语 我们每一位同学对于生命的理解都不一样,有的同学从生命历程角度思考,有的同学从生命价值思考,有的同学则从生命感受思考……这些都是非常好的角度。其实,生命就是有生命机制的物体,生命个体通常都要经历出生、成长和死亡。生命种群在一代代个体的更替中经过自然选择发生,进化以便适应环境。

3. 我的生命色彩

活动目标 通过冥想体验活动,感受自我赋予的多彩生命。

指导语 同学们,生命好比一张白纸,被我们一笔笔描绘出五彩斑斓的图画。每一次下笔,画布都会增添新的颜色,然后我们的画布颜色越来越多。当然,落笔无悔,这是我们描绘生命色彩的基本原则。每一次的选择都决定了我们的人生蓝图,我们都是独一无二的存在。接下来,我们通过冥想，发挥自己的想象力来欣赏一下自己的生命色彩。

活动程序

（1）教师通过语言引导，指导学生探索自己的生命色彩。

（2）参考引导语如下：请同学们选择一个舒适的坐姿，调整自己的呼吸，慢慢地闭上眼睛，尝试听听自己呼吸的声音（语言有所停顿）。现在，请同学们想象一下，如果你的眼前有一张白色的画布，在这样一张白色的画布上，你可以随意地添加一些色彩，想象一下，你会添加上哪些颜色呢？哪些色彩可能会组成你生命的主色？如果想好了，你可以慢慢睁开眼睛，我就知道你已经有答案了。

（3）请学生在白色空白小卡片上把想象中的色彩涂画下来。

（4）教师提问：你的生命主色有哪些颜色？为什么是这些颜色？

（5）教师示范：比如，我觉得生命是黄色的，因为它是温暖的。

（6）全班交流互动，同时将涂画的卡片展示在黑板上。

交流句式：生命是_____色的，因为它_____。

（7）教师建议：当一位同学说出生命色彩的时候，请其他同学认真听的同时思考是否有一样的生命主色，如果前三个生命主色中有与交流同学一致的，可以起立，一起继续交流对于同样的色彩是否有一样的理解。

结语 我们会发现，就算我们添上的颜色是一样的，但对我们来说每一种颜色所代表的含义也是不一样的。我们也会发现，有的同学对生命的理解是成就上的，有的同学对生命的理解是品行上的，有的同学对生命的理解是情绪上的，我们每个人对于生命色彩的感受是不一样的。

4. 实战演练分析

活动目标 通过分析案例，意识到生命的成长和发展需要经历各种挑战和困难。

指导语 接下来请同学们一起看一个案例，通过对同一个案例的不同理解，寻找我们自己的生命价值。

活动程序

（1）出示案例：五年级的小A最近有点不开心，觉得很没有意思，对自己抱有很大的质疑感。她觉得她的同学似乎都不喜欢她。她时常会帮助老师管理班级事务，她也喜欢做这样一件非常有意义的事情。但是，管理班级事务这件事情让班级的许多同学感到不适，原因是她管理过程中过于严肃或态度不好。比如，当她看到有的同学总是逃避班级任务，她就要追着同学完成他们的任务。过程中，她会矛盾，协助老师管理班级这件事让她感受到喜悦与快乐，但同学的排挤又让她感受到难过与生气。她不知道要成为自己喜欢的自己，还是成为别人喜欢的自己，她困惑于感觉不到自己存在的价值与意义。

（2）教师提问：如果是你，你会怎么想？怎么做？

（3）学生交流分享，各抒己见。

结语　生命成长过程中，我们可能会经历各种各样的困惑与烦恼，也会面临各种挑战与困难，我们可以尝试从重重困境中寻找价值，活出自己的精彩。

5. 生命价值之旅

活动目标　通过本活动，引导学生看到自己的生命价值，学会积极看待生命历程中的挑战与困境。

指导语　请同学仔细观察这张图片，你觉得你看到了什么？如果这是一个生命结局，你觉得这是一个怎么样的结局呢？让我们一起来探索一下吧！

活动程序

（1）教师出示PPT图片。

（2）教师提问：这张图片，你看到了什么？让你感受到了什么？如果它代表着一个生命的结局，你觉得这是一个怎样的结局呢？

（3）四人小组交流、分享。

（4）教师出示6个问题，请同学们仔细阅读。

（5）教师出示图片，结合 6 个问题串联起一个生命故事。

6 个问题如下：

①主角：这是一个男英雄/女英雄。

② TA 来到这个世界的任务是……

③ TA 在执行任务中遇到的困难是……

④谁或者什么资源帮助了 TA……

⑤ TA 自己又是如何克服困难的……

⑥故事的结局是……

（6）学生思考，并在全班交流分享。

结语　每一个生命都有自己的色彩，每个人在一生中都想找寻自己生命的色彩，也都会遇到困难、碰到挫折，跌倒了再爬起来，无论你在找寻什么色彩，无论你是在路上还是在中途休息，相信你可以去做一个敢于尝试，能活出自己生命精彩的人。

（二）活动延伸

我的生命树

指导流程：

（1）可以给每一位学生分发一张白色 A4 纸，让他们自己在纸上画一棵属于自己的生命树。

（2）树的主干上可以写上这棵树的名称，或介绍这是一棵怎么样的树。

（3）树根上写上这棵树可能的种植时间与种植地点。

（4）树的枝丫上可以写上一些自己认为的闪光点或优点。

（5）树叶上可以书写成长过程中一些重要的人、重要的事件或成功的经历等。

（6）树的周围空白处，可以书写一些未来想要做的事，或者之前想做但没有付诸行动的事情。

（三）效果评价

	教学效果评价内容	分值	评价			
			优秀 (9~10)	良好 (7~8)	一般 (6)	较差 (0~5)
学生	1.对本课的内容感兴趣，有参加活动的意愿	10				
	2.愿意参与交流分享	10				
	3.通过体验有所感悟	10				
教师	1.教学内容正确，没有理论上的错误	10				
	2.教学环节完整、流畅	10				
	3.课堂注重体验性，活动形式活泼新颖	10				
	4.尊重学生，注意倾听	10				
	5.引导学生思考和感悟，讲究方法，自然不生硬	10				
	6.课件和板书贴合教学需要	10				
整体	整堂课有无亮点所在	10				
对本节课的意见和建议						
总分	满分为 100 分，您给本节课打分，总分为（ ）分					
总体评价	（ ）优秀　（ ）良好　（ ）一般　（ ）较差					

三、课程拓展

（一）课外拓展资料

1.绘本《失落的一角》，【美】谢尔·希尔佛斯坦（文/图），陈明俊（译），南海出版公司

《失落的一角》是用简单黑白线条描绘的一册绘本，讲述了一个残缺

的圆不断寻找缺失一角的故事。书中缺失一角的圆盘,意识到自己外形上的残缺后,踏上了寻找遗失的一角的路途。在路途上,它历经艰难险阻,尝遍得到与失去滋味的它,最终如愿以偿地与一角完美契合。但却发现,他得到角后,失去了探寻路上的快乐。这个故事可以让我们理解生命历程中的"缺憾"和"完美",在不完美中仍要乐观积极地面对生活。

2. **书籍《夏洛的网》,【美】E.B.怀特(著),任溶溶(译),上海译文出版社**

《夏洛的网》是一部描写友情的童话,在朱克曼家的谷仓里,小猪威尔伯和蜘蛛夏洛建立了最真挚的友谊。威尔伯的生命有危险时,看似渺小的蜘蛛夏洛用自己的力量救了威尔伯,但蜘蛛夏洛的生命却也走到了尽头。书中用童话的叙事风格引发我们关于生命意义和价值的思索。

(二)其他

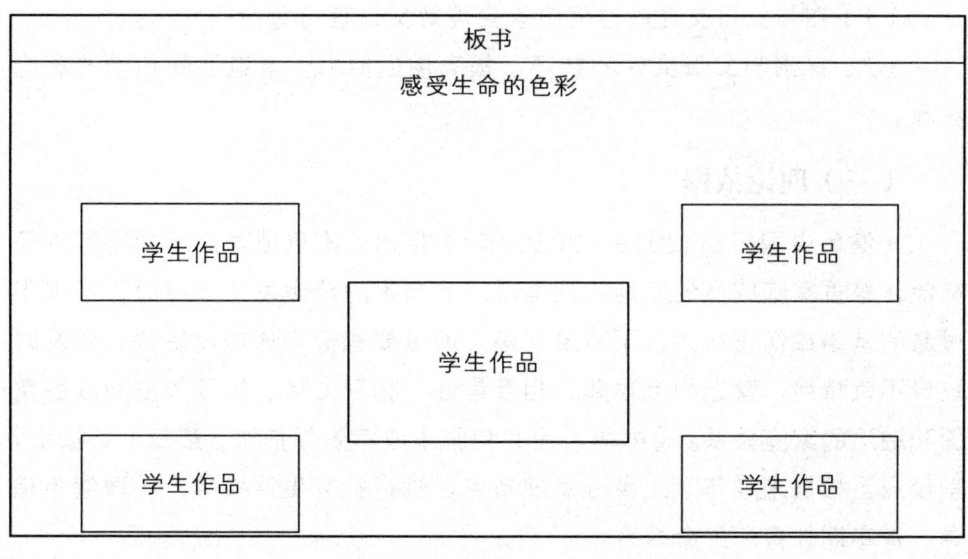

第十六章　学会与家长沟通

一、课程设计

（一）课程名称、对象和时间

课程名称：沟通"心"钥匙

适用对象：小学高年级学生

上课时间：35 分钟

（二）教学目标

（1）在与父母交往的过程中学会理解父母言行背后的原因。

（2）探索与父母交往的技巧，提高沟通能力，营造温馨和谐的家庭氛围。

（三）理论依据

《健康中国行动（2019—2030年）》指出，家庭成员之间要平等沟通交流，尊重家庭成员的不同心理需求。当与家庭成员发生矛盾时，不采用过激的言语或伤害行为，不冷漠回避，而是要积极沟通加以解决。要及时疏导不良情绪，营造相互理解、相互信任、相互支持、相互关爱的家庭氛围和融洽的家庭关系。《中华人民共和国未成年人保护法》第三十条指出，学校应当根据未成年学生身心发展特点，进行社会生活指导、心理健康辅导、青春期教育和生命教育。

《生命安全与健康教育进中小学课程教材指南》指出，小学阶段要引导学生了解自己，悦纳自己，养成礼貌友好的交往品质，学会与家长、老师沟通。《中小学心理健康教育指导纲要（2012年修订）》指出，小学高年段要培养学生分析问题和解决问题的能力，为初中阶段学习生活做好准备；《学生心理健康教育指南》提出，应通过创设互动式活动情境，促进学生将活动内容与心理体验相结合，激活或唤醒学生心理活动，诱发行动愿望，在学生与教师、学生与学生、学生与家长之间相互作用的心理环境中提升心理素质。

（四）教学策略

1. 学情分析

父母是孩子的第一任老师，也是陪伴学生成长时间最多的人，良好的亲子沟通不仅有利于营造和谐家庭氛围，还能够释放学生内心的心理压力，促进身心健康，并基于交流指导帮助孩子树立正确的价值观。一般而言，家庭教育更多从父母方出发，通过改善教养方式和沟通技巧来保障亲子沟通的顺畅性。然而，亲子沟通是双向的，小学生在迈进青春期后，一方面处于父母依赖性和个体独立性的矛盾过程中，另一方面在逆反心理的影响下抵触和父母沟通。因此，从学生角度开展心理健康教育，减少亲子沟通障碍至关重要。本节课旨在帮助学生尝试去理解父母一些行为和言语背后的原因，同时探索与父母交往的技巧，提高沟通能力，提升亲子关系的质量，创造温馨和谐的家庭氛围。

2. 教学设计分析

为了达成活动目标，本节课分为4个活动：

活动一：通过小调查了解学生和家长的相处情况。

活动二：通过角色互换扮演，体验父母的感受，学会有意识地去分析父母言行背后的原因。

活动三：寻找"心"钥匙，通过活动掌握沟通的四部曲：描述事实—说出感受—表达需求—协商做法。

活动四：通过制作钥匙保护伞，掌握与父母沟通的时机、形式和语气，结合沟通四部曲，实现顺畅沟通。

3. 教学重难点

重点：通过角色互换扮演，在活动中体验父母的感受，并学会有意识地去分析父母言行背后的原因。

难点：掌握沟通的内容、时机、形式和语气，从而实现与父母顺畅沟通，营造和谐的家庭氛围。

（五）教学资源

（1）硬件资源：爸爸、妈妈和孩子3个角色标签帽子；《沟通"心"

钥匙》任务单每人一份；活动教室、学生按照4人一组排好位置。

（2）软件资源：配套PPT。

二、课程实施

（一）教学活动

1. 家庭小调查

活动目标 通过小调查了解学生和家长的相处情况。

指导语 同学们，上课前我们先做一个小调查，让老师了解一下最近你们和爸爸妈妈相处的情况。

活动程序

（1）教师逐条出示小调查条目，读完每条后请同学们闭上眼睛，如果此条目与自己的情况相符请举手，了解学生与父母相处的情况。

①这段时间与家人关系挺好的。

②这段时间偶尔会与家人发生小摩擦。

③这段时间与家人相处时会出现抵触情绪。

④这段时间与家人经常出现言语冲突，甚至是肢体冲突。

（2）邀请两位同学分享一下最近和父母发生的不愉快的事情。

（3）教师小结，揭示主题《沟通"心"钥匙》。

结语 看来大家和父母沟通的时候会遇到各种各样的障碍，今天我们就一起来探索一下如何能和父母有效沟通，找到沟通的"心"钥匙。

2. 角色互换

活动目标 通过角色互换扮演，体验父母的感受，有意识地学会分析父母言行背后的原因，从而理解父母。

指导语 很多同学说如果我是父母，肯定不会这样，今天就满足你们的愿望，让你们扮演父母，我们进行角色互换。

活动程序

1）教师通过PPT出示情景

小力专心地用手机查资料时，妈妈悄悄推门走进来，一把夺过手机，生气地说："你又在偷偷玩手机了，怎么那么不自觉，都那么大了，五年级马上要上中学了，难道还要让我一直盯着你吗，你什么时候能懂事啊……"

2）教师扮演小力，学生扮演妈妈，进行场景复现

教师扮演否认型学生："没有，哪有啊，我没有看手机……"

教师扮演回避型学生："你怎么没敲房门就进来了，谁让你进来的，你还说我没礼貌，你还不是没礼貌……"

教师扮演辩解型学生："我才刚看一会儿你就进来了，我本来就想收起来了……"

教师扮演反抗型学生："关你什么事，我就要玩……"

3）互动内容

（1）刚才扮演妈妈的时候是什么感受？

（2）作为妈妈，刚才你为什么会这样说？你在担心什么？

（3）你对小力的期待是什么？

结语 父母情绪的背后更多的是对我们的担心和期待，理解了父母之后，我们可以尝试改变自己的表达方式来和父母沟通。

3. 寻找"心"钥匙

活动目标 学生掌握沟通的四部曲：描述事实—说出感受—表达需求—协商做法。

指导语 同学们，老师今天给你们带来了沟通的四部曲，相信这个锦囊妙计可以助力你们和家长进行友好沟通。

活动程序

1）教师讲解沟通四部曲

（1）描述事实：我在做作业，你未经我同意就进入我的房间，抢走我的手机。

（2）说出感受：我感到很委屈，也很生气。

（3）表达需求：我希望得到你的尊重和信任。

（4）协商做法：以后能否在拿我手机之前先问问到底是怎么回事？

2）学生根据沟通四部曲分角色扮演以下情形

（1）爸爸说："作业还没做就看电视，不是和你说了吗，先做作业，赶快去做作业啊！"

（2）妈妈说："周末要去补习班的，你就别和同学出去玩了！"

3）让学生分享自己在刚才的活动过程中的感受

结语 这种形式的谈话可以让父母了解我们的想法和感受，平和地解决问题，从而达到沟通的目的，有的同学可能会觉得这样很不习惯，大家多加练习肯定会喜欢上这样有效的沟通。

4. 钥匙保护伞

活动目标 通过制作钥匙保护伞，掌握与父母沟通的时机、形式和语气，结合沟通四部曲，实现顺畅沟通。

指导语 你们已经找到了沟通的"心"钥匙，还要掌握天时、地利和人和，这样钥匙才能够发挥作用，下面请大家根据老师的提示，完成保护伞的制作。

活动程序

（1）根据自己的实际情况完成任务单，制作专属钥匙保护伞。

①天时：一般选择什么时候与父母沟通？

提示：找准时机和父母沟通，当父母开心的时候和父母交流，如出去游玩、买新家具时，千万不要选择在父母生气或者沮丧时讨论。

②地利：一般选择什么形式与父母沟通？

提示：选择不同的形式和父母交流，如写信、微信等，因为平时我们口头交流，父母可能一听我们要讲什么就直接打断我们了，但是如果和父母写信、发 email 等，父母有可能看完，真正地了解我们的心声。

③人和：要注意和父母沟通的语气。

提示：不要用强势的或者委屈的语气和父母沟通，运用"四部曲"的方法陈述自己的感受，赢得父母的理解；也可以请求外援的帮助，如让自己的同学或者老师帮自己和父母沟通，当然前提必须是你的要求都是合理的而且有意义的。

（2）学生分享自己的保护伞。

结语 这节课我们找到了沟通"心"钥匙，也根据个人情况找到了钥匙的保护伞，希望今后你们既能保护好也能充分利用好这把钥匙，和父母顺畅沟通。

（二）活动延伸

· 沟通"心"钥匙练习单

沟通"心"钥匙
＿＿＿＿＿＿（称呼）： 我知道你　　　　　　　　　　　　　　　　　　（说出对父母的理解） 所以　　　　　　　　　　　　　　　　　　　　（描述父母的言行） 只是这样说（做）我感到很　　　　　　　　　　（说出自己的感受） 我希望　　　　　　　　　　　　　　　　　　　（表达自己的需求） 以后　　　　　　　　　　　　　　　　　　　　（协商解决办法）

（三）效果评价

	教学效果评价内容	分值	评价			
			优秀 (9~10)	良好 (7~8)	一般 (6)	较差 (0~5)
学生	1. 对本课的内容感兴趣，有参加活动的意愿	10				
	2. 愿意参与交流分享	10				
	3. 通过体验有所感悟	10				
教师	1. 教学内容正确，没有理论上的错误	10				
	2. 教学环节完整、流畅	10				
	3. 课堂注重体验性，活动形式活泼新颖	10				
	4. 尊重学生，注意倾听	10				
	5. 引导学生思考和感悟，讲究方法，自然不生硬	10				
	6. 课件和板书贴合教学需要	10				
整体	整堂课有无亮点所在	10				
对本节课的意见和建议						
总分	满分为100分，您给本节课打分，总分为（　　）分					
总体评价	（　）优秀　（　）良好　（　）一般　（　）较差					

三、课程拓展

（一）课内活动资料

· 活动任务单

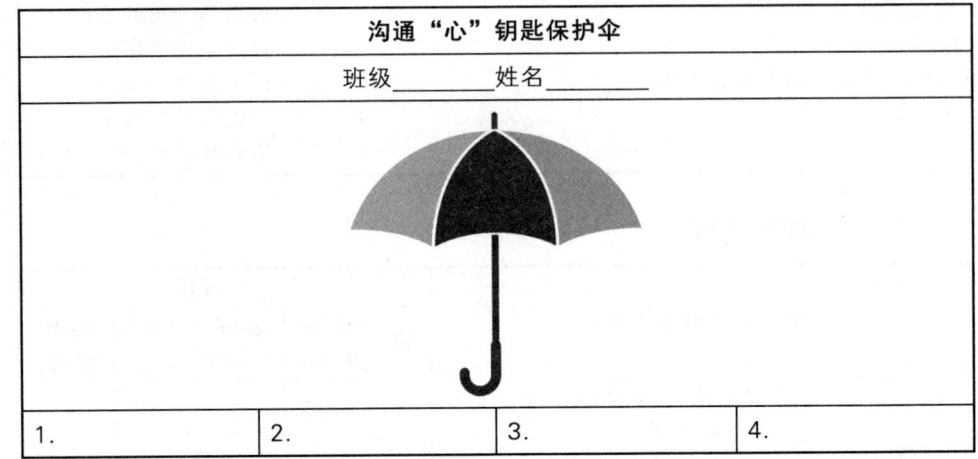

沟通"心"钥匙保护伞
班级_____ 姓名_____

1.	2.	3.	4.

（二）课外拓展资料

·《非暴力沟通》，【美】马歇尔·卢森堡（著），阮胤华（译），华夏出版社。

该书作者马歇尔·卢森堡博士提出了极具启发性和影响力的非暴力沟通，被联合国教科文组织列为全球正式教育和非正式教育领域非暴力解决冲突的最佳实践之一。书中指出非暴力沟通的4个要素为：①观察描述：清晰表达所观察到的，不夹杂任何判断，只是说出人们做了什么；②表达感受：表达出我们看到这些行为时的感受；③表达需要：表达出我们的感受与什么需要相关联；④具体的请求：提出对他人的期许，通过非暴力沟通提升人与人之间的沟通能力，促进彼此的关系，提升人际交往技能。

（三）其他

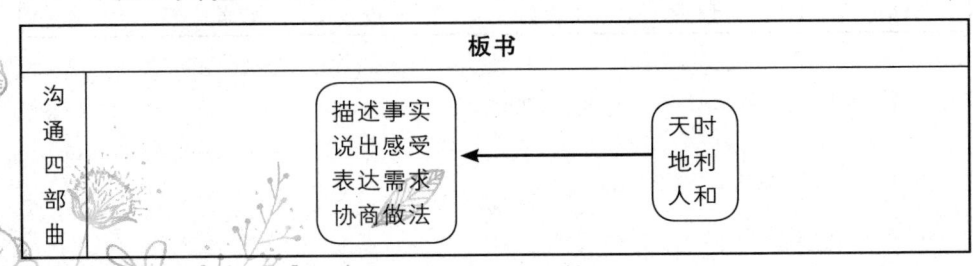

板书	
沟通四部曲	描述事实 说出感受 表达需求 协商做法 ← 天时 地利 人和

第十七章　掌握避险与逃生的基本技能

一、课程设计

（一）课程名称、对象和时间

课程名称：掌握自我保护、求助、避险与逃生的基本技能

适用对象：小学高年级学生

上课时间：35 分钟

（二）教学目标

（1）能够遵守交通法规，安全出行。

（2）了解地震、大风、强降雨、洪水等自然灾害的危害，掌握基本避灾、避险与逃生方法。

（3）了解火灾预防措施，掌握基本的消防安全知识与疏散逃生方法。

（4）掌握避免触电和雷击的方法。

（5）了解水域安全常识，不得在没有成人带领时私自游泳或结伴到非游泳水域玩耍。

（6）掌握被昆虫蜇伤、被常见动物咬伤或抓伤后的基本处理方法。

（三）理论依据

教育部制定的《生命安全与健康教育进中小学课程教材指南》中提到，"生命安全与健康教育内容主要涉及 5 个领域 30 个核心要点"，"领域 5 安全应急与避险"中提及伤害、暴力威胁等是影响儿童青少年生命安全及健康的主要因素。其中，溺水和交通伤害（道路交通事故）是常见的导致学生意外受伤和死亡的重要原因。应引导儿童青少年增强安全防护意识，学会预防和规避危险，掌握应急常识和急救技能。要点包括："应急常识与急救技能"。小学阶段要求学生"掌握自我保护、求助、避险与逃生的基本技能；初步掌握急救知识，遇到紧急情况，能够拨打急救电话和报警

电话"。

　　《上海市中小学生命教育指导纲要》指出，生命教育是旨在帮助学生认识生命、珍惜生命、尊重生命、热爱生命，提高生存技能，提升生命质量的一种教育活动。生命教育要形成各学段有机衔接、循序递进和全面系统的教育内容体系。小学阶段着重帮助和引导学生初步了解自身的生长发育特点，初步树立正确的生命意识，养成健康的生活习惯。1~2年级的教育内容重点有：初步掌握交通安全、防溺水的基本技能；了解家庭用气用电安全、饮食安全等自我保护知识。3~5年级的教育内容重点有：学习必要的自我保护技能，学会识别可疑的陌生人，初步掌握突发灾害时的自救能力。《上海市中小学学科教学中实施生命教育的指导意见》中也提及，《品德与社会》（科教版）中多个相应主题《消除火患，生活安心》《安全出行，处处留心》《小区安全，大家关心》要求学生了解一些防火减灾的办法，了解公共场所存在火灾等事故隐患，知道预防安全隐患、灾害事故的初步知识。

（四）教学策略

1. 学情分析

　　在此年龄段的学生对于自我保护、逃生避险等概念的了解往往停留在较为表面的层次。他们可能通过日常生活、学校安全教育或家庭教育等途径，对一些基本的安全知识有所了解，如火灾逃生、交通安全等。然而，对于具体的自我保护技巧、逃生避险技能以及应对突发事件的正确方法，他们往往缺乏系统的学习和实践。学生的学习能力正处于快速发展阶段，他们好奇心强、模仿能力强，善于观察和模仿身边的行为。同时，他们的注意力容易分散，对于枯燥乏味的内容往往难以保持长时间的关注。因此，在课程设计中，需要采用生动有趣的教学方式，吸引学生的注意力，激发他们的学习兴趣。学生对于动手实践、角色扮演等互动性强的活动往往表现出较高的兴趣。他们喜欢通过亲身体验来学习和掌握知识，对于与实际生活密切相关的内容也更容易产生共鸣。因此，在自我保护、逃生避险技能等的教学中，可以设计一些模拟演练、小组合作等活动，让学生在实践中学习和提升技能。一些学生在面对突发事件时可能会感到恐慌和无助，难以冷静应对。因此，需要注重培养学生的心理素质，教会他们如何在紧急情况下保持冷静和自信。

2. 教学设计分析

为了达成活动目标,本单元分为6个主题(每个主题可安排一个课时),每个主题下分设多个活动:

主题一:交通安全小卫士。通过交通安全教育视频、角色扮演游戏、交通标志识别竞赛、制作交通安全宣传海报等活动,引导学生遵守交通法规,安全出行。

主题二:灾害避险知识大挑战。通过视频、模拟逃生演练、知识竞赛、编写灾害应对手册等活动,了解灾害危害,掌握基本避灾、逃生方法。

主题三:消防安全小能手。通过消防安全知识讲座、消防器材使用操作培训、火灾逃生演习、消防安全漫画大比拼等活动,了解火灾预防措施,掌握基本的消防安全知识与疏散逃生方法。

主题四:防触电防雷击安全课堂。通过视频或者讲座、编写防触电防雷击安全手册等活动,掌握避免触电和雷击的方法。

主题五:水域安全知识大比拼。通过讲座、知识竞赛等形式,了解水域安全常识。

主题六:野外生存与急救小课堂。通过讲座、角色扮演、实际操作急救包、编写野外生存手册等活动,掌握野外生存、基本急救处理方法。

3. 教学重难点

重点:掌握自我保护、求助、避险与逃生的基本技能。

难点:掌握不同情境下的避险方法、急救知识,并能实践操作。

(五)教学资源

(1)硬件资源:交通标志卡片,司机、交警等相关道具,海报纸、空白手册、灭火器、急救包等。

(2)软件资源:本节课PPT、视频。

二、课程实施

(一)教学活动

1. 交通安全小卫士

活动目标 通过交通安全教育视频、角色扮演游戏、交通标志识别竞赛、制作交通安全宣传海报等活动，引导学生遵守交通法规，安全出行。

指导语　交通安全很重要，同学们，你们知道哪些交通安全的注意事项呢？

活动程序

（1）说一说：你知道的交通安全注意事项。

（2）观看视频《小学生交通安全教育》。

过渡语　看完了视频，你有没有什么新的收获和发现？接下来让我们来分组表演一下，在以下几个场景中应该如何保证我们的交通安全。

（3）学生分组扮演不同交通参与者角色，模拟过马路、停车、电瓶车带人等场景。

（4）组织学生学习交通标志，并开展识别竞赛。

（5）以小组为单位，学生合作设计并制作交通安全海报。

结语　为了我们的安全出行，遵守交通法规是至关重要的。

2. 灾害避险知识大挑战

活动目标　通过观看视频、模拟逃生演练、知识竞赛、编写灾害应对手册等活动，了解灾害危害，掌握基本避灾、逃生方法。

指导语　同学们，你们知道有哪些常见的自然灾害吗？

活动程序

（1）观看视频《防震救灾科普动画》《遭遇洪水，该如何自救？》，了解各种自然灾害的成因、危害与应对措施。

过渡语　看完了视频，你有没有什么新的收获和发现？当发生以下几种灾害时，我们可以如何应对？

（2）展示灾害场景，模拟灾害逃生演练。

①地震时，正在街上，应迅速远离楼房，用手护住头部。

正在高楼或者人员密集场所，就地避震，要防止惊慌失措、互相拥挤造成踩踏事故；在室内，要选择合适避震空间，结实、能掩护身体的物体下（旁），易于形成三角空间的地方。震后迅速撤离到安全地带。

地震后，如被困在废墟里，应保存体力，等待救援，敲击管道，努力呼救。

②洪水来临前，查清路线，备足食物，迅速撤离，向高处转移。来不

及撤离的，找木板、泡沫塑料等漂浮材料扎成筏；被洪水包围，不能游泳逃生，不能碰电线杆、电线、铁塔。抓住固定的或能漂浮的东西。报告方位。

（3）以抢答等形式组织学生进行逃生避险知识竞赛。（样题见"课内活动资料"）

过渡语 在刚才的知识竞赛中，同学们积极参与，看来大家都对地震和洪水的逃生避险常识有了较好的掌握。接下来，我们以小组为单位，把我们学到的逃生避险知识编写成小册子。

（4）编写灾害应对手册：小组分工合作，查阅资料，图文并茂，富有创意。（目录、结构参考见"课内活动资料"）

结语 今天我们了解了地震与洪水相关的灾害危害，希望同学们能掌握基本避灾、逃生方法。

3. 消防安全小能手

活动目标 通过消防安全知识讲座、消防器材使用操作培训、火灾逃生演习、消防安全漫画大比拼等活动，了解火灾预防措施，掌握基本的消防安全知识与疏散逃生方法。

指导语 同学们，消防安全牢记于心，你知道火灾预防措施有哪些吗？

活动程序

（1）根据实际情况，可以请消防员开展消防安全知识讲座。

（2）消防器材使用操作培训，通过讲解、演示、分小组操作，学会使用灭火器，以及掌握其他灭火器材的应用。

（3）火灾逃生演习。以学校或班级为单位，组织学生进行冷静有序的逃生演练。

（4）消防安全漫画大比拼。组织学生进行消防安全四格漫画设计，发挥创意。

结语 同学们，今天我们学习了基本的消防安全知识，体验了疏散逃生的方法，今后要把消防安全牢记于心。

4. 防触电防雷击安全课堂

活动目标 通过视频或者讲座、编写防触电防雷击安全手册等活动，掌握避免触电和雷击的方法。

指导语 同学们,让我们一起先来看一段视频,这是属于什么场景?在这些场景下我们应该要如何注意安全?

活动程序

(1)通过观看视频《让我们大家一起来做安全用电和防触电的小能手吧!》《雷电具有极强的危险性,遇到雷电应该怎样做好防御?》,了解避免触电和雷击的方法。

(2)编写防触电防雷击安全手册(目录、结构参考"课内活动资料")。

结语 同学们,今天我们学习了基本的避免触电、雷击的方法,让我们时刻把安全牢记于心。

5.水域安全知识大比拼

活动目标 通过视频或者讲座、知识竞赛等活动,了解水域安全常识。

指导语 同学们,让我们一起先来看一段视频,这是属于什么场景?在这些场景下我们应该要如何注意安全?

活动程序

(1)通过观看视频《珍爱生命,远离危险水域》,了解水域安全常识。

指导语 同学们,在没有成人带领时,我们千万不能私自去游泳。也千万不能结伴到非游泳水域玩耍。当发生溺水情形时,我们应该怎么处理呢?

(2)水域安全知识竞赛(样题见"课内活动资料")。

结语 同学们,今天我们学习了水域安全知识和处理方法,让我们时刻把水域安全牢记于心。

6.野外生存与急救小课堂

活动目标 通过讲座、角色扮演、实际操作急救包、编写野外生存手册等活动,掌握野外生存、基本急救处理方法。

指导语 同学们,让我们一起先来看一段视频,这是属于什么场景?在这些场景下我们应该要如何注意安全?

活动程序

(1)通过观看视频《小朋友被蜜蜂蜇伤要及时到医院处理哦》《被动物咬伤怎么处理》,了解野外生存与急救常识。

（2）遇到紧急情况，拨打急救和报警电话角色扮演。两人一组，扮演遇到紧急情况如何报警求救。对学生的扮演进行点评，强调拨打急救电话和报警电话的注意事项。

扮演场景：

①奶奶在家里摔倒了，没办法动。

②马路上有人出车祸了，他躺在地上，旁边是他的电瓶车。

拨打急救电话（如120）的注意事项：

①确认情况、保持冷静、拨打正确号码。

②提供详细信息。

你的姓名、所在地址或具体位置、附近标志性建筑或地点。

详细说明患者的情况，包括症状、病情严重程度、年龄、性别等信息。

③保持电话畅通：在急救人员到达前，不要挂断电话。

④做好迎接准备：在等待急救人员到达时，确保入口和通道畅通无阻，方便急救人员快速进入。

拨打报警电话（如110）的注意事项：

①确认情况、保持冷静、拨打正确号码。

②提供详细信息。

你的姓名、所在地址或具体位置、附近标志性建筑或地点。

详细描述发生的情况，包括犯罪活动或意外的性质、涉案人员的情况、是否有武器等。

提供任何可能的嫌疑人信息，如外貌特征、衣物描述、逃离方向等。

③配合警方工作：保持电话畅通，随时准备回答警方的问题或提供进一步的信息。如果警方要求你在现场等待，务必配合并遵循指示。

④不擅自采取行动：除非情况紧急且你确信自己的行动是安全的，否则不要擅自采取行动或追赶嫌疑人。

（3）观看视频《如何准备一个急救包》，进行急救包操作实践。

（4）组织学生课后编写野外生存手册。

结语 同学们，今天我们学习了野外生存与急救知识，知道了被昆虫蜇伤、被常见动物咬伤或抓伤后应该如何处理，让我们把安全牢记于心。

（二）活动延伸

1. 模拟演练活动

根据学校实际情况，模拟火灾、地震等场景，让学生在模拟环境中进行逃生演练。演练前，要让学生详细了解演练流程和注意事项，确保安全。演练结束后，教师应及时点评、总结，指出演练中存在的问题和不足，提出改进意见。

2. 家庭安全小调查

回家后与家长一起进行家庭安全小调查。内容包括用电安全、燃气安全、防火防盗等。可以在此基础上提出一些家庭安全改进建议。增强家长对孩子的安全教育意识。

1）基本信息

（1）您的家庭人口数量为：

  A. 1~2 人   B. 3~4 人   C. 5 人以上

（2）您家的住房类型是：

  A. 公寓   B. 独栋住宅

  C. 别墅   D. 其他

2）家庭安全意识

（1）您是否定期更换家庭门锁的密码或更换锁芯？

  A. 是   B. 否

（2）您是否了解并熟悉家庭电器设备的安全使用方法？

  A. 完全了解   B. 基本了解   C. 不太了解

（3）您是否会在离家时确保所有电器设备已关闭？

  A. 总是   B. 有时   C. 很少或从不

（4）您是否会在家中设置火灾报警器？

  A. 已设置   B. 考虑设置   C. 不需要设置

3）家庭安全设施

（1）您家是否安装了防盗窗或防盗网？

  A. 已安装   B. 考虑安装   C. 不需要安装

（2）您家是否配备了灭火器或其他消防设备？

  A. 已配备   B. 考虑配备   C. 不需要配备

（3）您家是否安装了烟雾报警器？
　　　A. 已安装　　　　B. 考虑安装　　　　C. 不需要安装

4）紧急应对能力
（1）您是否知道在紧急情况下如何正确拨打报警电话？
　　　A. 完全知道　　　B. 基本知道　　　　C. 不知道
（2）您是否参加过家庭安全相关的培训或讲座？
　　　A. 是　　　　　　B. 否
（3）您家是否制定了家庭紧急疏散计划？
　　　A. 已制定　　　　B. 考虑制定　　　　C. 没有制定
（4）您家是否储备了应急药品和其他紧急物资？
　　　A. 已储备　　　　B. 考虑储备　　　　C. 没有储备

5）其他
（1）您认为家庭安全最需要关注的方面是哪些？（可多选）
　　　A. 防盗　　　　　B. 防火　　　　　　C. 电器安全
　　　D. 食品安全　　　E. 其他
（2）您对家庭安全有哪些建议？

3. 制作宣传海报

手绘或者电脑绘画。可以是关于火灾、地震、溺水等安全问题的预防知识，也可以是关于自我保护、逃生避险的技巧。制作完成后，可以在班级或者学校进行展示。

（三）效果评价

	教学效果评价内容	分值	评价			
			优秀 (9~10)	良好 (7~8)	一般 (6)	较差 (0~5)
学生	1. 对本课的内容感兴趣，有参加活动的意愿	10				
	2. 愿意展示、交流、分享	10				
	3. 通过学习改变不良习惯	10				

续表

教学效果评价内容		分值	评价			
			优秀 (9~10)	良好 (7~8)	一般 (6)	较差 (0~5)
教师	1. 教学内容正确，没有理论上的错误	10				
	2. 教学环节完整、流畅	10				
	3. 课堂注重实效性，活动形式活泼新颖	10				
	4. 尊重学生，注意倾听	10				
	5. 引导学生思考和感悟，让学生讲得出、做得到	10				
	6. 课件和板书贴合教学需要	10				
整体	整堂课有无亮点所在	10				
对本节课的意见和建议						
总分	满分为100分，您给本节课打分，总分为（　　）分					
总体评价	（　）优秀　（　）良好　（　）一般　（　）较差					

三、课程拓展

（一）课内活动资料

1. 视频

《小学生交通安全教育》

《防震救灾科普动画》

《遭遇洪水，该如何自救？》

《消防安全系列动画4——火场逃生》

《让我们大家一起来做安全用电和防触电的小能手吧！》

《雷电具有极强的危险性，遇到雷电应该怎样做好防御？》

《灭火器的使用方法》

《珍爱生命，远离危险水域》

《小朋友被蜜蜂蜇伤要及时到医院处理哦》

《被动物咬伤怎么处理》

《如何准备一个急救包》

2. 知识竞赛PPT

1）灾害避险知识大挑战（样题）

（1）选择题

①当地震发生时，如果你在室内，以下哪种做法是正确的？

　　A. 立刻跑到窗边查看情况

　　B. 躲在坚固的桌子下，并用手护住头部

　　C. 站在门框下，等待震动停止

　　D. 跑到空旷的室外

②洪水来临时，以下哪种行为最不安全？

　　A. 尽快向高地转移

　　B. 抓住能固定自己的物品，如树木或建筑物

　　C. 试图游过洪水流速快的区域

　　D. 远离洪水可能被阻塞的低洼地区

③地震结束后，以下哪项不是你应该立即做的？

　　A. 检查自己和周围人是否受伤

　　B. 立刻回到家中拿取重要物品

　　C. 关注官方通报，了解灾情和救援信息

　　D. 避开可能倒塌的建筑物或电线

④在洪水预警发布后，以下哪项措施是恰当的？

　　A. 将贵重物品放在地下室保管

　　B. 准备好足够的食物、水和急救用品

　　C. 前往河流或湖泊附近游玩

　　D. 留在原地等待救援，无须采取任何措施

（参考答案：①B；②C；③B；④B）

（2）判断题

①地震时，如果在户外，应该远离高楼大厦、电线杆和玻璃幕墙等危险物体。（　　）

②洪水来临时，如果车辆被水困住，应该立刻弃车逃生。（　　）

③在地震后，即使建筑物看起来完好，也有可能存在结构隐患，因此应尽量避免进入。（　　）

④洪水期间,可以通过涉水行走或驾车来穿越洪水淹没的道路。（　　）

⑤地震发生时,如果正在床上,应该立刻下床并躲在床下或其他坚固的家具旁。（　　）

（参考答案：①√；②√；③√；④×；⑤√）

2）水域安全知识竞赛

（1）选择题

①在游泳时,突然发现有人溺水,你应该首先怎么做？

　　A. 立刻跳入水中救人

　　B. 大声呼救,寻找救生设备或寻求他人帮助

　　C. 拨打紧急电话,等待救援人员到来

　　D. 尝试用长杆或浮动物品伸向溺水者

②在海滩游泳时,以下哪个标志表示危险区域？

　　A. 蓝色旗帜

　　B. 红色旗帜

　　C. 黄色旗帜

　　D. 绿色旗帜

③乘船出行时,以下哪项行为是不安全的？

　　A. 遵守船员的指示,保持秩序

　　B. 在船边玩耍或奔跑

　　C. 穿着合适的救生衣

　　D. 熟悉船上紧急设备的位置

④在湖泊或河流中游泳时,以下哪种情况最容易导致溺水？

　　A. 游泳前做好热身运动

　　B. 与伙伴一起游泳,相互照应

　　C. 单独游泳,不告诉他人

　　D. 避开深水区和未知水域

⑤如果你不慎落水,且周围无人相助,以下哪项做法是正确的？

　　A. 拼命挣扎,试图游回岸边

　　B. 保持冷静,尽量保持头部露出水面

　　C. 脱下重衣物以减轻负担

D. 抓住身边漂浮物，保持浮力

（参考答案：①B；②B；③B；④C；⑤B）

（2）判断题

①在游泳池游泳时，即使会游泳，也不需要在成人陪同下游泳。（　）

②在海边游泳时，遇到海浪较大时，应立刻游回岸边。（　）

③乘船时，即使天气良好，也应该穿上救生衣。（　）

④在湖泊或河流中，只要水深不超过自己的身高，就可以安全游泳。（　）

⑤溺水者被救上岸后，应立即进行心肺复苏等急救措施。（　）

（参考答案：①×；②√；③√；④×；⑤×）

3.**安全手册**（结构参考，学生可以小组为单位，选取部分章节主题进行编写）

（1）灾害应对手册

封面

标题：地震、洪水灾害应对小册子

（可选）副标题：安全知识与应急指南

（可选）图片或图标：展示地震或洪水灾害相关图片，以吸引注意

目录

简要列出小册子的主要章节和页码，方便读者快速定位信息

引言

简要介绍地震和洪水灾害的危害性

强调预防和应对灾害的重要性

第一章　地震灾害应对

地震基础知识

地震的成因

地震波的类型

地震烈度与震级

地震预警与监测

地震预警系统的原理与功能

如何接收和解读地震预警信息

室内应急措施

寻找安全的避难地点（如坚固的桌子下、墙角等）

采取防护措施（如护住头部、避免玻璃等易碎物品）

室外应急措施

避免高楼、电线杆等危险区域

远离河岸、海边等可能受到影响的区域

震后自救与互救

检查自身安全状况

帮助受伤者

关注官方通报，了解救援信息

第二章 洪水灾害应对

洪水基础知识

洪水的成因

洪水预警与监测

洪水前的准备

- 了解洪水风险区域

- 准备应急物品（如食品、水、急救用品等）

- 制定家庭逃生计划

洪水来临时的应急措施

- 尽快向高地转移

- 避免洪水可能被阻塞的低洼地区

- 抓住能固定自己的物品

洪水过后的注意事项

- 检查住所安全

- 避免洪水污染的食物和水源

- 关注卫生和防疫信息

附录

紧急联系电话与网站

灾害应对常用术语解释

（可选）相关法规与政策介绍

封底

（2）防触电防雷击安全手册

封面
标题：防触电防雷击安全手册

图片或图标：与触电、雷击相关的安全警示图片

目录
列出手册的主要章节和页码，便于读者快速查找

引言
简要介绍触电和雷击的危害性

强调预防触电和雷击的重要性

第一章　防触电安全知识

电流对人体的危害

- 解释电流通过人体可能导致的伤害
- 强调不同电流强度对人体的影响

触电的常见原因与预防

- 列举触电的常见原因（如破损的电线、不当使用电器等）
- 提供预防触电的措施（如定期检查电线、使用合格的电器等）

安全用电标志与解读

- 介绍常见的安全用电标志（如红色代表禁止、黄色代表警告等）
- 教导如何根据标志采取相应的安全措施

应急处理与救援

- 提供触电事故发生时的应急处理措施（如切断电源、呼救等）
- 强调不要直接用手去救助触电者，应使用绝缘物体

第二章　防雷击安全知识

雷电的形成与危害

- 解释雷电的形成原理
- 强调雷击对人身和财产的危害

防雷击的基本措施

- 提供室内防雷击的建议（如远离金属物品、关闭电器等）
- 提供室外防雷击的建议（如避免在空旷地带活动、寻找避雷场所等）

雷电天气下的注意事项

- 强调在雷电天气下避免外出
- 提供在车内、室内等不同环境下的安全建议

防雷设施与设备
- 介绍常见的防雷设施（如避雷针、避雷网等）
- 强调正确使用和维护防雷设备的重要性

附录

紧急联系电话与网站

相关法规与政策介绍

触电和雷击事故案例分析与教训

封底

（二）课外拓展资料

·交通安全与安全意识

交通安全（traffic safety），是指人们在道路上进行活动、玩耍时，要按照交通法规的规定，安全地在道路上进行活动，避免发生人员伤亡或财产损失。

儿童交通安全是家长们最为关注的，除了学龄前及中小学教育对儿童交通安全教育进行普及之外，不少地区也举办了生动的体验教育课程，或修建专业的体验馆，儿童或小学生在特定的场馆内，参加丰富多彩的体验活动，以步行者和驾驶者的身份进行体验，从而正确理解交通安全知识，并培养在危险状态下的应变能力。

交通安全教育是预防交通事故的有效途径。交通安全教育可从以下几方面来强化：

（1）请交通安全的专业人员（如交警、交通安全专家等）到课堂或者到指定地点给儿童讲授有关交通安全的专业知识，提醒学生在参与交通时应注意的事项，并当场进行交通安全知识考核，对于考核通过者给予奖励，比如"儿童驾驶证"。

（2）给学生播放一些交通事故录像，通过惨烈的场景、悲痛的画面，让学生吸取教训，警戒学生不要做"马路小英雄"。在条件允许的情况下，播放3D的交通事故模拟片，使儿童更真实地感受到交通事故的严重后果。

（3）儿童驾驶教育馆，在特定的场馆内，儿童在专业人员保护的情况下驾驶教育用的仿真小车，从驾驶员的角度，思考步行者的安全。

（4）安排交通意外模拟训练。主要内容是学习如何应对紧急事故，学会自救与他救等方面的应急处理能力（如人工呼吸、止血、简单包扎、向外界求援等方面的能力）。

家长的交通安全意识对孩子的交通安全很重要，学校可采取"小手拉大手"的形式（就是在日常生活中，如家长接送小孩上下学途中让小孩来提醒家长遵守交规）来提高家长遵守交通规则的意识。

第十八章　预防校园欺凌

一、课程设计

（一）课程名称、对象和时间

课程名称：拒绝欺凌，与爱同行

适用对象：小学高年级学生

上课时间：35 分钟

（二）教学目标

（1）了解校园欺凌的表现形式和危害。

（2）知道遭遇校园欺凌要勇于表达感受，及时和家长、老师等沟通。

（3）知道发现校园欺凌现象要及时向家长或老师报告。

（三）理论依据

2016 年 11 月，教育部联合九部门发布了《关于防治中小学生欺凌和暴力的指导意见》，要求加强教育预防、依法惩戒和综合治理，切实防治学生欺凌和暴力事件的发生。2017 年 12 月，教育部等 11 个部门联合印发了《加强中小学欺凌综合治理方案》，提出了校园欺凌治理新举措。

《中华人民共和国未成年人保护法 (2020 年修订)》第三章第三十九条规定：学校应当建立学生欺凌防控工作制度，对教职员工、学生等开展防治学生欺凌的教育和培训。学校对学生欺凌行为应当立即制止，通知实施欺凌和被欺凌未成年学生的父母或者其他监护人参与欺凌行为的认定和处理；对相关未成年学生及时给予心理辅导、教育和引导；对相关未成年学生的父母或者其他监护人给予必要的家庭教育指导。对实施欺凌的未成年学生，学校应当根据欺凌行为的性质和程度，依法加强管教。对严重的欺凌行为，学校不得隐瞒，应当及时向公安机关、教育行政部门报告，并配合相关部门依法处理。

《中华人民共和国家庭教育促进法》指出：关注未成年人心理健康，教导其珍爱生命，对其进行交通出行、健康上网和防欺凌、防溺水、防诈骗、防拐卖、防性侵等方面的安全知识教育，帮助其掌握安全知识和技能，增强其自我保护的意识和能力。《上海市教育委员会关于加强上海学校心理健康教育的意见》指出，整合社会心理服务资源，加强医教结合，建立完善沟通联动机制；联合相关专业机构或部门，为遭受学生欺凌和校园暴力、家庭暴力、性侵犯等儿童青少年提供及时的心理创伤干预。

（四）教学策略

1. 学情分析

近年来，随着校园欺凌事件屡屡被媒体曝光，社会、学校、家庭都对校园欺凌有了更进一步的认识，采取了一系列措施来防范校园欺凌行为，治理的合力正逐步形成，坚定了必须以零容忍的态度对校园欺凌行为说"不"的信心。但即便如此，欺凌现象仍然时有发生，因为校园欺凌行为本身具有极强的"隐蔽性"，受害学生在遭受欺凌后，出于种种原因不愿意向老师或家长寻求帮助，而是选择默默承受。通过课程学习，希望让所有的学生认识校园欺凌的特征，同时明白遇到校园欺凌该如何做，学会拒绝"欺凌"，保持心中有爱。

2. 教学设计分析

为了达成活动目标，本节课分为4个活动：

活动一：通过热身游戏，体验在校园欺凌中常见的消极情绪。

活动二：通过对校园欺凌的辨认，了解我们身边的行为是否属于校园欺凌，从而引起自己的重视，不管自己是受害者还是欺凌者，都要对这些行为引起警惕。

活动三：通过小组讨论，主要让学生认识到校园欺凌中不仅仅有受害者和欺凌者，还有很多其他的角色，他们也承担着一定的责任，我们不能做任何一个角色。

活动四：通过学生角色扮演，勇于表达感受，知道发现校园欺凌现象，要及时向老师或家长报告。

3. 教学重难点

重点：辨认校园欺凌行为，知道校园欺凌的表现形式。

难点：通过活动知道遭遇欺凌要勇于表达感受，及时向老师或家长报告。

（五）教学资源

（1）硬件资源：活动教室，学生按照4~6人一组排好位置。

（2）软件资源：配套PPT（包括视频）。

二、课程实施

（一）教学活动

1. 情绪雕塑我体验

活动目标 通过热身游戏，体验在校园欺凌中常见的消极情绪。

指导语 同学们，让我们一起来玩个游戏，请大家在教室里走动，当听到老师描述的词汇后，迅速用一个动作来表示自己当时的情绪，并在老师说"定"的时候，所有人保持住情绪动作不能动。

活动程序

（1）老师分别说出"生气""无奈""伤心""被欺负"等词汇。

（2）学生用动作表达这些情绪。

过渡语 这些情绪非常常见，而且基本都是消极的情绪，而现在，这些情绪也在一位同学身上定住了，这就是被情绪定住的那个女孩，假设她的名字叫"小红"，让我们来猜猜，她在经历什么情绪？在她身上又发生了什么？我们来了解一下。

（3）学生猜测"小红"正体验的情绪。

（4）学生猜测"小红"经历的事情。

结语 大家很能理解小红的感受，她可能经历了同学们的孤立或嘲笑，也可能经历了同学们在传播谣言，所以心情很是糟糕，让我们一起来学习这些行为到底是什么？让我们一起来进入"拒绝欺凌，与爱同行"的课堂。

2. 校园欺凌我来看

活动目标 通过观看、分析视频，了解我们身边的行为是否属于校园欺凌，从而引起重视，不管自己是受害者还是欺凌者，都要对这些行为引起警惕。

指导语 那刚才我们所猜测的同学们的谣言被传播、被孤立等的行为是校园欺凌的行为吗？让我们一起来看一个视频。

活动程序

（1）播放《校园欺凌》视频。

（2）学生认真观看视频。

（3）学生尝试总结校园欺凌的概念和4个特征。

（4）教师总结：校园欺凌的概念。

（5）现场调查：你身边有类似的行为吗？举手表示。

过渡语 从大家举手示意中，我看到身边或多或少，还是存在一些校园欺凌现象的，校园欺凌主要可以从打、毁、吓、传、骂这5个角度去判断。那现在让我们进入明辨是非环节，看看你们是否已经了然于心。

（6）PPT展示校园欺凌的表现。

打：殴打、脚踢、掌掴、推撞、拉扯等侵犯身体的行为。

毁：损毁受害者的书本、衣物等个人财产及物品。

吓：威胁、恐吓、逼迫受害者做其不愿意做的事。

传：在生活中（网络上）传播谣言或进行人身攻击。

骂：以辱骂、讥讽、挖苦、起侮辱性绰号等方式贬低受害者。

（7）预设场景，让学生辨别是否属于欺凌，同意的举左手，不同意的举右手。

①小杰比较胖，经常被班上的同学起各种外号，如"猩猩""猪哥""肥仔"等。（是言语欺凌，给对方起侮辱性的绰号是欺凌）

②小安发现班上同学最近都不跟自己说话了，他从别人身边经过，其他人纷纷捂着鼻子躲开，还说"真臭"。（孤立、排斥别人是欺凌）

③瘦弱的小华每天都要把作业给班里的小明抄，如果不给，小明就说："作业不给我抄试试？我让大家都不跟你玩！"（恐吓、威胁、胁迫别人做不想做的事就是欺凌）

④某学校初二学生小张，被5名同学围堵在学校厕所内殴打，导致右腿骨折，全身上下多处皮下淤血。（伤害别人的身体是非常严重的暴力欺凌）

结语 从大家举手示意中，我发现同学们还是有双火眼金睛，可以

明辨是非，知道了我们身边哪些行为是校园欺凌，那么我们每个人在校园欺凌事件中承担着什么样的角色呢？

3. 校园欺凌面面观

活动目标 通过小组讨论，主要让学生认识到校园欺凌中不仅仅有受害者和欺凌者，还有很多其他的角色，他们也承担着一定的责任，我们不能做任何一个角色。

指导语 有同学就在想，我又没参加这些事，我只是看到了，跟我有什么关系呢？我在其中不承担任何角色，真的是这样吗？让我们一起来看这幅图片。

活动程序

（1）学生仔细观察图片，知道校园欺凌中的各个角色。

（2）教师讲解不同的角色。

欺凌者：发起欺凌行为，带领其他人参与其中。

被欺凌者：被欺负的受害者。

旁观者：或远或近目睹了欺凌事件的发生，却以远离事端的心态不作任何回应。

附和者：通过大笑、起哄、助威呐喊等方式怂恿和鼓励欺凌行为的发生。

反抗者：具有正义者，试着安慰及支持被欺凌者，或尝试制止欺凌行为。

协助者：通过放哨、压制被欺凌者等行为协助欺凌者。

（3）学生对照自己属于哪个角色。

（4）小组讨论校园欺凌对这些角色的伤害（可以主要围绕被欺凌者、

欺凌者和旁观者3个方面）。

对被欺凌者的伤害：在校园内长期遭受欺凌的学生更容易产生焦虑、抑郁等心理问题，容易形成孤僻、自卑的性格，厌学甚至辍学，严重者可能会出现人格障碍。

对欺凌者的危害：欺凌者给他人带来伤害，要承担治疗甚至赔偿费用，受到学校的严肃批评教育，甚至无法继续完成学业；欺凌行为可能造成欺凌者骄横跋扈、恃强凌弱、敏感多疑等不良人格特点，出现偏执、狭隘及易怒倾向，这些心理的不健全会使欺凌者产生社会化障碍，甚至走向犯罪。

对旁观者的危害：与受欺凌的孩子一样，旁观者也会产生恐惧、担忧等心理压力，同时还会有自责、内疚等心理负担，导致其对自我和人际关系产生负面的感受和认知；旁观者也可能感受到威胁，畏惧上学，或者上课注意力不集中或不能正常上学等。

（5）教师归纳总结。

结语　同学们可太棒了，你们能深刻体会到不同角色的感受，让我们不做残忍的欺凌者，不做沉默的被害者，也不做冷漠的旁观者。

4. 校园欺凌退退退

活动目标　通过学生角色扮演，勇于表达感受，知道发现校园欺凌现象时要及时向老师或家长报告。

指导语　同学们，也许我们身边没有欺凌，也许欺凌正发生在我们周围，当我们看到欺凌的时候，我们到底该如何做呢？

活动程序

（1）以小组的形式分角色扮演旁观者、欺凌者和被欺凌者。

（2）让学生分享自己在刚才的活动过程中有什么体会。

（3）教师归纳总结各个角色可以做的或者不可以做的举动。

旁观者应：

①面对危险，学会保护自己。

②在能力范围内施以援手，帮助被欺凌者。不围观、不起哄、不嘲笑。

③及时向外界求助。

④巧妙报告：写匿名信，和朋友一起反映情况，在安全私密的情况下单独报告等。

⑤勇敢作证：实事求是说明情况。

⑥拒绝当事不关己的旁观者，适当对被欺凌者表达关心，给予温暖。

被欺凌者应：

①勇于说"不"，主动寻求同学、老师、家长的帮助。

②建立信心，勇于保护自己。

③多交朋友，融入集体。

④谨慎交友，远离校园欺凌多发地。

欺凌者应：知道不论采用的是肢体暴力还是语言暴力，其行为都触犯了我国的法律规定，侵犯到了其他公民的人身权利。只要触及法律规章制度，作为公民就需要承担相应的法律责任。

（4）播放视频《让我们充满爱》。

结语 小红的脸上终于有了笑容，她不再被悲伤和冷漠冻结，感谢我们所有的同学，你们都是校园的守卫者，和平化解冲突，当我们遇到欺凌的时候，我们要心中有爱，行动有爱，寻求友爱，让整个世界充满关怀和爱。一起做和谐平安校园的见证者和守护者！

（二）活动延伸

签署班级"拒绝校园欺凌，共建和谐校园"公约

_____（年级班级）／（姓名）在此郑重承诺：

（1）与同学和睦相处，不给他人起绰号，不勒索他人钱财，不辱骂、戏弄、讽刺、孤立、欺负同学。

（2）文明上网，不得通过手机短信、互联网对同学进行造谣、污蔑、诽谤等人身攻击。

（3）不参与他人组织的针对学生的欺凌行为，不做欺凌者的帮凶。

（4）同学之间发生矛盾，不采用过激手段解决，及时向老师和家长说明情况，积极寻求帮助，合理解决。

（5）遇到勒索、敲诈和殴打时不要害怕，要敢于抗争，要使用警示的语言来劝退对方的企图，向附近人员求助，学会自我保护，但不要逞一时之勇，造成不必要的伤害。

（6）被欺凌者应及时向班级安全员、老师、家长或公安部门报告，不忍气吞声，不私自寻求社会人员的介入，更不能以暴制暴、以报复方式

扩大事态。

（7）不做冷漠的旁观者，发现校园暴力或校园欺凌现象时，应立即报告老师或家长。

班级成员签名：

（三）效果评价

教学效果评价内容		分值	评价			
			优秀 (9~10)	良好 (7~8)	一般 (6)	较差 (0~5)
学生	1. 对本课的内容感兴趣，有参加活动的意愿	10				
	2. 愿意参与交流分享	10				
	3. 通过体验有所感悟	10				
教师	1. 教学内容正确，没有理论上的错误	10				
	2. 教学环节完整、流畅	10				
	3. 课堂注重体验性，活动形式活泼新颖	10				
	4. 尊重学生，注意倾听	10				
	5. 引导学生思考和感悟，讲究方法，自然不生硬	10				
	6. 课件和板书贴合教学需要	10				
整体	整堂课有无亮点所在	10				
对本节课的意见和建议						
总分	满分为 100 分，您给本节课打分，总分为（　　）分					
总体评价	（　）优秀　（　）良好　（　）一般　（　）较差					

三、课程拓展

（一）课内活动资料

1. 视频

《校园欺凌》《让我们充满爱》。

2. 校园欺凌的概念和 4 个特征

校园欺凌是发生在校园情境中，一个或多个学生对另一个或多个学生故意施加的伤害行为，对被伤害方的身体、心理、财产等方面造成了损害。

校园欺凌有4个特征：力量不对等，一方强，一方弱；欺凌者并非正当防卫，有主观上的故意性；通常重复多次发生；给被欺凌者造成身体、心理和精神伤害。

（二）课外拓展资料

·**相关法律规定和政策文件**

党和政府高度关注校园欺凌问题，颁布了若干法律和政策文件以推进校园欺凌的防治工作。《中华人民共和国治安管理处罚法》《中华人民共和国未成年人保护法》《未成年人学校保护规定》都有关于欺凌的条款规定。此外，党和政府还专门出台了关于校园欺凌防治的文件，如《关于防治中小学生欺凌和暴力的指导意见》《防范中小学生欺凌专项治理行动工作方案》《加强中小学生欺凌综合治理方案》等。

第十九章　拒绝吸烟与饮酒

一、课程设计

（一）课程名称、对象和时间

课程名称：拒绝吸烟·拒绝饮酒

适用对象：初中学生

上课时间：40 分钟

（二）教学目标

（1）了解吸烟、饮酒对青少年身心健康发展的严重危害。

（2）预防并矫正青少年吸烟、饮酒的不良行为，使其树立正确的人生观。

（3）了解我国关于吸烟、饮酒的主要法律法规。

（三）理论依据

《生命安全与健康教育进中小学课程教材指南》指出，良好的学校生命安全与健康教育有助于学生树立正确的生命观、健康观、安全观，养成健康文明行为习惯和生活方式，自觉采纳和保持健康行为，为终身健康奠定坚实基础。

2025 年，我国在禁烟领域推出了一系列新规，如室内公共场所、室内工作场所、公共交通工具内全面禁烟，处罚力度显著增强，在这些场所吸烟者罚款从 50 元提高到 500 元，场所管理者如未设置禁烟标识并劝阻吸烟者，最高可处 5 万元罚款。室外公共区域设置指定吸烟点并设立标识，吸烟者只能在这些指定地点吸烟。新规将电子烟纳入监管范围，适用与传统烟草制品相同的规定。除了禁止向未成年人销售烟草外，新规还规定距离中小学校、少年宫等未成年人集中活动场所 100 米范围内不得设置烟草销售点。这些规定体现了我国在控烟领域的坚定决心和法制化进程，但在执行方面仍然存在不少问题。因此，更需要加强执法和宣传力度，让公众充分认识到吸烟对身体健康的危害，并自觉遵守相关规定，减少二手烟的危害。

（四）教学策略

1. 学情分析

"拒绝吸烟·拒绝饮酒"属于《生命安全与健康教育》领域1"健康行为与生活方式"中的内容。吸烟、饮酒是不良的生活习惯，会对身体健康造成严重危害。对于处于生长发育时期的青少年来说，他们有比较强烈的好奇心，他们源于好奇、模仿，或者彰显自己的成熟和时尚，尝试吸烟和饮酒，但对吸烟和饮酒引起的长期慢性危害认识不足。

2. 教学设计分析

本节健康教育课，采用直观演示法，让学生通过自己收集相关资料、实验数据、图片和视频，生动而直观地了解吸烟、饮酒对青少年身心健康的影响。同时通过对青少年吸烟、饮酒心理的分析来预防并矫正青少年吸烟、饮酒的不良行为。通过本节课的学习，进一步帮助青少年培养良好的生活习惯，树立正确的人生观，促进他们的身心健康发展。

通过课前学生收集的有关"吸烟有害健康"和"饮酒有害健康"的知识，帮助学生理解吸烟和饮酒对青少年身心健康的危害，同时让学生了解我国关于吸烟、饮酒的主要法律法规。本堂课设计主要通过收集资料、图片和实验数据展示、角色扮演、小组讨论方法，通过"拒绝吸烟"和"拒绝饮酒"两个学习活动实现本课的教学目标。

3. 教学重难点

重点：认识吸烟、饮酒等不良生活方式对人体健康的影响。

难点：学会拒绝吸烟、饮酒不良恶习的方法，把选择健康的生活方式的理念落实到实际生活中，真正做到学以致用。

（五）教学资源

（1）硬件资源：有条件的可以提前做好"酒精对水蚤心率的影响"实验，记录好数据。

（2）软件资源：收集相关吸烟、饮酒对健康的危害的图片和资料，配套PPT，课前可以先完成学习活动清单。

二、课程实施

（一）教学活动

1. 拒绝吸烟

活动目标 通过学生收集的资料交流、实验探究，能正确评价吸烟对健康的影响，学会拒绝吸烟。了解我国关于吸烟的主要法律法规。

指导语 给同学们出示一张图片（教师出示禁止吸烟的图片），这个标识是什么意思？禁止吸烟。

活动程序

（1）请一个同学（可以预先让同学准备好）上台讲述香烟的自述。（详见"课内活动资料"）

（2）请同学分组交流收集的吸烟危害资料，老师展示收集的吸烟危害图片。

①被动吸烟会导致心脏病、癌症等致命疾病。据WHO 2023年的报道显示，全球每年因烟草暴露死亡的人数超过800万，每4秒就有1人死于吸烟相关疾病，其中700多万人死于直接吸烟，大约130万人是接触二手烟雾的非吸烟者。烟草燃烧所产生的烟雾中含有7000多种化学成分，其中已明确的致癌物有70多种，这些有害物质会对人体的呼吸道、心血管、胃肠道等系统造成损害。据2024年英国科学家在 *Addiction* 杂志上发表的一篇文章显示，一支烟会使男性和女性的预期寿命分别缩短17分钟和22分钟。

②吸烟可引起皮肤癌、肺气肿、白内障、骨质疏松症等，使皮肤起皱纹、脱发。

③吸烟损害大脑，影响智力：出现头痛、头昏等现象。久而久之，大脑就会受到损害，思维变得迟钝，记忆力减退，从而影响学习，使学习成绩下降。

（3）学生为何染上吸烟的恶习？

①好奇模仿成人模样。

②父母不良的吸烟行为影响。

③青春期的烦恼，用抽烟来发泄。

过渡语　烟草中的尼古丁是强成瘾药物，所以，戒烟并非易事，每个想戒烟的吸烟者都需要一个适合于自己的策略，而且必须有多次尝试的准备。

（4）学生讨论交流拒绝吸烟不良恶习的方法，完成学习单。

①加强戒烟意识：让吸烟者亲身感受到吸烟的危害，自觉要求戒烟。

②寻找好的替代方法：戒烟者戒烟后往往感觉无事可做，可以通过吃一些零食排除空虚感。

③扔掉吸烟用具，减少吸烟者的"条件反射"。

④尽量避免被引诱，争取朋友或者身边人的理解，尤其在刚开始戒烟时更是如此。

⑤参加切实可行的体育运动或从事其他趣味活动来转移注意力。体育运动能使紧张不安的神经镇静下来。

⑥持之以恒：戒烟后又吸了一口烟或一支烟，等于戒烟失败，应仔细找出原因，避免再犯。

（5）老师讲解：我国禁烟历史和关于控烟的主要法律法规。

①林则徐"禁烟"：林则徐一针见血地指出，鸦片不禁，几十年后会弄得国贫民弱，"中原几无可以御敌之兵，且无可以充饷之银"。

②上海最早于2010年实施《上海市公共场所控制吸烟条例》，分别于2016年、2022年进行修证。该条例强调：室内公共场所、室内工作场所、公共交通工具内禁止吸烟；部分公共场所的室外区域禁止吸烟，如未成年为主要活动人群的公共场所（妇幼保健院、儿童医院），体育场馆或演出场所的观众坐席和比赛、演出区域，人群聚集的公共交通工具等候区域。

③WHO决定从1989年起，将每年的5月31日定为世界无烟日，我国也将这一天定为无烟日。

结语　对青少年来说，吸烟会导致很多疾病，影响骨骼生长发育。严重的将导致早衰、早亡。吸烟还可能使青少年养成不良的生活习惯，诱发不良行为，甚至引发犯罪。我们要坚定这种信念，终生不吸烟，绝不从任何人手中接过第一支烟。

2. 拒绝饮酒

活动目标　了解饮酒，特别是酗酒对青少年身心健康的危害，掌握抵制青少年饮酒的有效方法，培养正确的价值观。

指导语 做一个小调查，家中有人喝酒的请举手。喝酒并不是很少见，许多人喜欢喝酒。你们知道为什么我们青少年不许喝酒吗？喝酒有哪些危害呢？

活动程序

（1）观看"酒精对水蚤心率的影响"实验数据分析。（有条件的话可以让学生课外做实验）

实验结论：一定浓度范围内，酒精浓度越高，水蚤心跳越慢。当酒精浓度达到20%时，大部分水蚤心跳会停止。说明了酒精对心率有影响。

（2）请同学分组交流收集的饮酒有害健康的资料，老师引导学生理解饮酒对人体健康的危害。

①影响身体健康：酒精是一种麻醉剂，影响中枢神经系统，导致多种疾病的发生；酒精可以使人早衰。中小学生正处于成长发育阶段，身体的各部分器官尚不完全成熟，饮酒对身体的损伤更加严重，甚至会影响到身体的正常发育。

②导致学习退步：长期饮酒，注意力无法集中，记忆力、判断力下降，致使智力减退，学习成绩下降。

③诱发违法犯罪：中小学生自身没有经济收入，有的学生为了喝酒，采取骗、偷、劫等非法手段获取金钱，从而导致违法犯罪。

（3）我们如何拒绝喝酒又不失礼节呢？请学生先进行讨论，老师总结。

①回避法：看见有人饮酒，或者同伴有可能劝其饮酒时，就抢先说：我要去干某某事情，先走一步，或者找出其他理由避开。

②消极拒绝法：可用"我一闻酒味就头昏，不能饮酒，对不起"之类的话来婉言拒绝。

③积极拒绝法：以友好地讲道理的方式来拒绝劝酒者，提出饮酒的许多危害，并劝说对方也不要饮酒。

④进攻性拒绝法：当劝酒者不接受你的看法时，可以用"我去告诉老师"或"学生守则不允许学生饮酒"等进攻性语言来使对方也不喝酒。

（4）根据《中华人民共和国治安管理处罚法》的规定，醉酒闹事、滋扰他人、寻衅滋事等行为，会被认定为"扰乱社会秩序"的违法行为，并被予以相应的行政处罚。

结语 中学生喝酒之后，会出现情绪失控导致因为小事与其他同学发生争执和打架的现象。每个学生对自己的健康负有责任，饮酒，特别是酗酒对自己和他人都可能造成伤害。中学生自制力还很弱，切莫"一醉方休"。拒绝香烟、拒绝饮酒、珍惜健康、爱惜生命，祝同学们健康快乐成长。

（二）活动延伸

课外作业：画一幅吸烟或饮酒有害健康的漫画。

课外实验："酒精对水蚤心率的影响"。

（三）效果评价

教学效果评价内容		分值	评价			
			优秀 (9~10)	良好 (7~8)	一般 (6)	较差 (0~5)
学生	1.全班同学都能参与两个活动，对本课的内容感兴趣	10				
	2.有参加活动的意愿，并参与交流分享	10				
	3.通过体验有所感悟	10				
教师	1.教学内容正确，没有理论上的错误	10				
	2.教学环节完整、流畅	10				
	3.上课思路清晰，设计活动新颖	10				
	4.课堂注重体验性，注意倾听	10				
	5.关注学生，尊重学生，老师做指导，学生是主体	10				
	6.课件和板书贴合教学需要	10				
	7.引发学生思考：学会解决生活中的问题	10				
总体评价	（　）优秀　（　）良好　（　）一般　（　）较差					

三、课程拓展——课内活动资料

1.香烟的自述

我是缠绕着吸烟者的香烟烟雾，我的成员众多。看，我带来了我最宠爱的三位大将。有了这些心爱的大将的辅佐，我对于登上"世界顶级杀手"

的宝座充满了信心。

我是尼古丁小姐，我能使烟民们感到一种轻柔愉快的感觉，是让人们上瘾的秘密，我的杀伤力也了不得，25支烟中的尼古丁就可以让一头冲劲十足的公牛死于我的红裙之下。

我是得到师父真传的烟焦油。我由好几种毒素混合而成。在肺中我会浓缩成一种黏性物质，堵塞你的肺泡，阻碍你的呼吸。

我是一氧化碳，我能冒充氧气，偷偷搭乘血液循环的列车，当人的大脑细胞需要氧气时，才发现被我做了手脚。没有了充足的氧气，人类的大脑将会昏昏沉沉。

肺的对话：

我的主人清晨常到学校小树林下看书，还常常锻炼身体，远足登山，因此我获得了充足的氧气，你看我的体色多么红润健康。躺在他温暖的胸怀里是多么的舒服啊！

我就没你那么幸运了，我的主人是一个老烟民，他每天要抽两包烟，大量的烟雾把我熏得黑黑的，我在勉强支撑着，如果他再继续伤害我，我将不得不和他挥泪告别。咳咳咳咳……

2. 吸烟的危害

全世界每年因吸烟导致死亡的人数达700万之多，可以说，烟是人类的第一杀手。烟草的烟雾中至少含有3种有毒的化学物质：焦油、尼古丁和一氧化碳。焦油由好几种物质混合而成，在肺中会浓缩成一种黏性物质；尼古丁是一种会使人成瘾的药物，由肺部吸收，主要是对神经系统发生作用；一氧化碳有降低红细胞将氧输送到全身的能力。有资料表明，一个每天吸15~20支香烟的人，其罹患肺癌、口腔癌或喉癌致死的概率要比不吸烟的人大14倍，罹患食道癌致死的概率比不吸烟的人大4倍；吸烟者死于膀胱癌和心脏病的概率要比不吸烟的人大2倍。吸烟是导致慢性支气管炎和肺气肿的主要原因，而慢性肺部疾病也增加了得肺炎及心脏病的危险。同时，吸烟也增加了患高血压病的危险。被动吸烟又称"强迫吸烟"或"间接吸烟"，是指不愿吸烟的人被迫吸入别人吐出来的、夹有大量卷烟毒性物质的空气15分钟以上。被动吸烟者可能遭致与吸烟者同样的患病风险。研究数据提示，青少年吸烟对身体的危害比成年人更大，从

15 岁或更小的年龄开始吸烟，可能会使他们的寿命减损 20 多年。

3. 饮酒的危害

长期过量饮酒会减少蛋白质、维生素、矿物质等多种营养素的摄入和吸收。过量饮酒还会损伤肝脏，引起酒精性肝炎、脂肪肝、酒精性肝硬化。饮酒会导致严重慢性胃炎，引起胃溃疡。酒精对我们的神经系统也会造成较大的伤害，使人体肌肉不协调，反应迟钝，注意力、判断力、自控能力下降，会使人体产生过激的行为，造成人身伤害。过量饮酒还会造成脑出血、心肌梗死、脑梗死、高血压等疾病。

4. 学习活动清单

学习活动清单

1：查阅资料：收集有关吸烟对健康的危害资料
香烟中的有害物质：

吸烟的危害：

我们该给那些需要戒烟的人哪些帮助：

2：查阅资料：收集有关饮酒对健康的危害资料
饮酒的危害：

如何拒绝喝酒：

5. 本节课 PPT

6. 视频《酒精对水蚤心率的影响实验步骤》

第二十章 保持健康体重

一、课程设计

（一）课程名称、对象和时间

课程名称：健康的体重

适用对象：初中学生

上课时间：40分钟

（二）教学目标

（1）知道青少年偏瘦、超重、肥胖的判断标准。学会判断自己的体重是否健康。

（2）了解保持健康体重的方法。通过计算自己的基本热量、喜爱的食物热量及运动消耗热量，掌握以热量摄取和消耗的关系为基础来控制体重。

（3）了解过重或过轻的体重会造成身心伤害的理论依据。学会接受差异，尊重他人。

（三）理论依据

肥胖已成为影响人类健康的一种全球性疾病，并被列为世界4大医学社会问题，而儿童肥胖率的迅速上升也已成为全球紧迫的公共卫生问题。《中国居民营养与慢性病状况报告（2020年）》发布一组儿童超重/肥胖的数据，令人担忧：6岁以下儿童超重率6.8%、肥胖率3.6%；6~17岁儿童和青少年超重率11.1%，肥胖率7.9%。儿童和青少年体重问题日趋严重。2020年教育部办公厅等部门联合发布了《儿童青少年肥胖防控实施方案》，就是结合当下儿童青少年超重、肥胖率不断上升的现状，切实加强儿童青少年肥胖防控工作。《实施方案》中提到，学校要加强知识宣教，从优化膳食结构、强化课内外体育锻炼、做好生长监测等方面采取有效措施，同时要促进学生正确认识儿童超重肥胖，避免对肥胖儿童的歧视。

同时，还有不少青少年盲目减肥。有些体重超标的青少年，通过苛刻节食或者单一高强度运动进行减肥；有些体重在健康范围内的青少年，却自认为过胖而进行减肥。在"以瘦为美"的社会大众意识下，处于青春期的少男少女更容易被影响，他们的爱美之心可能更甚于其他群体。如缺乏正确引导的话，青少年过度减肥是非常危险的，不仅可能影响正常的生长发育，也可能会导致心理上的情绪低落、抑郁等问题。

（四）教学策略

1. 学情分析

初中阶段学生开始进入青春期，将面临身体的巨大变化，尤其是生长发育导致的青春期体重突然增长。再加上学生学业压力繁重、缺少睡眠和运动、饮食过剩等现状，导致学生体重过重而产生困扰，如被起绰号、没精神、上体育课跑不动等。也有部分学生因突然的体重加重而焦虑，受外界审美影响过分在意自己体型而盲目减肥，导致营养不良、厌食症等问题。

2. 教学设计分析

本课联系生活实际来展开这个话题。为了达成活动目标，本节课分为3个主要活动：

活动一：从学生身边展开现场调查，了解学生对体重的看法和认知。通过列举生活中的例子，来引出青少年保持健康体重的重要性。

活动二：通过介绍身体质量指数（BMI，又称为体重指数、体质指数）的计算公式，现场带着学生一起了解自己的BMI，来直观认识健康体重的标准。

活动三：从热量摄入与消耗的角度，带学生一起了解维持体重的方法。同时结合学生饮食、运动、睡眠习惯，一起讨论如何从这3个方面入手，养成良好生活习惯，以保持青少年健康的体重，有利于青春期生长发育。

延伸活动：从健康心态的角度，思考如何正确看待自己的体重问题。正确对待社会大众"以瘦为美"的审美意识，保持"健康第一"的生命观点。同时，从尊重个体差异的角度，不能取笑他人的体型，造成他人的心理困扰。

3. 教学重难点

重点：了解保持健康体重的原因，并学会计算自己的BMI，以此判断体重是否健康。

难点：真正明白维持健康体重的方法，并能坚持实践这些健康行为。

（五）教学资源

（1）硬件资源：学习单。

（2）软件资源：学生分组任务查找青少年身高与体重参考指标；影响青少年体重的几个因素；本节课PPT。

二、课程实施

（一）教学活动

1. 体重之我见

活动目标　通过现场调查，了解学生对于体重的已有认知和看法，了解学生中是否存在因体重而产生的情绪、心理问题。

指导语　你有没有因为体重或与体重相关的事而烦恼过？什么是健康的体重？为什么要保持健康的体重？

活动程序

（1）提出问题：在生活中，你有没有因为体重或与体重相关的事而烦恼过？可否具体举例说明？

（2）根据调查，青少年可能会存在的关于体重的主观困扰有：肥胖引起的精神不佳、跑不动、被起绰号、自卑等。而青少年肥胖还可能影响性发育，增加糖尿病等慢性病患病风险，引起关节退行性病变等。同时，有些学生虽然体重处于健康水平，但是对自己的体型不满意，总感觉自己偏胖，想要减肥。

（3）健康的体重包含"三体"：体重、体脂、体型。三体指标跟性别和年龄大小都有关系，青少年有自己年龄段的标准，标准在男生和女生中也不同。

（4）保持健康体重的理由：

①可以让你更有可能拥有积极的自尊。

②会让你的精力更加充沛。

③可以降低你受到意外伤害的风险。

结语　青少年时期由于经历青春期生长发育，大多数学生都会感受到体重和身高的剧烈变化。而由于激素分泌水平、生活习惯的不同，遗传因素等情况，有些学生会面临体重过重或过轻的问题。同时，受大众审美的影响，偏胖的同学有可能会引起他人关注，产生自卑情结。特别追求体型苗条的学生也会产生体象障碍，总不满意自己的体型，这些都是不可取的。青少年要客观评价自己的体重和体型，以"健康第一"为标准来衡量自己。

2. 通过 BMI 指数来判断健康体重

活动目标 学会计算自己的体重指数，并根据青少年标准体重对照表，了解自己的体重是否在标准范围内。

指导语 你们都是如何判断自己的体重是否健康的？你们知道体重指数吗？学生完成《课堂学习单》中（1）。

活动程序

1）体质指数介绍

身体质量指数（BMI）又称为体重指数、体质指数，计算方法为：BMI= 体重（千克）÷ 身高的平方（米^2）。这个公式所得比值在一定程度可以反映人体密度。因计算方式简单，现在被普遍用于评价人体的营养状况、胖瘦程度和身体发育水平。

2）青少年体质指数筛查界值

（1）学生用自己的体重和身高值计算自己的体质指数。

（2）学生对照《6~18 岁学龄儿童青少年性别年龄 BMI 筛查界值表》，判断自己的体质指数属于哪个范畴。

6~18 岁学龄儿童青少年性别年龄 BMI 筛查界值表　　单位：千克/米^2

年龄/岁	男生			女生		
	消瘦	超重	肥胖	消瘦	超重	肥胖
6.0~	13.4	16.4	17.7	13.1	16.2	17.5
7.0~	13.9	17.0	18.7	13.4	16.8	18.5
8.0~	14.0	17.8	19.7	13.6	17.6	19.4
9.0~	14.1	18.5	20.8	13.8	18.5	20.4
10.0~	14.4	19.2	21.9	14.0	19.5	21.5
11.0~	14.9	19.9	23.0	14.3	20.5	22.7
12.0~	15.4	20.7	24.1	14.7	21.5	23.9
13.0~	15.9	21.4	25.2	15.3	22.2	25.0
14.0~	16.4	22.3	26.1	16.0	22.8	25.9
15.0~	16.9	22.9	26.6	16.6	23.2	26.6

续表

年龄/岁	男生			女生		
	消瘦	超重	肥胖	消瘦	超重	肥胖
16.0~	17.3	23.3	27.1	17.0	23.6	27.1
17.0~	17.7	23.7	27.6	17.2	23.8	27.6
18.0~	18.5	24.0	28.0	18.5	24.0	28.0

3）注意事项

BMI 只是一个参考指标，它不能完全代表一个人的身体状况，因为肌肉、脂肪等身体成分构成也会对 BMI 值产生影响。例如，肌肉量较大的人可能会有较高的 BMI 值，但他们并不一定是肥胖的。因此，在判断一个人是否肥胖时，还需要结合其他因素，例如腰围、体脂率、运动习惯等。

结语 通过计算 BMI 指数，我们可以快速地直观判断自己的体重属于偏"消瘦"还是偏"超重"，或是偏"肥胖"，是相对来说比较科学的判断方法。

3. 保持健康体重的方法

活动目标 了解影响体重的几个因素，知道青少年可以通过膳食均衡、加强锻炼、充足睡眠来保持健康体重，逐步养成良好的生活习惯。肥胖儿童和青少年也可以通过适当减少热量摄入、增加热量消耗来达到减重的目的。

指导语 你们知道影响个人体重的因素有哪些？请你给需要减肥的青少年朋友设计一份《减肥计划表》，你会如何设计？学生完成《课堂学习单》中（2）。

活动程序

1）影响个人体重的因素

（1）饮食习惯：饮食是影响体重的最重要因素之一。摄入能量过多或者热量高的食物会导致能量过剩，从而引起体重增加。

（2）生活方式：缺乏运动和体育锻炼，久坐不动，身体活动不够，能量消耗不足，容易导致体重增加。

（3）睡眠质量：睡眠不足或质量不好会影响代谢，影响身体对食物的消化和吸收，从而影响体重。

（4）遗传因素：遗传因素对体重也有一定的影响。如果家族中有肥胖的人，那么个体也容易出现肥胖的问题。

（5）药物和疾病：一些药物和疾病也会导致体重增加，例如激素药物、抗抑郁药物等。

（6）压力和情绪：长期的精神压力和负面情绪会导致身体分泌多巴胺、肾上腺素等激素紊乱，从而影响食欲，导致体重增加。

2）学生小组讨论，设计出一份《减肥计划表》并说明理由

3）儿童及青少年体重管理膳食原则

（1）超重及肥胖儿童和青少年控制体重时，要结合身体活动水平等综合状况，能量摄入量在正常儿童及青少年需要量的基础上每天减少1256~2093千焦（等于300~500千卡）。

（2）每日摄入的食物要适量，其所提供的能量应达到能量需要量标准值的90%~110%，可根据生长发育及身体活动水平进行调整。下表为不同年龄的正常体重儿童每天食物种类及克数。

不同年龄的正常体重儿童每天食物种类与克数（推荐量）

分组	食物类别	6~10岁	11~13岁	14~17岁
谷薯类	谷类	150~200	225~250	250~300
	薯类	25~50	25~50	50~100
蔬菜水果类	蔬菜	300	400~450	450~500
	水果	150~200	200~300	300~350
鱼禽肉蛋类	畜肉类	40	50	50~75
	水产品	40	50	50~75
	蛋类	25~40	40~50	50
奶、大豆、坚果类	奶类	300	300	300
	大豆	15	15	15~25
	坚果	50/周	50~70/周	50~70/周
食用油		20~25	25~30	25~30
食盐		<4	<5	<5
饮水量/毫升		800~1000	1100~1300	1200~1400

注：引自《中国学龄儿童膳食指南（2022）》。表中均为可食部分净重；谷薯类包括各种米、面、杂粮、杂豆及薯类等，大豆包括黄豆、青豆和黑豆，大豆制品以干黄豆计。儿童早餐、午餐、晚餐的能量或营养素应该分别占每天总量的30%、40%、30%。

（3）配制营养素齐全、比例适当的膳食。做到粗细搭配、荤素搭配、干稀搭配、色香味搭配，避免儿童挑食和偏食，做到饮食均衡。

（4）建议每人每天摄入12种以上食物，每周25种以上，包括谷薯类、蔬菜类、水果类、禽畜鱼蛋奶、大豆坚果等多类食物。

（5）选择合理的烹调方式，科学合理加工各种食物原料，在确保色香味的同时，降低烹饪食物中营养素的损失。选择煮、炖、炒等方式进行烹饪，尽量避免煎、炸、烤、熏制等方式。

4）运动的平衡性

坚持每天运动，维持能量摄入与消耗的平衡，保持健康体重。控制总能量摄入，同时保证每天至少60分钟中、高强度的身体活动（可通过体育课、课间操和课后体育活动的方式实现）。超重肥胖儿童青少年每周至少应进行3~4次、每次25~50分钟中等至较大强度有氧运动，每周进行3~4次抗阻运动，两种运动方式相结合的效果更好。

结语 我们了解了影响体重的几个因素，也知道了如果要保持健康体重，还需要从"管住嘴、迈开腿"开始做起。对于体重超标的学生，则要适当根据个人情况来调整饮食结构和饮食习惯，养成良好的运动习惯，以此来达到减重目的。

（二）活动延伸

讨论：有些同学计算出来的体重明明是在健康标准内，但是却总感觉自己腰不够细、腿有点粗、脸有点圆，这是怎么回事呢？

对于那些爱拿他人体重来开玩笑的同学，你想对他/她说什么呢？

（三）效果评价

教学效果评价内容		分值	评价			
			优秀(9~10)	良好(7~8)	一般(6)	较差(0~5)
学生	1. 全班同学都能参与3个活动，对本课的内容感兴趣，有参加活动的意愿	10				
	2. 能积极完成学习单，并参与交流分享	10				
	3. 能学以致用，保持健康的体重	10				

续表

教学效果评价内容		分值	评价			
			优秀(9~10)	良好(7~8)	一般(6)	较差(0~5)
教师	1. 教学内容正确，没有理论上的错误	10				
	2. 教学环节完整、流畅，适应学生特点	10				
	3. 上课思路清晰，设计活动新颖	10				
	4. 课堂注重体验性，注意倾听学生想法	10				
	5. 关注学生，尊重学生，能体现老师的指导作用	10				
	6. 课件和板书贴合教学需要	10				
	7. 引发学生思考：学会解决生活中的问题	10				
总体评价	（　）优秀　（　）良好　（　）一般　（　）较差					

三、课程拓展

（一）课内活动资料

1. 课堂学习单

（1）你的BMI指数是：_____，属于：_____（消瘦／标准／肥胖／偏重）。

（2）请你为有需要的青少年朋友设计一份《减肥计划表》。

减肥计划表

日期	餐数	饮食量（摄入热量）	体重		运动
			早	晚	
第一天	早餐				上午：
	加餐1				
	午餐				中午：
	加餐2				
	晚餐				下午：

续表

日期	餐数	饮食量 （摄入热量）	体重		运动	
			早	晚		
第二天	早餐				上午：	
	加餐1					
	午餐				中午：	
	加餐2					
	晚餐				下午：	
第三天	早餐				上午：	
	加餐1					
	午餐				中午：	
	加餐2					
	晚餐				下午：	
第四天	早餐				上午：	
	加餐1					
	午餐				中午：	
	加餐2					
	晚餐				下午：	
第五天	早餐				上午：	
	加餐1					
	午餐				中午：	
	加餐2					
	晚餐				下午：	
第六天	早餐				上午：	
	加餐1					
	午餐				中午：	
	加餐2					
	晚餐				下午：	
第七天	早餐				上午：	
	加餐1					
	午餐				中午：	
	加餐2					
	晚餐				下午：	

（二）课外拓展资料

·体象障碍

体象障碍又称为体象畸形症，在国外有人称其为丑形幻想症、畸形恐惧症、美丽强迫症等。体象障碍是指：个体在客观上躯体外表并不存在缺陷或者有极其轻微的缺陷，但其主观想象具有奇特的丑陋而产生的极为痛苦的心理疾病。

所谓体象是个体对自身生理性躯体自我认知的结果。从美学的客观性角度而论，人们认识体象不仅有生理学、解剖学结构等方面的差异，也会有美学判断上的价值差异，容貌和形体客观上的缺陷或主观体象上的缺陷都会影响个体的心理发展，易形成所谓的消极体象（negative body image），影响人的心理状态，出现自卑、自我封闭、悲观绝望等负性心理，严重者可导致与容貌有关的抑郁症、强迫症、恐怖症。

体象障碍通常见于性心理障碍，一般出现在青春发育期。人在发育期阶段由于第二性征的成熟带来了形体的变化，如男性体形高大、体毛出现、喉结突出，女性则乳房发育、臀部丰满等。面对这种性别差异的突然出现，青少年男女往往缺乏足够的心理准备。他们会不由自主地进行自我形象与群体形象、现实自我形象与理想自我形象的对比，一旦出现较大的差距（不论是超前发育还是滞后发育），他们中的一些人就会产生体象障碍。比如身高的体象障碍、性器官的体象障碍，甚至是体毛的体象障碍等。体型的体象障碍受大众"以瘦为美"的审美标准影响，往往导致青少年通过苛刻节食、单一运动的方式过度减重，导致严重的发育问题或者厌食症。

第二十一章 预防近视

一、课程设计

（一）课程名称、对象和时间

课程名称：保护眼睛，预防近视

适用对象：初中学生

上课时间：40分钟

（二）教学目标

（1）了解眼球构造，掌握近视形成的原因。

（2）了解一些病理性近视引发的眼底病变，掌握预防近视的方法。

（3）培养学生良好的用眼卫生习惯，并持之以恒。

（三）理论依据

近视被列为世界三大疾病之一，其中，我国学生近视发病率高达50%~60%，居世界第二。中学生的视力不良率很高，我们需要保护自己的眼睛。习近平总书记也多次强调，全社会都要行动起来，共同呵护好青少年的眼睛。每年的6月6日为全国"爱眼日"，科普宣传的主题也多次聚焦在儿童青少年近视防控，强调分别从养成爱眼习惯、坚持适度户外活动和科学防控近视3个方面开展主题宣传教育活动。

为了落实"健康第一"的指导思想，进一步做好学生健康教育工作，应培养学生良好的健康素养，促进学生养成良好的健康行为和生活方式。针对现在的学生近视低龄化且人数增多、学生眼病发病率日益提高这一现象，有必要让学生明白保护眼睛的重要性。应让学生了解近视的危害和造成近视的原因，教育并督促学生养成良好的用眼卫生习惯，及时纠正不正确的读、写姿势。通过教学，让学生做好保护眼睛、预防近视的工作，养成良好的用眼卫生习惯。

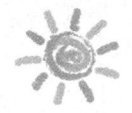

（四）教学策略

1. 学情分析

眼睛是人体的重要器官，也是非常容易生病、受到伤害的器官。本节课让学生通过调查班级学生视力现状并进行分析，知道近视是当今世界范围内发病率最高的一种眼病，我们必须引起高度的重视。学生在经历调查、整理、汇报、交流活动中，了解近视的危害、造成近视的原因，合作探究出预防近视的方法，培养学生珍爱眼睛、保护视力、预防近视的意识，并养成科学的用眼卫生习惯。

2. 教学设计分析

通过学生游戏活动，对眼睛的观察、讨论、课前调查等方法，让学生知道眼睛的结构，知道保护眼睛的重要性。通过了解眼球结构和视觉形成、近视成因、近视防控3个活动达成教学目标。近视是学生常见的眼病，用眼过度是引起近视的主要原因。教学中注意通过近视学生的亲身体验来认识与预防近视的发生，知道怎样保护眼睛。

3. 教学重难点

重点：了解预防近视的方法。

难点：培养学生良好的用眼卫生习惯，并持之以恒。

（五）教学资源

（1）硬件资源：眼球结构模型、脸形图、眼罩。课前请同学调查一下自己班级同学的近视情况及矫正情况。

（2）软件资源：PPT课件。

二、课程实施

（一）教学活动

1. 眼球结构和视觉形成

活动目标 了解眼睛的结构，知道眼睛对学习、生活的重要性。

指导语 谜语导入：上边毛、下边毛，中间有个黑葡萄,是什么？（眼睛）

活动程序

（1）画一画。请两位同学用眼罩蒙上眼睛，在黑板上的脸形图上画出眼睛、鼻子、嘴的位置。体会眼睛的重要性。

过渡语 我们之所以能看见锦花绣草，看见鸟飞鱼跃，看见月明星灿，是因为人体拥有一台奇妙的"照相机"——眼球。请同学们互相看看对方的眼睛，接下来老师让大家观察眼模型，你们能说出哪些结构。

（2）教师总结（Flash动画演示或PPT展示）：

角膜；巩膜；虹膜；瞳孔；睫状体；晶状体；玻璃体；脉络膜；视网膜；视神经。

（3）让同学看图片：成在视网膜上的像是怎样的？（Flash动画演示）是倒的图像。

教师讲解视觉形成过程：

光线透过角膜→瞳孔→晶状体→玻璃体→视网膜感光细胞→视神经→大脑视觉中枢。

①透过光线：角膜、瞳孔、玻璃体。

②折射光线：晶状体。

③接收光线：视网膜。

结语 眼睛不仅是重要的视觉器官，还是容貌的中心。一双清澈明亮的眼睛，能增添容貌美，更具魅力和风采，所以我们一定要保护好眼睛。

2. 近视成因

活动目标 了解近视成因：晶状体太厚或眼球前后径过长，成像在视网膜的前面。

指导语 我们之所以能看见山清水秀、看见繁花似锦、看见彩云追月，是因为人体拥有这双明亮的眼睛，但有的同学说我就是看不清楚，这是怎么一回事呢？

活动程序

（1）展示近视图片，解释近视的原理。

眼球相当于可以自动调节的透镜，正常情况下外界的光线或物体的反光，经过眼球的折射以后，正好聚焦在眼底视网膜的黄斑中心凹上。近视者形成的像位于视网膜前面，而不是在视网膜黄斑中心凹上，故看见的物体是模糊的影像。

（2）老师讲解造成近视的原因。（老师可以引导学生画近视眼成像

的图片）

①造成近视的主要原因是晶状体太厚。正常晶状体是薄的，而近视眼的晶状体是厚的，原因是睫状肌的调节功能减弱无法使晶状体由厚变薄，清晰的像成在视网膜前面，视网膜上的像是模糊的。

②还有一种原因是眼球的前后径过长，像成在视网膜前方。

（3）老师讲解近视矫正。（老师可以引导学生画：近视眼通过佩戴凹透镜后成像在视网膜上的图片）

我们可以使用凹透镜来矫正近视，它可以使物体发出或反射的光在进入眼球前先被适当地发散，从而可以更好地通过晶状体汇聚到视网膜上形成清晰的像。

（4）学生讨论：近视的表现。

①眼睛干涩、重影、视远不清。

②视力减退、眼疲劳。

③斜视，看远处时眼睛不舒服，处于疲劳或精神不集中时，可发现眼睛外斜。

（5）学生讨论：除了遗传性因素，哪些生活习惯也会导致近视？

①爱吃甜食、爱喝碳酸饮料。

②挑食、偏食，没有足够的营养补充。

③睡眠不足，眼睛调节力紧张。

④长时间玩电子产品对眼睛伤害很大。

⑤经常宅在家里，缺乏户外活动。

过渡语　看书写作业的姿势不标准，长期使用电子产品等，姿势不标准，距离书本过近，一直盯着距离较近的屏幕，都会使睫状肌一直处于收缩的状态，时间长了，肌肉就会过度疲劳降低它的调节能力，从而造成晶状体过厚，最终就会导致近视。

（6）老师讲解近视的危害。

大于600度为高度近视，会累及视网膜、玻璃体、黄斑等，严重时可能产生眼底病变。眼底病变发生的根本原因是眼轴过度延长，导致眼后段结构（巩膜、脉络膜、视网膜）发生改变，出现后葡萄肿、漆裂纹、黄斑出血、Fuchs斑、视网膜脉络膜萎缩病灶及周边部视网膜变性，牵引其他并发症，如视网膜脱离、青光眼、白内障。

结语 中学生的视力不良率很高，我们需要保护自己的眼睛。习近平总书记也多次强调，全社会都要行动起来，共同呵护好青少年的眼睛，可见我们必须要高度重视近视问题。

3. 近视防控

活动目标 通过调查自己班学生的视力不良率，培养学生良好的用眼卫生习惯，并持之以恒。

指导语 近视被列为世界三大疾病之一，其中，我国学生近视发病率高达50%~60%，居世界第二。

活动程序

（1）课前让同学调查班级学生的视力情况和矫正情况，请课代表汇总统计并汇报。

检查人数	视力正常人数	视力不正常人数	视力不良率

①佩戴角膜塑形镜（隐形眼镜）人数。

②佩戴凹透镜人数。

③做视力训练人数。

（2）请学生举手示意，了解班级学生以下日常防护措施的执行情况。

①每天户外运动2小时。

②养成良好用眼习惯。

③合理使用电子设备。

④坚持配合矫治。

⑤在强光下佩戴太阳镜。

⑥做实验或者进行其他有危险的工作时佩戴护目镜。

（3）教师讲解"三要""四不看"。

①"三要"：读写姿势要正确，眼与书的距离要在33厘米左右；看书、看电视或使用电脑1小时后要休息一下，要远眺几分钟；要定期检查视力，认真做眼保健操。

②"四不看"：不在直射的光线下看书；不在光线暗的地方看书；不躺卧看书；不走路看书。

结语 同学们,我们每个人都有一双明亮的眼睛,也知道眼睛的作用很大,可是有些人不注意用眼卫生,结果使得他那双美丽的大眼睛永远只能藏在厚厚的镜片下。每年6月6日是全国爱眼日,请同学们在生活中要注意用眼卫生,保护好眼睛。老师衷心祝愿大家,不要因为今天的近视影响明天的远征,愿大家都有一双明亮而健康的眼睛。

(二)活动延伸

课后请每位同学收集爱眼护眼的宣传口号,班委会汇总,做成一份《班级爱眼护眼倡议书》。

(三)效果评价

评价标准	具体要求	权重	评价			
			A(10)	B(8)	C(6)	D(4)
辅导目标达成	1. 教学内容正确,没有理论上的错误	10				
	2. 教学方法新颖,全班同学都能参与每项活动	10				
设计思路清晰	1. 上课思路清晰,教学环节完整、流畅	10				
	2. 课堂注重体验性,活动形式活泼多样	10				
活动过程氛围和谐	1. 在活动中,学生自觉遵守课堂纪律,现场活而不乱	10				
	2. 课前、课中的活动,参与积极性高	10				
辅导技巧运用得当	1. 关注学生,尊重学生,体现学生是主体	10				
	2. 学生分享时,老师注重倾听、共情、尊重等技巧使用	10				
辅导效果明显	1. 学生能体验保护眼睛的重要性	10				
	2. 根据同伴交流分享,自己有所感悟	10				

三、课程拓展

（一）课内活动资料

（1）本节课PPT。

（2）Flash动画：《眼睛的结构及视觉的形成》。

（二）课外拓展资料

·近视的人应该多关注眼底病变，尤其是高度近视者

对于近视的人，看不清楚远处并不是最可怕的，最可怕的是眼轴过度延长，导致眼底病变。眼睛视网膜的视神经连接我们的大脑，脉络膜血管连接心脏，它既属于脑神经系统，也属于心血管系统，所以一旦眼睛发生病变，影响的不仅仅是眼睛这个部位，还可能牵一发而动全身，引起身体其他疾病。

眼底病变的危害极大，对于高度近视者来说，一定要重视眼底的变化。眼底病变发生的根本原因是眼轴过度延长，导致眼后段结构（巩膜、脉络膜、视网膜）发生改变，并可能发生其他并发症，如视网膜脱离、青光眼、白内障等。

按照人体正常生长和发育规律，人在成年后眼球发育成熟，眼轴趋向稳定。而近视的人打破了这种规律，在成年后眼轴持续性地增长。眼轴每增长1毫米，近视就上涨250~300度。人在低度近视的时候，如果不采取干预措施，眼轴就会继续增长，从而发展成高度近视。因此，在轻度近视时就应及时矫正视力，防止或减缓发展成高度近视。如果已经是近视度数大于600度的高度近视，建议定期到医院做眼底检查，监测视网膜、黄斑区、脉络膜、巩膜、视盘的情况，一旦有病变发生的迹象，可以及时去治疗。

第二十一章 预防近视

第二十二章 保护听力

一、课程设计

（一）课程名称、对象和时间

课程名称：爱护耳，保护听力

适用对象：初中学生

上课时间：40分钟

（二）教学目标

（1）了解耳的结构与功能，知道听觉形成过程。

（2）了解人的听觉范围、声音大小、噪声与听力健康的关系。

（3）知道保护听力和预防听力损伤的方法。

（三）理论依据

《生命安全与健康教育进中小学课程教材指南》的总体目标指出：在中小学课程教材中的布局安排要更加系统、科学，内容更具针对性、适宜性、实用性。《"健康中国2030"规划纲要》指出，将健康教育纳入国民教育体系，把健康教育作为所有教育阶段素质教育的重要内容。以中小学为重点，建立学校健康教育推进机制。健康来自良好的健康习惯，尤其是从小养成的习惯。同时，生活中有很多因素或者行为也会在不经意中对健康造成影响，需要时刻保持警惕。

耳朵是我们接收外界声音的唯一通道，听觉主要是耳内的耳蜗控制的，如果耳蜗受损，患者的听力就会受到损伤，严重的可能会导致失聪。而耳朵内的前庭维持着身体的平衡，前庭如果出现问题，患者会有晕眩、耳鸣等不适症状，甚至使患者无法保持平衡，因此保护耳朵是非常有必要的。《听力健康蓝皮书：中国听力健康报告（2021）》指出，青少年群体听力损失的主要原因是娱乐性噪声暴露，青少年普遍长期使用耳机等不良用耳习惯已成为非常突出的公共卫生问题。

（四）教学策略

1. 学情分析

本节课的内容在小学阶段就有涉及，主要是对耳的外形观察和认识。"爱护耳，保护听力"属于《生命安全与健康教育》领域1"健康行为与生活方式"中的内容。很多疾病往往是由长期不良生活方式所导致的。在日常生活中，我们要注意保护自己的耳朵，不要经常挖耳朵，或者长期让自己处于噪声环境中，这些行为对于耳朵的伤害非常大。学会正确理解健康信息，自觉采纳健康行为，注意养成良好生活习惯，形成健康的生活方式尤为重要。

2. 教学设计分析

本节课让学生初步建立了生物体结构与功能相适应的观念，并知道如何保护好这些器官；在方法上，掌握了观察、比较、讨论、归纳等，让学生用学过的知识综合分析，知道如何保护听力和预防听力损伤的最好方法。

为了达成活动目标，本节课分为4个活动：耳的结构与功能、听觉形成过程、听觉范围和保护听力。通过让学生观看和分析视频，认识到耳的结构与功能是统一的，损坏一个结构，就可能引起听力障碍；也知道了人耳的感知是有限制的，了解噪声对身体健康的危害，知道保护听力的一些措施。

3. 教学重难点

重点：认识耳的结构与功能，理解听觉的形成过程。

难点：体验失去听力的感觉，学会保护听力的方法。

（五）教学资源

（1）硬件资源：人耳结构可拆卸模型、棉花或软布，两只空纸杯，音频信号发生器、分贝计。

（2）软件资源：配套PPT课件，学习活动单。

二、课程实施

（一）教学活动

1. 耳的结构与功能

活动目标　通过观察耳的结构模式图及模型，认识耳的组成部分，体会结构与功能相适应性。

指导语　听故事：鱼有听觉吗？PPT展示。人是怎么听到声音的呢？

活动程序

（1）探索耳的结构并认识其功能。完成学习单上的《耳的结构与功能》相关题目。观察时要求仔细观察每一个部位的结构特点，并与其功能相比较。

（2）在问题中的括号中填写与下图对应的英文字母。

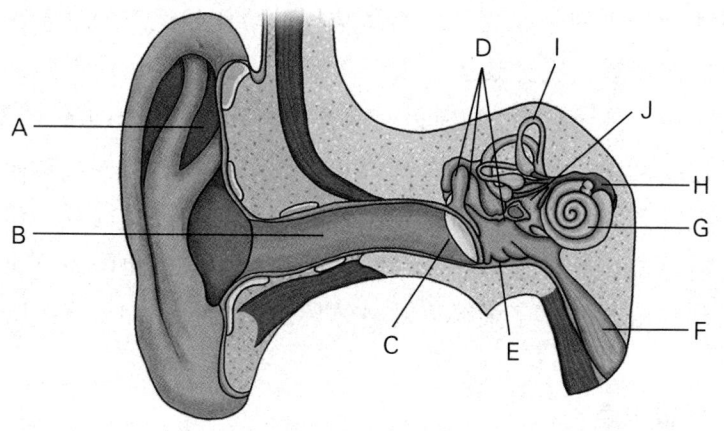

外耳 ｛ 耳　郭（　）：具有_____声波的作用。
　　　外耳道（　）：是声波进入中耳的_____。

中耳 ｛ 鼓　膜（　）：具有将_____转化成_____的作用。
　　　听小骨（　）：具有放大_____作用。
　　　鼓　室（　）：具有_____作用。
　　　咽鼓管（　）：与咽部相通使鼓膜两侧压力得以平衡。

内耳 ｛ 耳　蜗（　）：将振动信号转化为神经信号的作用。
　　　前　庭（　）： ｝ 可以接收与身体平衡相关的信息。
　　　半规管（　）：

（3）H为_____，可以将接收到的信号传递到大脑。

（4）耳郭：漏斗状且表面凹凸不平，可有效地收集来自各方向的声波。

结语 通过人耳模型，我们知道了人的耳朵各结构的名称，了解到耳朵各个结构各司其职，都有自己独特的功能，耳朵结构完好才能使其功能正常。

2．听觉的形成过程

活动目标 通过学习认识到听觉形成于大脑皮层，体验失去听力的感觉。

指导语 请同学完成学习单中第2题：探索耳的结构并认识其功能，认识听觉的形成过程，并确认听觉形成的部位。

活动程序

（1）通过视频了解声波在耳中传播并形成听觉的过程，请根据已学过的知识完成图中字母所标的结构名称。

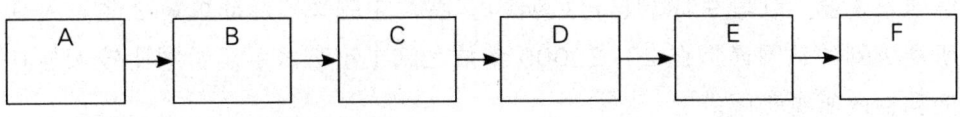

通过学习，我明白了耳是_____器官，听觉形成于_____（耳中/鼓膜/耳蜗/大脑）。

（2）让学生将手作杯状放在耳郭后，感觉所听到的声音的变化，理解耳郭的作用。再让学生尽可能地罩住双耳，听不到声音，体会人失去听力的痛苦。模拟"失去听力"可采用先用棉花或软布塞住耳朵，再用两只空纸杯捂住耳朵。

听不见声音是痛苦的，为什么会听不见声音呢？结合所学过的听觉的形成过程，完成下面问题。（注：下图中←→所指的范围为受损的部位。）

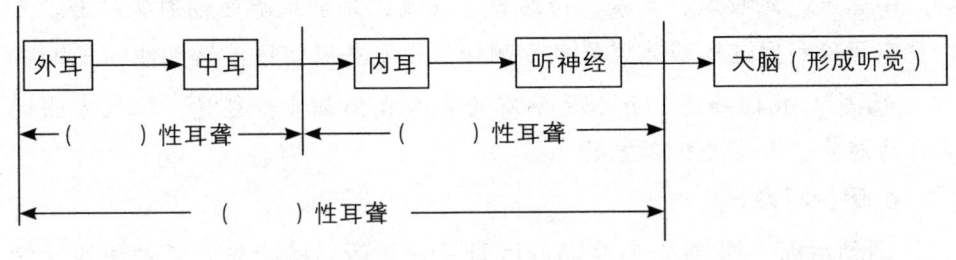

结语 同学们明确了听觉产生的部位在大脑(大脑皮层的听觉中枢)。我们也体会了听力有障碍者的困难,所以一定要关爱听力有障碍的人。

3. 人耳的听觉范围

活动目标 通过实验测试我们可听到的声频范围,知道人的听觉范围是有限的。认识每个人的听觉范围不尽相同。

指导语 同学们,为什么我们能听到蜜蜂飞行的声音,而听不到蝴蝶飞行的声音?

活动程序

(1) PPT展示蜜蜂、蝴蝶翅膀每分钟振动次数(蜜蜂每秒振翅三四百次,蝴蝶每秒振翅五六次)。

(2) 了解蝙蝠是怎样躲避障碍物的——蝙蝠实验的趣闻(见课内活动资料)。

(3) 测试我们可听到的声频范围。用改变声音频率的仪器——音频信号发生器,让学生体验自己的听力范围,完成学习活动单第3题。人耳所能听到的范围通常在20~20000赫兹之间(可听声)。看图比较人与其他动物的听觉范围。

(4) 老师展示人耳听不见的声音,次声和超声的特点及应用(PPT展示)。

超声波具有定向性好、穿透力强和易于集中的特点,可用于清洁、碎石、杀菌消毒等,如医学检查中的B超、多普勒超声,用于清洁的超声波牙刷、超声波珠宝清洗器、美容仪等。次声波的特点是传得远、很容易绕过障碍物、无孔不入。大象走路或互相联系时发出的为次声波,人类活动中的火炮发射、导弹飞行等也广泛存在着次声波。次声波可用于探测声源的位置、大小和研究其他特性。例如,通过接收核爆炸、火箭发射的次声波,来探测出这些次声源的有关参数。次声波也可用于预测自然灾害性事件。如火山爆发、龙卷风、雷暴、台风等,在发生之前可能会辐射次声波,人们就有可能利用这些前兆现象来预测和预报这些灾害性自然事件的发生。

结语 我们知道,并不是所有的声音我们都能听得见,蝙蝠发出的声音为超声,人耳是听不见的。

4. 保护听力

活动目标 了解听力减弱的因素及保护听力的措施。通过讨论让学生认识到长期戴耳机对听力的危害。

指导语 同学们，什么是声音强度？多少强度会破坏你的听力？

活动程序

（1）声音的大小称强度，声音强度单位是分贝。

（2）一般在40分贝以下的声音强度对人体无害，超过120分贝人就受不了，超过140分贝鼓膜就会被破坏。

（3）声音强度与人的健康、情绪的关系：

①_____以下的声音一般对人体无害。

②超过_____，就会使人情绪渐渐不安。

③_____以上会降低读书的效率。

④_____以上大部分人都会有烦躁的感觉。

⑤超过_____，人就会受不了。

（4）看视频：遇到巨大声响时，为什么要捂耳张嘴？内外气压不平衡。

（5）学生讨论：戴耳机与保护听力之间的关系。

耳机的音量输出一般在84分贝左右，如在公共汽车上听音乐，甚至可能达到120分贝。这样的音量对人体，特别是对耳神经有很大的刺激作用，长时间收听会造成听力衰退，严重的还会出现听神经衰弱。人戴上耳机后，外耳道被耳机紧紧地塞住，几乎处于闭塞状态。高的音量直接进入耳内，集中传递到很薄的鼓膜上，没有一点缓冲余地，听神经被刺激得异常兴奋，极容易造成听觉疲劳，造成听力衰退。

（6）讨论：如何更有效地保护我们的听力？

①不要长时间听很响的音乐。

②避免留在高噪声的地方。

③在进行有噪声伤害的活动时要戴上耳塞或护耳罩。

结语 听力是指一个人在听觉范围内可以感受到声音强弱的范围。随着年龄的增长，听力会因为各种原因而发生不同程度的减弱。高强度的噪声会损害我们的听力。如有的人会因为一次意外，伤害了鼓膜或听小骨而失去了听觉；有的人会因为细菌感染，使得听神经受到损伤而失去听觉。有的人听觉细胞可能被极响的噪声所损坏！我们必须保护耳朵免受噪声之害。同学们请记住：每年的3月3日为全国"爱耳日"哦。

（二）活动延伸

· 探究校园内噪声产生的原因

（1）活动目标：学会分贝计的使用方法；通过探究认识到减少校园噪声与在校的每一个人都有关。

（2）活动样表。

探究校园内噪声产生的原因 日期：____月____日
第____组　　组长：_____ 组员：_____。
假设： 我们小组认为校园内的噪声主要是由以下场所产生的： _____。
实验记录： <table><tr><th>声音强度顺序（预测）</th><th>场　所</th><th>实测声音强度/分贝</th></tr><tr><td>1</td><td></td><td></td></tr><tr><td>2</td><td></td><td></td></tr><tr><td>3</td><td></td><td></td></tr><tr><td>4</td><td></td><td></td></tr></table>
探究结果： · 声音强度最高的场所是_____；其原因是_____。 · 声音强度高与校园噪声的来源有_____（直接/一定/无）关系，声音强度高_____（一定/不一定）是噪声。 · 作为学校的一员，在减少校园噪声方面我们应该怎么做？

（三）效果评价

教学效果评价内容		分值	评价			
			优秀 (9~10)	良好 (7~8)	一般 (6)	较差 (0~5)
学生	1. 全班同学都能参与 4 个活动，对本课的内容感兴趣	10				
	2. 有参加活动的意愿，并参与交流分享	10				
	3. 通过体验有所感悟	10				
教师	1. 教学内容正确，没有理论上的错误	10				
	2. 教学环节完整、流畅	10				
	3. 上课思路清晰，设计活动新颖	10				
	4. 课堂注重体验性，注意倾听	10				
	5. 关注学生，尊重学生，老师做指导，学生是主体	10				
	6. 课件和板书贴合教学需要	10				
	7. 引发学生思考：学会如何养成良好的爱耳卫生习惯					
总体评价	（ ）优秀 （ ）良好 （ ）一般 （ ）较差					

三、课程拓展——课内活动资料

1. 故事：鱼有听觉吗？

人们谁也没有见到过鱼的耳朵，所以，鱼的听觉似乎无从谈起。但是，有一件事改变了人们的看法。德国一家大渔场里饲养了许多鳟鱼，渔场附近的一座教堂每天早上 8 时都要打钟，渔场的饲养员则在打钟之后去喂鱼，天天如此。有一天饲养员在教堂钟声响过半小时后才去喂鱼，却见一大群鱼聚集在池塘边，不断把头伸出水面在等食。这件事把饲养员惊呆了，也引起了科学家们的兴趣。经过一段时间的仔细观察，发现鱼是有听觉的。它们在听到钟声后不久就能进食，久而久之就形成了条件反射。因此，那天饲养员虽然没有及时赶来喂食，鱼却因已经听到钟声仍然向岸边聚来。

2. 蝙蝠是怎样躲避障碍物的——《蝙蝠实验的趣闻》

1793 年夏季的一个夜晚，意大利科学家斯帕拉捷放飞了已蒙住双眼的几只蝙蝠。只见蝙蝠们抖动肢翼，轻盈地飞向夜空。斯帕拉捷见状，感到百思不得其解,"瞎"了眼的蝙蝠怎么能如此敏捷地飞翔呢?他下决心一定要解开这个谜。

在进行这项实验之前,他一直认为:蝙蝠之所以能在夜空中自由自在地飞翔,能在非常黑暗的条件下灵巧地躲过各种障碍物去捕捉飞虫,一定是由于长了一双非常敏锐的眼睛。事实却完全出乎他的意料。

意外的情况更激发了他的好奇心。"不用眼睛,那蝙蝠又是依靠什么来辨别障碍物,捕捉食物的呢?"于是,他又把蝙蝠的鼻子堵住,放了出去,结果蝙蝠还是照样飞得轻松自如。"奥秘会不会在翅膀上呢?"他这次在蝙蝠的翅膀上涂了一层油漆。然而,这也丝毫没有影响到它们的飞行。最后,他又把蝙蝠的耳朵塞住,这一次,飞上天的蝙蝠东碰西撞的,很快就跌了下来。斯帕拉捷这才弄清楚,原来,蝙蝠是靠听觉来确定方向,捕捉目标的。

斯帕拉捷的新发现引起了人们的震动。从此,许多科学家进一步研究了这个课题。最后,人们终于弄清楚:蝙蝠是利用"超声波"在夜间导航的。它的喉头发出一种超过人的耳朵所能听到的高频声波,这种声波沿着直线传播,一碰到物体就迅速返回来,它们用耳朵接收了这种返回来的超声波,使它们能做出准确的判断,引导它们飞行。

3. 耳的结构与功能(答案)

(1)探索耳的结构并认识其功能。

仔细观察下图并回答下列问题。(问题中的括号中填写与下图对应的英文字母。)

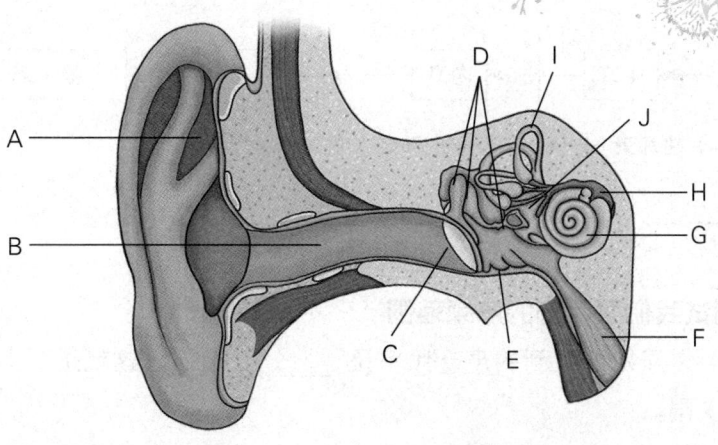

外耳 {
耳　郭（A）：具有 __收集__ 声波的作用。
外耳道（B）：是声波进入中耳的 __通道__ 。
}

中耳 {
鼓　膜（C）：具有将 __振动__ 转换成 __声波__ 的作用。
听小骨（D）：具有放大 __声音__ 作用。
鼓　室（E）：具有 __感受声波__ 作用。
咽鼓管（F）：与咽部相通使鼓膜两侧压力得以平衡。
}

内耳 {
耳　蜗（G）：将振动信号转化为神经信号的作用。
前　庭（J）
半规管（I）
可以接收与身体平衡相关的信息。
}

H 为 __听神经__ ，可以将接收到的信号传递到大脑。

（2）听觉的形成过程。

①以下为声波在耳中传播并形成听觉的过程示意图，请根据已学过的知识完成图中字母所标的结构名称。

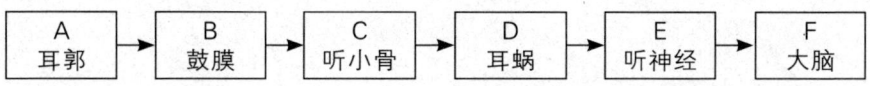

通过学习，我明白了耳是 __听觉__ 器官，听觉形成于 __大脑__ （耳中/鼓膜/耳蜗/大脑）。

②听不见声音是痛苦的，为什么听不见声音呢？结合所学过的听觉的形成过程完成下面问题。（注：下图中←→所指的范围为受损的部位。）

```
外耳 → 中耳 → 内耳 → 听神经 → 大脑（形成听觉）
←（传导）性耳聋→←（神经）性耳聋→
←――――――（混合）性耳聋――――――→
```

4. 测试我们可听到的声频范围

（1）你开始能听到的声音频率是_____赫兹，这就是听力_____（上/下）限。

（2）你开始听不到的声音频率是_____赫兹，这就是听力_____（上/下）限。

（3）结论：

①人类能够听到__有限__（有限/无限）范围内的声音频率。

②各人的听力范围__并不相同__（相同/并不相同）。

5. 声音强度与人的健康、情绪的关系（答案）

（1）__40分贝__以下的声音一般对人体无害。

（2）超过__40分贝__，就会使人情绪渐渐不安。

（3）__66分贝__以上会降低读书的效率。

（4）__75分贝__以上大部分人都会有烦躁的感觉。

（5）超过__120分贝__，人就会受不了。

6. 视频《听觉的形成》

7. 视频《耳的卫生》

8. 本节课PPT

第二十三章 建立积极的体象认识

一、课程设计

（一）课程名称、对象和时间

课程名称：每个人都很美

适用对象：初中学生

上课时间：40 分钟

（二）教学目标

（1）树立对健康身体形态的认识，了解导致体象烦恼的因素，并觉察自己是如何被影响的。

（2）留意因为社会评价造成的体象烦恼，建立积极的身体自我评价，接纳青春期自我体象。

（三）理论依据

体象（body image）也叫身体意象或身体自我，是指个体对于自身外形的评价与认识，这是个体自我意识萌发最早的部分，也是自我概念一个重要的基础部分。当个体在对自身外形进行评价和认识的过程中，因为个体审美价值的单一或审美能力偏差导致对自身体象产生不满或失望时，就会产生体象烦恼。这种现象普遍存在于青少年群体中，它对个体消极的自我概念具有潜在诱发性，有研究发现体象烦恼与青少年学生的自尊呈显著负相关。调查研究也发现，有体象烦恼的学生平时会体验到较多的负面情绪；社交上常常表现为不主动与他人交往，甚至处处回避与他人交往，有时在不得不与人交往时内心会产生苦恼和焦虑；另外平时将较多时间精力放在身材容貌修饰上，不仅占据了许多本来用于学习的时间，而且会导致学习兴趣下降、学习成绩下降。因此，青少年的体象烦恼问题不得不引起重视，尤其是学校教育工作者和家长，需积极探讨教育对策，消除或减少青少年体象烦恼的发生。

不同理论对体象烦恼如何产生的解释侧重不同。认知行为理论认为，自我认知评价是影响体象烦恼的关键因素，认知与情绪、行为彼此影响，导致对自身体象的自信度和关注度增加或减少。社会比较理论认为，体象认知不仅仅源于自我评价，也依赖于与他人（同年龄段群体、偶像明星等）的对比，对自身体象进行定位。这可能促使个体对自身体象的认知更加客观，但也可能导致体象认知偏差，产生体象烦恼。而社会文化理论认为，在现有社会文化价值中，对个体的理想体象有一套评价标准，身处其中的群体不自觉地使用这套标准衡量自己，依据这个标准对自身体象进行感知和评价，如果与标准相符，就获得积极评价，相反则被赋予消极评价。这些理想体象的评价标准通过媒体、家庭、同伴评论等途径影响着青少年身体意象的形成。

（四）教学策略

1. 学情分析

随着学生年龄的增长，学生对自我身体的关注程度增高。已有调查发现，28.5%的初中生"想知道别人对自己容貌的看法"，19.1%的初中生"对周围人的形体较关注"。同时，有数据表明，初中生体象烦恼的发生率为21.0%，高中生体象烦恼的发生率为21.9%，说明相当一部分学生存在体象烦恼。

影响体象烦恼有内部和外部两方面因素。从内部因素看，初中生刚刚进入青春期，这个时期自我意识不断增强，内心越来越在意他人对自身外貌、身高、体重等的评价。且随着身体发育，学生发现自身身体的变化越来越"陌生"，产生了一些自我不满情绪；也有学生对自身体象有过高的期待，从而过分夸大自我身体缺点，产生烦恼和焦虑。从外部因素看，社交媒体与影视广告等对瘦身、塑形之美"狂轰滥炸"、过度渲染是造成中学生身体形象困扰的重要原因。初中生认知发展不成熟，对各类事物的判断力相对薄弱，容易被外界所误导，再加上攀比心理的影响，很可能对自我体象产生错误的感知与评价，难以接纳自己的体象，从而诱发体象烦恼。如前所述，体象烦恼对初中生的自尊、学习、社会交往、情绪均有消极的影响。本课程试图引导学生树立正确的审美观，正确认识青春期自我体象，接纳自我体象，消除或减轻体象烦恼。

2. 教学设计分析

为了达成活动目标，本节课分为 4 个活动：

活动一：抛出几个关于容貌的问题，激起学生关于容貌焦虑/体象烦恼的感受和表达，从而引出本课主题。

活动二：通过脱口秀视频，讨论总结影响体象满意度的因素：媒体舆论、社会比较、同伴评价、自我审美力。

活动三：通过秘密池塘活动，使学生了解到消极的体象认知其实普遍存在于身边的伙伴中。接着让同学们相互留言，关怀他人并传递出积极的体象认知，促进接纳自我身体形象。

活动四：通过歌曲欣赏来激励学生勇敢做自己，悦纳自己，不迎合他人的审美。

3. 教学重难点

重点：通过有趣的载体（脱口秀视频）让初中学生真正地感受体象感知偏差带来的烦恼和负面影响，以及体象烦恼产生的影响因素，从而认识到接纳自己身体意象的重要性。

难点：创造安全的活动氛围，帮助学生留意到日常生活中来自自己或他人的消极体象评价，并能够留下温暖的留言，传递积极的身体认知，积极关怀自我与他人，进一步接纳自己的身体意象。

（五）教学资源

（1）硬件资源：白纸、彩色笔、活动教室、学生按照 6 人一组排好位置。

（2）软件资源：配套 PPT，包括脱口秀视频《北大硕士谈容貌焦虑》，音视频《try》《她们"瘦"够了》。

二、课程实施

（一）教学活动

1. 导入活动

活动目标 通过容貌相关的几个问题，激起学生关于容貌焦虑/体象烦恼的感受和表达，揭示主题。

指导语 同学们,今天我们要一起聊一个有意思的话题,首先老师要抛出几个问题,请同学们根据自己的实际情况做出回答。

活动程序

(1)教师提问。

①你的手机里有多少自己的自拍照?

②你会发自己的自拍照或生活照到朋友圈/其他社交平台吗?

③发朋友圈/其他社交平台之前你会修图或美颜吗?主要修哪些部分?

④你认为外貌重要吗?说说为什么重要或不重要。

⑤你觉得大部分人的颜值在多少分?(满分10分)

(2)老师讲解体象烦恼的概念。

体象烦恼是指个体的审美能力或者自我审美出现偏差,导致对自身的体象认知上出现失望、在心理上出现烦恼的特征,具有弥散性以及普遍性的特征。体象认知主要包括3种类型,分别为正常体象、体象烦恼以及体象障碍。体象障碍是一种精神障碍,而体象烦恼则是介于正常体象和体象障碍之间的心理状态,体象烦恼主要包括形体、性别、容貌和性器官等几个方面的烦恼。

结语 从同学们的反应可以看出,容貌焦虑或身材焦虑普遍存在于我们周围。在心理学上,我们把它们叫作"体象烦恼",今天我们就一起来探讨这个有意思的话题,希望通过这节课大家既能欣赏别人,也能喜欢自己,因为每个人都有其独特的美。

2.脱口秀视频——北大硕士谈容貌焦虑

活动目标 通过脱口秀视频,在幽默的氛围中分享体象烦恼的影响,讨论导致体象烦恼的影响因素。

指导语 下面,我们来看一段脱口秀,听听一位北大硕士是如何看待容貌焦虑的。

活动程序

(1)观看脱口秀视频,邀请学生从视频中启发思考体象烦恼产生的因素可能有哪些。

(2)教师提问。

①这段脱口秀揭示了体象烦恼在生活中有哪些影响?

②脱口秀启发我们导致产生体象烦恼的因素有哪些？

③从鸟鸟的身上，你感受到一种什么样的"美"？

（3）每组选出代表分享自己小组讨论的内容，教师适当点评、归纳并板书（教师也可以根据视频内容，选取3段脱口秀文本，补充说明导致体象烦恼的因素）。

①文本一：做一个长相普通的女生仍然非常难，就是你好像做什么都不对。你不打扮吧，人家说没有丑女人只有懒女人，在这句话出现之前，我只是一个单纯的丑女人；你要做什么坏事，人家就说真是相由心生；你要与人为善吧，就会夸你真是人不可貌相；我要说我觉得自己挺好看的，那你得有点自知之明；我要说我觉得自己不好看，那你得接纳自己。——社会期待

②文本二：从小就知道我长得挺普通的，因为我妈天天跟我说，女儿啊，你得好好学习，女人不能要一头没一头。——家庭教育、父母评价

③文本三：就是我觉得我们普通人平时可能太低调了，觉得我们总是想，我这样了就不发自拍了吧，这就造成了幸存者偏差，使得网上都是美女的照片，让大家觉得美女才是正常的。——自我审美局限/过高期待、与他人比较、媒体网络对体象的引导

结语 同学们可太棒了，大家总结出来这么多影响因素，请每个同学想想，自己的体象烦恼受到这几个因素的影响程度如何，在纸上分别对它们打一个分数（满分10分），哪些因素影响大、评分高，哪些因素影响小、评分低。在大家的共同努力下，我们每个人对减少或消除体象烦恼有了具体的改变方向。

3. 秘密池塘

活动目标 通过游戏的形式，引导学生记录日常生活中听到的造成体象烦恼的言语。每个人如何转化语言，去积极地关怀他人和自己。

指导语 同学们，我们刚刚总结了一些导致体象烦恼的因素，从中可知他人/社会/自我评价是非常容易误导我们对自我身体的认识和评价。那么在日常生活中哪些不恰当的言语需要我们注意呢，我们通过秘密池塘的游戏来了解一下。

活动程序

（1）每人发一张彩纸，教师介绍活动规则。

①首先，在你过去的生命历程中，是否有许多体象烦恼的经历被当作秘密，从未向人表露过？请写下让你感到印象深刻的一件事，记录2分钟内意识流动中和这件事有关的所有想法、他人的评价等，将纸条放入秘密池塘中。（如果没有亲身的经历，也可以写下曾经看到/听到过的事情，像是自己经历过的样子）

②其次，以小组为单位，每人随机抽取一张纸条，在组内用第一人称描述并解释拿到的故事，就像你自己的秘密一样。

③然后，请每个人在拿到的纸条上面留言，写下一句关怀的话语，再次放到秘密池塘中。

④最后，请每个同学认领自己的纸条。

（2）让学生分享自己在刚才的活动过程中有什么体会。

结语　不仅在课堂上，在学校里和日常生活中都会遇到很多消极体象，希望同学们能处处留意自己或他人不合理的评价，及时转化成积极的认知，避免陷入体象烦恼，甚至体象焦虑。

4. 结尾升华

活动目标　再次激发学生的情感，通过旋律和歌词让学生意识到不轻易被他人审美所左右，建立积极的体象认知。

指导语　最后，让我们一起欣赏一首歌曲《try》。

活动程序　观看音乐视频《try》。

结语　同学们，在我们的一生中，总有一些经历碰巧会在我们的身体上留下印记。但是，这具身体理应得到爱，首先是因为它已然存在，它已尽所能，为我们承担重负，慰藉心灵，就把身体当作挚友来爱吧！我们不一定非要长成玫瑰，你乐意的话，可以做向日葵，做雏菊千千万万。美有千万种样子，但我认为最美的样子是自信，希望大家勇敢做自己，永远自信！

（二）活动延伸（二选一）

课后作业一：你觉得"美"的身体是什么样的？那什么能给我们的"美"加分呢？

课后作业二：观看视频《她们"瘦"够了》，根据自己对体象烦恼的感受和理解，以"身材焦虑"为主题制作海报。

（三）效果评价

教学效果评价内容		分值	评价			
			优秀(9~10)	良好(7~8)	一般(6)	较差(0~5)
学生	1.对本课的内容感兴趣，有参加活动的意愿	10				
	2.愿意参与交流分享	10				
	3.通过体验有所感悟	10				
教师	1.教学内容正确，没有理论上的错误	10				
	2.教学环节完整、流畅	10				
	3.课堂注重体验性，活动形式活泼新颖	10				
	4.尊重学生，注意倾听	10				
	5.引导学生思考和感悟，讲究方法，自然不生硬	10				
	6.课件和板书贴合教学需要	10				
整体	整堂课有无亮点所在	10				
对本节课的意见和建议						
总分	满分为100分，您给本节课打分，总分为（　　）分					
总体评价	（　）优秀　（　）良好　（　）一般　（　）较差					

三、课程拓展

（一）课内活动资料

（1）脱口秀视频《北大硕士谈容貌焦虑》。

（2）音乐视频《try》。

（二）课外拓展资料

（1）绘本《每个人都很美》，【法】巴蒂斯特·博利厄（著），【加】秦冷（绘），向静（译），北京科学技术出版社。

（2）漫画集《虽然怕胖，但还是想吃糖》，儿力力，黎贝卡（著），百花洲文艺出版社。

（3）视频《她们"瘦"够了》。

（4）视频《韶光》。

（5）文献：高亚兵，骆伯巍.论青少年学生的体像烦恼［J］.浙江教育学报，2007，6：28-32.

（6）文献：曾向，黄希庭.国外关于身体自我的研究［J］.心理科学进展，2001，9（1）：41-46.

第二十四章　睡眠管理

一、课程设计

（一）课程名称、对象和时间

课程名称：睡眠革命

适用对象：初中学生

上课时间：40 分钟

（二）教学目标

（1）了解睡眠时间和质量对身心健康的影响。

（2）知道影响睡眠质量的因素。

（3）能够科学安排学习时间，做到劳逸结合，保证睡眠质量。

（三）理论依据

《健康中国行动——儿童青少年心理健康行动方案（2019—2022年）》和《生命安全与健康教育进中小学课程教材指南》等政策文件均对学生睡眠做出了明确要求。根据不同年龄段学生身心发展特点，小学生每天睡眠时间应达到10小时，初中生应达到9小时，高中生应达到8小时。学校、家庭及有关方面应共同努力，确保中小学生有充足的睡眠时间。此外，教师要关注学生上课时的精神状态，对睡眠不足的，要及时提醒学生，并与家长沟通；指导学生统筹用好回家后的时间，坚持劳逸结合、适度锻炼。指导家长营造温馨舒适的生活就寝环境，确保学生身心放松、按时安静就寝。

同时，国家卫生健康委员会疾控局会同中国科学院心理研究所编制的《心理健康素养十条》也提及，睡不好，别忽视，可能是身心健康问题。睡眠质量是身心健康的综合表现，睡眠不良提示存在心理问题或生理问题，是身心健康不可忽视的警示信号。全社会要积极开展儿童青少年健康教育和科普宣传，倡导儿童青少年保持健康心理状态、科学运动、充足睡眠、合理膳食等，减少心理行为问题和精神障碍诱因。

（四）教学策略

1. 学情分析

从小学进入初中，不仅是学业发生了变化，作息也有了很大的不同，就课堂时间而言，就从原来的一节课 35 分钟拓展至 40 分钟，随之上下学的时间、课余时间的安排，包括整个作息时间发生了很大的变化，其中包含了睡眠的时间。而初中阶段又是青春期，正值学生生长发育的高峰期，睡眠的时间和质量对于学生来说非常重要，所以我们的学生要学习关于睡眠的知识，以保证充足的睡眠时间，提高睡眠的质量，养成健康的体魄，应对高强度的学习。

2. 教学设计分析

为了达成活动目标，本节课分为 4 个活动：

活动一：通过自测睡眠质量，引出本课主题。

活动二：通过展示视频，了解当下学生的睡眠现状，意识到睡眠的重要性。

活动三：通过小组讨论，分享影响睡眠的因素，引导学生意识到影响睡眠的因素有很多，并因人而异，需要从不同的方面来改善睡眠。

活动四：通过有奖竞猜的形式来进一步巩固睡眠知识，掌握提高睡眠质量的方法。

3. 教学重难点

重点：通过不同的形式（如观看视频、小组讨论）让学生真正地理解睡眠时间和质量对身心健康的影响，从而调整自己的睡眠。

难点：帮助学生了解影响睡眠的因素，从而提高睡眠质量。

（五）教学资源

（1）硬件资源：活动教室、学生按照 4~6 人一组排好位置。

（2）软件资源：配套 PPT（包括视频）。

二、课程实施

（一）教学活动

1. 睡眠质量测试

活动目标　通过自我测试，了解自己的睡眠情况，讲解课程纲要，导入课程。

指导语　亲爱的同学们，首先让我们来做一个小测试，看看大家的睡眠情况如何？

活动程序

（1）学生完成睡眠质量测试。

问题	0分	1分	2分	3分
1. 入睡时间（关灯后到睡着的时间）	没问题	轻微延迟	显著延迟	严重延迟或没有睡觉
2. 夜间苏醒	没问题	轻微影响	显著影响	严重影响或没有睡觉
3. 比期望的时间早醒	没问题	轻微提早	显著提早	严重提早或没有睡觉
4. 总睡眠时间	足够	轻微不足	显著不足	严重不足或没有睡觉
5. 总睡眠质量（无论睡多长）	满意	轻微不满	显著不满	严重不满或没有睡觉
6. 白天情绪	正常	轻微低落	显著低落	严重低落
7. 白天身体功能（体力或精神：如记忆力、认知力和注意力等）	足够	轻微影响	显著影响	严重影响
8. 白天经常想睡觉	无	轻微	显著	严重

（2）学生记录测试分数。

（3）了解好的睡眠情况。

结语　同学们，你们算下来的分数如何？对于自己的分数满意吗？小于4分的同学恭喜你可以安枕无忧，如果大于6分，也没关系，我们的小测试也只是给自己的睡眠做个体检，看看自己的睡眠现状如何。让我们通过这节课一起给睡眠一个革命，通过学习，了解睡眠的重要性，知道影响睡眠的因素，让自己的睡眠变得好起来。

2. 睡眠现状分析

活动目标 通过观看视频，了解睡眠现状，特别是初中生的睡眠情况。

指导语 大家知道吗？有数据显示，大约有 3 亿的中国人失眠，而睡眠在我们一生中占据重要地位。你知道人的一生大约要睡多少小时？我们一生要睡 219000 小时，约占整个人生 1/3 的时间。睡眠对我们来说非常重要。让我们一起来看一段视频，了解一下睡眠的重要性。

活动程序

（1）播放视频《睡眠的重要性》。

过渡语 通过视频，我们发现睡眠不足给我们带来做事没精打采、记忆力下降、注意力不集中及免疫力下降等危害，所以我们要重视睡眠。为了让更多的人重视睡眠，世界上多了一个特殊的日子——世界睡眠日。

（2）介绍世界睡眠日。

过渡语 现在不仅是成年人的睡眠是个问题，少年儿童的睡眠也成为了一个重要的问题。让我们一起来看一段视频。

（3）播放视频《中小学睡眠现状》，学生观看视频。

（4）教师介绍"五项管理"中的睡眠管理：小学生、初中生、高中生每天睡眠时长分别应达到 10 小时、9 小时、8 小时。小学、中学早上上课时间一般不早于 8:30 和 8:00，寄宿制高中早上上课时间不早于 7:40。

（5）《2022 年中国国民健康睡眠白皮书》调查显示，中小学生睡眠时长整体仍不足，被调查的高中生平均睡眠仅 6.5 小时，初中生的睡眠时长平均为 7.48 小时，小学生为 7.65 小时。2021 年教育部颁布"睡眠令"和"双减"政策后，六成中小学生的睡眠时长有不同程度的增加，其中睡眠时间增加 2 小时以上的达 9.41%，增加 1~2 小时的达 21.66%，增加 0~1 小时的达 28.88%。

结语 通过数据我们发现，虽然政策是利好的，但是学生睡眠的时间却不容乐观，所以同学们革命尚未成功，我们仍需努力。

3. 影响睡眠的因素

活动目标 学生小组讨论并交流影响睡眠的因素，教师进行总结（学生给出的答案可能并不是很全面，教师可以进行补充）。

指导语　不知道同学们有没有遇到过这样一些情况：有时候躺下很容易就睡着了，有时候却辗转反侧，怎么都睡不着？到底是什么影响我们的睡眠呢？让我们一起来探讨一下。

活动程序

（1）平时你睡着的原因是什么？

（2）平时你睡不着又是受什么影响？

（3）小组讨论，结果写在任务单上。（参考活动延伸）

（4）班级交流分享，老师归纳板书（可从年龄、环境、睡姿、习惯、用具等方面了解影响睡眠的因素）。

结语　我们了解了有助于睡眠的因素，也发现了阻碍我们好眠的因素，那现在让我们一起来头脑风暴一下，看看还有什么方法可以化阻力为动力，一起助自己好眠。

4. 睡眠救助场

活动目标　通过小组活动，展开头脑风暴。

指导语　根据《2021居民健康洞察报告》显示，睡眠好已经成为中国人的第三个健康目标。睡眠好对人的身体健康来说十分重要，它也是我们的基本生理需求。

活动程序

（1）讲解马斯洛需求理论中的生理需求。

马斯洛需求理论，也称"基本需求层次理论"，它提出个体成长发展的内在力量是动机，而动机是由多种不同性质的需求所组成，这些需求有高低层次之分，由低到高分别为：生理上的需求、安全上的需求、情感和归属的需求、尊重的需求、自我实现的需求。生理上的需求是个体最原始、最基本的需求，包括空气、食物、水分、睡眠等。只有这些最基本的生理需求得到满足，个体才能维持生存，其他需求才能成为新的激励和行为的动力。

（2）给你的睡眠影响因素排序，按影响你睡眠的频率由高到低排序。并给出相应的解决办法，再以顺时针方向在小组内传递，让他人提供参考建议（写在任务单上，参考活动延伸）。

（3）学生展示提高睡眠质量的方法。

（4）教师提炼总结睡好觉的方法。

过渡语 同学们所提到的方法都很棒，我们所提到的这些方法，主要是通过调节睡眠节律＋睡眠动力＋身心放松这三个方面，而这三个就是影响我们睡眠的最主要的三因素。而其中和我们息息相关的应该是属于电子产品对我们睡眠的影响，让我们一起来看一段视频，看看电子产品对我们的影响，以及我们应该如何尽快进入睡眠。

（5）播放视频《收起手机》。

结语 不知道刚才跟着视频，我们大家睡着了吗？你们的睡眠体会如何？睡眠调节是个长期的过程，愿大家睡得如婴儿般甜美。让我们一起携手，一起努力，为了美好的睡眠而努力。

（二）活动延伸

《睡眠革命》任务单
1.影响你入睡的因素有哪些？请填写在下方的星星中（可多于星星的数量）

2.给你的睡眠影响因素排序，按影响你睡眠的频率由高到低排序。并给出相应的解决办法，再以顺时针的方向传递，让他人提供参考建议。

・针对这些影响较高的因素，你有哪些改善的办法？
・作为TA的朋友，你有哪些较好的办法帮助其提升睡眠质量？

（三）效果评价

教学效果评价内容		分值	评价			
			优秀 (9~10)	良好 (7~8)	一般 (6)	较差 (0~5)
学生	1.对本课的内容感兴趣，有参加活动的意愿	10				
	2.愿意参与交流分享	10				
	3.通过体验有所感悟	10				

续表

教学效果评价内容		分值	评价			
			优秀 (9~10)	良好 (7~8)	一般 (6)	较差 (0~5)
教师	1.教学内容正确，没有理论上的错误	10				
	2.教学环节完整、流畅	10				
	3.课堂注重体验性，活动形式活泼新颖	10				
	4.尊重学生，注意倾听	10				
	5.引导学生思考和感悟，讲究方法，自然不生硬	10				
	6.课件和板书贴合教学需要	10				
整体	整堂课有无亮点所在	10				
对本节课的意见和建议						
总分	满分为100分，您给本节课打分，总分为（　　）分					
总体评价	（　）优秀　（　）良好　（　）一般　（　）较差					

三、课程拓展

（一）课内活动资料

（1）视频《睡眠的重要性》。

（2）视频《中小学睡眠现状》。

（3）视频《收起手机》。

（二）课外拓展资料

（1）教育部办公厅关于进一步加强中小学生睡眠管理工作的通知（教基厅函〔2021〕11号）。

（2）《2022中国国民健康睡眠白皮书》。

第二十五章　坚持健康合理的饮食习惯

一、课程设计

（一）课程名称、对象和时间

课程名称：合理饮食促健康

适用对象：初中学生

上课时间：40分钟

（二）教学目标

（1）认识到合理饮食的重要性。

（2）初步了解自己的饮食习惯。

（3）能自觉养成良好的饮食习惯，做到健康饮食，保持身体健康。

（三）理论依据

民以食为天，食为生活之源。健康的饮食习惯是生命安全与健康的保障，良好的饮食习惯是身体健康生长、发育的重要保障。合理的饮食对疾病会起到一定的治疗作用，帮助人体恢复健康。相反，不良的饮食习惯则会导致人体正常生理功能的紊乱。因此，需要引导学生理解和关注饮食卫生、饮食营养和饮食心理，合理搭配营养，适当调整饮食习惯，学会健康饮食。

《生命安全与健康教育进中小学课程教材指南》指出，良好的学校生命安全与健康教育有助于学生树立正确生命观、健康观、安全观，养成健康文明行为习惯和生活方式，自觉采纳和保持健康行为，为终身健康奠定坚实基础。在健康相关的社会环境因素中，"健康行为与生活方式"的可塑性最强。很多疾病往往是由长期不良生活方式所导致的。应教育学生从小认识日常行为和生活方式对健康的影响，学会正确理解健康信息，自觉采纳健康行为，注意养成良好生活习惯，形成健康的生活方式。

（四）教学策略

1. 学情分析

本节课的授课对象为初中学生，他们思维活跃，思维分析能力和探索能力较强，这为本节课的教学创造了良好的条件。该年龄段的学生随着身体的变化，增强了对自身身体的关注，独立性显现，生活经验也日渐丰富，对健康生活知识的需求与日俱增。虽然他们接受知识能力较强，但付诸行动能力较差，这也是本节课能否达到教学效果的关键。

2. 教学设计分析

为了达成活动目标，本节课分为4个活动：

活动一：通过呈现想象情境，让学生思考做出选择，认识到健康的重要性，引发学生思考饮食与健康的关系，揭示本节课的主题。

活动二：通过视频，让学生认识到合理饮食的重要性，帮助学生反思自己的饮食问题。

活动三：通过填写调查表，让学生进行自我检测，通过数据的直观呈现，帮助学生了解自己的饮食是否合理，激发学生进一步了解健康饮食知识的兴趣。

活动四：通过小组合作，让学生进行头脑风暴，思考如何做到合理饮食。

3. 教学重难点

重点：认识到合理饮食的重要性，初步了解自己的饮食习惯。

难点：能自觉养成良好的饮食习惯，做到健康饮食，保持身体健康。

（五）教学资源

（1）硬件资源：活动教室、圆桌式讨论教学课桌椅（学生按6~8人一组排好位置）、多媒体投影设备、活动学习单、彩色笔、影音设备等。

（2）软件资源：配套PPT。

二、课程实施

（一）教学活动

1. 导入

活动目标　通过呈现想象情境，让学生思考做出选择，认识到健康的重要性，引发学生思考饮食与健康的关系，揭示本节课的主题。

指导语　同学们，今天上课前，我们先请同学们做个选择题，请同学们想象一下，现在是一个魔法时代，所有的人类都要在11岁后到魔法之城里进修。魔法之城里有6颗宝石（财富、美貌、健康、事业、自由、快乐），它们是魔法之神的祝福，一颗宝石代表一种美好生活，你只能从这些宝石里，拿走1颗。如果舍弃了其他宝石，你的生活里获得这些东西的难度就会大大增加。你会选择什么呢？

活动程序
（1）呈现想象情境，请学生认真思考。
（2）教师提问：你会选择哪颗宝石？为什么？

结语　在这么多诱人的宝石面前，大多数学生还是选择了健康，可见健康的重要性。健康是生命之基，是人生幸福的源泉。健康不能代替一切，但是没有健康就没有一切。那我们怎样保持我们身体的健康呢？中国有句古话："民以食为天"，这说明了"吃"的重要性。

"吃"，对于我们来说再熟悉不过了，到底怎样才能吃出健康，怎样才是科学地吃呢？今天这节课我们就一起来探究一下。

2. 你会吃吗？

活动目标　通过视频，让学生认识到合理饮食的重要性，帮助学生反思自己的饮食问题。

指导语　有没有同学看过《天降美食》这部影片呢？今天老师给大家带来了这部影片中的一个精彩片段，请同学们观看，并且思考这样一个问题：天才科学家弗林特·洛克伍德，通过不懈的努力，创造了美食机，让美食从天而降，可谓是一个伟大的发明，但是为什么最后要停了美食机呢？

活动程序
（1）播放《天降美食》这部影片的片段，学生观看。
（2）教师提问：天才科学家弗林特·洛克伍德，通过不懈的努力，创造了美食机，让美食从天而降，可谓是一个伟大的发明，但是为什么最后要停了美食机呢？
（3）学生分享，教师适当点评、归纳并总结。

结语　同学们，你们回答得非常好！天才科学家弗林特·洛克伍德

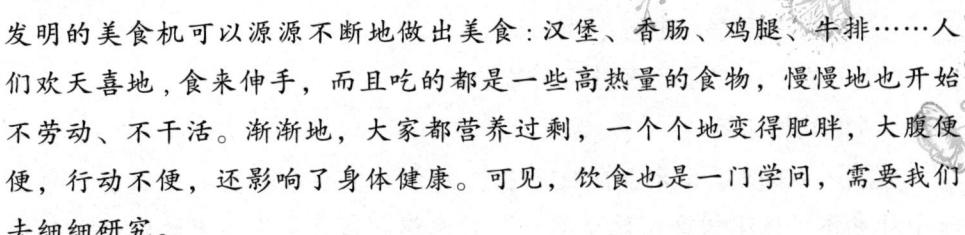

发明的美食机可以源源不断地做出美食：汉堡、香肠、鸡腿、牛排……人们欢天喜地，食来伸手，而且吃的都是一些高热量的食物，慢慢地也开始不劳动、不干活。渐渐地，大家都营养过剩，一个个地变得肥胖，大腹便便，行动不便，还影响了身体健康。可见，饮食也是一门学问，需要我们去细细研究。

3. 饮食调查，了解自我习惯

活动目标 通过填写调查表，让学生进行自我检测，通过数据的直观呈现，帮助学生了解自己的饮食是否合理，激发学生进一步了解健康饮食知识的兴趣。

指导语 在刚才分享的《天降美食》片段中，我们看到人们陷入了美食的狂欢，毫无节制地吃，打乱了以前该有的饮食习惯，最后遭遇了一系列的身体危机。那么，同学们，你们觉得自己的饮食习惯好吗？老师这里有一张饮食习惯调查问卷表，请同学们认真填写，看看自己能得多少分。

活动程序

（1）教师讲解活动规则。（请同学们填写饮食习惯调查问卷表，填完后计算得分，序号 A 代表 1 分，序号 B 代表 2 分，序号 C 代表 3 分，序号 D 代表 4 分，将各题分数相加，看一下自己总共得了多少分。根据得分，对照老师呈现的数据，看看就此发展，将来的自己会是哪种情况）

（2）学生填写饮食习惯调查问卷表（样表见课内活动资料），计算得分。

（3）学生分享自己的得分，以及就此发展将来的自己会是哪种情况。

结语 这个饮食习惯调查表得到的统计结果，虽然只是一个参考，但可以让同学们初步了解自己目前的饮食是否合理，为自己提供一个努力改进的依据。好好努力，合理饮食，才能健康成长。

4. 合理饮食益健康

活动目标 通过小组合作，让学生头脑风暴，思考怎么做到合理饮食。

指导语 同学们，在日常生活中你能做到合理饮食吗？要想合理饮食的话，我们要怎么做呢？

活动程序

（1）教师提问：合理饮食的话，我们要怎么做呢？

（2）学生思考，进行小组讨论。

（3）每个小组派代表进行分享。

（4）教师总结。

结语 合理饮食才会健康成长，愿我们每个人都能吃出健康，吃出一个好身体，从小树立"健康第一"的意识，在日常生活中做到：①食物多样，谷类为主，粗细搭配；②多吃蔬菜水果和薯类；③每天吃奶类、大豆或其制品；④常吃适量的鱼、禽、蛋和瘦肉；⑤减少烹调油用量，吃清淡少盐膳食。

（二）活动延伸

课后作业：我的一周饮食情况表

日期：____年____月____日至____年____月____日　　姓名：_____

	星期一	星期二	星期三	星期四	星期五	星期六	星期日
早餐							
午餐							
晚餐							
其他零食或宵夜							

（三）效果评价

教学效果评价内容		分值	评价			
			优秀(9~10)	良好(7~8)	一般(6)	较差(0~5)
学生	1.对本课的内容感兴趣，有参加活动的意愿	10				
	2.愿意参与交流分享	10				
	3.通过体验有所感悟	10				
教师	1.教学内容正确，没有理论上的错误	10				
	2.教学环节完整、流畅	10				
	3.课堂注重体验性，活动形式活泼新颖	10				
	4.尊重学生，注意倾听	10				
	5.引导学生思考和感悟，讲究方法，自然不生硬	10				

续表

教学效果评价内容		分值	评价			
			优秀 (9~10)	良好 (7~8)	一般 (6)	较差 (0~5)
	6.课件和板书贴合教学需要	10				
整体	整堂课有无亮点所在	10				
对本节课的意见和建议						
总分	满分为 100 分,您给本节课打分,总分为(　　)分					
总体评价	(　)优秀　(　)良好　(　)一般　(　)较差					

三、课程拓展

（一）课内活动资料

1）视频《天降美食》。

2）饮食习惯调查问卷表。

（1）你通常每天吃早餐吗？（　　）

  A. 每天都吃   B. 饿了才吃

  C. 有时间才吃   D. 经常不吃

（2）如果早上没课，你会坚持吃早餐吗？（　　）

  A. 天天吃   B. 起得早就吃

  C. 和中餐一起吃   D. 不吃

（3）你的三餐有规律吗？（　　）

  A. 有   B. 多数情况下有

  C. 有时有，有时没有   D. 基本没有

（4）你的日常饮食追求的是什么？（　　）

  A. 营养均衡   B. 偶尔会注意营养搭配

  C. 吃饱而已   D. 喜欢吃什么就吃什么

（5）你是否坚持每天吃新鲜的水果或蔬菜？（　　）

  A. 每天都吃   B. 2~3 天吃一次

  C. 1~2 周吃一次   D. 从来都不吃

（6）面对不健康却好吃的食物，你会（　　）。

　　A. 坚决不吃　　　　　　　　B. 1~2 周吃一次

　　C. 2~3 天吃一次　　　　　　D. 每天都吃

（7）你是否经常用方便面或零食来代替正餐？（　　）

　　A. 从不这样　　　　　　　　B. 1~2 周吃一次

　　C. 2~3 天吃一次　　　　　　D. 经常如此

（8）你的饮食态度是（　　）

　　A. 讲究营养搭配　　　　　　B. 吃好吃的，但适可而止

　　C. 能吃饱就好　　　　　　　D. 好吃就多吃点

（9）如果你发现自己有不良的饮食习惯，会改正吗？（　　）

　　A. 马上改　　　　　　　　　B. 过一段时间再说

　　C. 看情况　　　　　　　　　D. 不去理会

（二）课外拓展资料

1. 中国居民平衡膳食宝塔

《中国居民膳食指南（2022）》的核心是平衡膳食，可概括为全面、均衡、适度。中国居民平衡膳食宝塔阐释了平衡膳食的主旨思想和食物组成，共分为 5 层，各层面积不同，体现了 5 大类食物的种类和量的多少。5 大类食物包括谷薯类、蔬菜水果、畜禽鱼蛋、奶类及大豆和坚果类以及烹调用油盐。

2. 中国居民膳食准则

（1）准则一：食物多样，合理搭配。

核心推荐：

①坚持谷类为主的平衡膳食模式。

②每天的膳食应包括谷薯类、蔬菜水果、畜禽鱼蛋奶和豆类食物。

③平均每天摄入 12 种以上食物，每周 25 种以上，合理搭配。

④每天摄入谷类食物 200~300 克，其中包含全谷物和杂豆类 50~150 克；薯类 50~100 克。

（2）准则二：吃动平衡，健康体重。

核心推荐：

①各年龄段人群都应天天进行身体活动，保持健康体重。

②食不过量，保持能量平衡。

③坚持日常身体活动，每周至少进行5天中等强度身体活动，累计150分钟以上；主动身体活动最好每天6000步。

④鼓励适当进行高强度有氧运动，加强抗阻运动，每周2~3天。

⑤减少久坐时间，每小时起来动一动。

（3）准则三：多吃蔬果、奶类、全谷物、大豆。

核心推荐：

①蔬菜水果、全谷物和奶制品是平衡膳食的重要组成部分。

②餐餐有蔬菜，保证每天摄入不少于300克的新鲜蔬菜，深色蔬菜应占1/2。

③天天吃水果，保证每天摄入200~350克的新鲜水果，果汁不能代替鲜果。

④吃各种各样的奶制品，摄入量相当于每天300毫升以上液态奶。

⑤经常吃全谷物、大豆制品，适量吃坚果。

（4）准则四：适量吃鱼、禽、蛋、瘦肉。

核心推荐：

①鱼、禽、蛋类和瘦肉摄入要适量，平均每天120~200克。

②每周最好吃鱼2次或300~500克，蛋类300~350克，畜禽肉300~500克。

③少吃深加工肉制品。

④鸡蛋营养丰富，吃鸡蛋不弃蛋黄。

⑤优先选择鱼，少吃肥肉、烟熏和腌制肉制品。

（5）准则五：少盐少油，控糖限酒。

核心推荐：

①培养清淡饮食习惯，少吃高盐和油炸食品。成年人每天摄入食盐不超过5克，烹调油25~30克。

②控制添加糖的摄入量，每天不超过50克，最好控制在25克以下。

③反式脂肪酸每天摄入量不超过2克。

④不喝或少喝含糖饮料。

⑤儿童青少年、孕妇、乳母以及慢性病患者不应饮酒。成年人如饮酒，

一天饮用的酒精量不超过15克。

（6）准则六：规律进餐，足量饮水。

核心推荐：

①合理安排一日三餐，定时定量，不漏餐，每天吃早餐。

②规律进餐、饮食适度，不暴饮暴食、不偏食挑食、不过度节食。

③足量饮水，少量多次。在温和气候条件下，低身体活动水平成年男性每天喝水1700毫升，成年女性每天喝水1500毫升。

④推荐喝白水或茶水，少喝或不喝含糖饮料，不用饮料代替白水。

（7）准则七：会烹会选，会看标签。

核心推荐：

①在生命的各个阶段都应做好健康膳食规划。

②认识食物，选择新鲜的、营养素密度高的食物。

③学会阅读食品标签，合理选择预包装食品。

④学习烹饪、传承传统饮食，享受食物天然美味。

⑤在外就餐，不忘适量与平衡。

（8）准则八：公筷分餐，杜绝浪费。

核心推荐：

①选择新鲜卫生的食物，不食用野生动物。

②食物制备生熟分开，熟食二次加热要热透。

③讲究卫生，从分餐公筷做起。

④珍惜食物，按需备餐，提倡分餐不浪费。

⑤做可持续食物系统发展的践行者。

第二十六章　了解痤疮

一、课程设计

（一）课程名称、对象和时间

课程名称：了解痤疮

适用对象：初中学生

上课时间：40分钟

（二）教学目标

（1）让学生了解痤疮的成因。

（2）让学生掌握正确清洁面部的方法，养成清洁卫生的健康习惯。

（3）引导学生学会排解痤疮造成的情绪困扰。

（三）理论依据

痤疮是青春期普遍存在的皮肤问题，对许多初中生的身心健康有着不小的影响。从医学角度来看，痤疮的成因是多方面的。首先，由于体内激素水平的变化，特别是雄激素的增多，导致皮脂腺分泌旺盛。当皮脂腺分泌过多时，容易造成毛囊口堵塞，进而形成痤疮。此外，不良的饮食习惯、精神压力过大、睡眠不足等因素也可能诱发或加重痤疮。痤疮可能会让青少年产生自卑、焦虑等负面情绪，影响他们的心理健康。因此，了解痤疮的成因、预防及处理方法对于初中生来说至关重要。通过本次课程的学习，希望学生能够掌握科学的知识和技能，养成良好的卫生习惯和健康心态，从而远离痤疮的困扰。

（四）教学策略

1. 学情分析

初中生正处于生长发育的关键期，生理和心理变化大，对自我形象尤为关注。痤疮的出现往往引发他们的焦虑和自卑情绪，影响学习和生活。同时，由于缺乏对痤疮成因和防治知识的了解，初中生不知道如何清洁和护理皮肤，导致痤疮问题进一步加剧。本课程旨在通过科学严谨的内容，帮助学生了解痤疮的成因、预防和处理方法，引导他们建立正确的护肤观念和生活习惯。此外，本课程结合初中生的生理和心理特点，采用生动有趣的教学方式，如匿名弹幕、互动讨论等，激发初中生的学习兴趣和积极性。同时，本课程注重课程的实用性和可操作性，通过科学地讲解痤疮的成因和预防措施，确保学生能够从课程中受益。

2. 教学设计分析

为了达成活动目标，本节课分为4个活动：

活动一：通过匿名弹幕的形式，为学生提供一个安全、自由的表达空间，让他们能够真实、勇敢地分享痤疮对自己的困扰，共同面对青春期的皮肤问题，揭示本课主题。

活动二：通过科学、生动的讲解和讨论，帮助学生了解青春期痤疮的成因。

活动三：通过引导学生了解痤疮的处理方法，培养学生科学、合理的护肤习惯，减少因处理不当而导致的皮肤问题。

活动四：通过自信宣言活动，引导学生学会排解因痤疮造成的情绪困扰，建立积极健康的心理态度。

3. 教学重难点

重点：学习痤疮的成因及正确清洁面部的方法。

难点：引导学生积极面对痤疮，建立积极健康的心理态度。

（五）教学资源

（1）硬件资源：活动教室、白板、匿名弹幕便利贴、马克笔、有害垃圾桶。

（2）软件资源：课程配套PPT和痤疮成因视频资料。

二、课程实施

（一）教学活动

1. 匿名弹幕——我与痤疮的爱恨情仇

活动目标 通过匿名弹幕的形式，为学生提供一个安全、自由的表达空间，让他们能够真实、勇敢地分享自己与痤疮的"爱恨情仇"，从而增进彼此间的理解和支持，共同面对青春期的皮肤问题。

指导语 同学们，青春期的我们，都或多或少遭遇过痤疮的困扰。那些红红的小痘痘，有时让我们烦恼，有时又让我们感到无奈。今天，我们将通过匿名弹幕的方式，说出自己和痘痘有关的困惑。

活动程序

（1）教师分发匿名弹幕便利贴。

（2）学生在匿名弹幕便利贴上写下自己与痤疮有关的困惑或故事。

（3）教师收取便利贴，选择几张有代表性的张贴在黑板上。

（4）引导其他学生认真倾听，并鼓励他们给予积极的反馈和支持。

在分享过程中，教师可以适时引导话题，如"你是如何发现自己长痤疮的？""你曾经尝试过哪些方法来对抗痤疮？"等，以帮助学生更深入地探讨和分享。

结语 通过刚才的分享，我们看到了每个人与痤疮之间的不同故事和心情。但无论我们的经历如何不同，有一点是相通的，那就是我们都渴望拥有健康、美丽的肌肤。

2. 了解青春期痤疮形成的原因

活动目标 通过科学、生动的讲解和讨论，帮助学生了解青春期痤疮的成因，引导学生形成正确的护肤观念和健康的生活习惯。

指导语 其实，痤疮是青春期普遍存在的皮肤问题，但一直困扰着大家。要知道如何预防或缓解痤疮的症状需要我们首先了解它是怎么产生的。

活动程序

（1）观看痤疮生成过程的动画（播放视频《青春期痤疮的病因》）。

（2）理论讲解痤疮成因。

①生理因素：进入青春期后，人体内的激素水平会发生变化，尤其是雄激素水平的增高，这会导致皮脂腺分泌旺盛。如果没有及时进行清洁，过多的皮脂会堵塞毛囊，从而为痤疮杆菌的繁殖提供了条件，进而引发痤疮。

②饮食因素：长期摄入高糖、辛辣、油腻的食物会刺激皮脂腺肥大、

增生，分泌大量皮脂，从而诱发痤疮。此外，不规律的饮食和营养不均衡也可能导致内分泌失调，进而增加痤疮的发病风险。

③精神压力和睡眠不足：长时间处于精神压力过大的状态下，会导致体内内分泌失调，进而引发痤疮。同时，睡眠不足也会影响皮肤的正常新陈代谢，增加痤疮的发生概率。

④毛囊皮脂腺导管异常：如果毛囊皮脂腺导管口径变大、狭窄或堵塞，皮脂无法正常排出，就会在毛囊内堆积，从而引发痤疮。

⑤环境因素和化妆品因素：环境中的污染物、化学物质以及不适合自己的化妆品都可能刺激皮肤，导致痤疮的发生。

⑥药物因素：如长期口服药物性雄激素、糖皮质激素等可能引发痤疮。

结语 痤疮的成因是多方面的，涉及生理、饮食、精神压力、睡眠、毛囊皮脂腺导管异常、环境、化妆品以及药物等多个方面。

3. 如何预防和处理青春期痤疮

活动目标 通过引导学生了解痤疮的处理方法，培养学生科学、合理的护肤习惯，减少因处理不当而导致的皮肤问题，帮助学生建立积极、健康的护肤态度。

指导语 同学们，了解了痤疮的成因之后，我们更需要知道如何处理它。正确的处理方法不仅能减轻痤疮的症状，还能避免留下痘印。接下来，我们就来学习如何预防和处理青春期的痤疮。

活动程序

（1）经验分享。

①邀请几位有处理痤疮经验的同学分享他们的方法和效果。

②教师点评，强调避免使用未经医生推荐的药物或偏方。

（2）讲解正确护肤步骤。

①正确的护肤步骤包括：洁面、保湿、防晒。

②强调选择适合自己肤质的护肤品，避免使用过于油腻或刺激的产品。

（3）讨论饮食与生活习惯。

①分组讨论哪些饮食和生活习惯有助于改善痤疮。

②分享讨论结果，教师总结并强调饮食均衡、作息规律的重要性。

（4）展示正确处理痤疮的方法。

①分组讨论如何正确处理痤疮。

②强调不要随意尝试去角质或深层清洁、挤压痘痘等可能刺激皮肤的方法。

（5）问答环节。

①学生提问关于处理痤疮的疑惑，教师一一解答。

②学生互相交流，分享自己的经验和感受。

结语 同学们，处理痤疮是一个需要耐心和坚持的过程。记住，不要急于求成，更不要盲目尝试各种方法。只要我们保持科学的护肤态度，遵循正确的护肤步骤和生活习惯，相信我们的肌肤一定会逐渐改善。同时，如果痤疮问题严重或持续不退，一定要及时寻求医生的帮助。

4. 我的自信宣言——排解痤疮造成的情绪困扰

活动目标 通过同伴之间的互相支持，引导学生学会排解因痤疮造成的情绪困扰，建立积极健康的心理态度，提升自我认知与情绪管理能力。

指导语 痤疮可能会让我们感到自卑、焦虑，但请记住，这只是成长中的一个小插曲，我们可以通过自己的方式战胜它。

活动程序

邀请同学上台来将第一部分的匿名弹幕撕掉放进"有害垃圾桶"，并发表自信宣言。

如：撕下"我脸上总是时不时长痘痘，我觉得自己很丑，不敢和别人交朋友"，发表自信宣言："痤疮只是暂时的，通过今天的课我知道了如何预防和处理痤疮，我接纳自己的不完美，它的存在不会影响我的价值。"

结语 正如刚才上台发表自信宣言的同学们说的一样，我们的价值不是由皮肤决定的，而是由我们的内在品质和努力决定的。让我们一起成为更加自信、阳光的自己！

（二）活动延伸

课后作业：制作创意海报——宣传痤疮预防、护理知识。

（三）效果评价

教学效果评价内容		分值	评价			
			优秀 (9~10)	良好 (7~8)	一般 (6)	较差 (0~5)
学生	1.对本课的内容感兴趣，有参加活动的意愿	10				
	2.愿意参与交流分享	10				
	3.通过体验有所感悟	10				
教师	1.教学内容正确，没有理论上的错误	10				
	2.教学环节完整、流畅	10				
	3.课堂注重体验性，活动形式活泼新颖	10				
	4.尊重学生，注意倾听	10				
	5.引导学生思考和感悟，讲究方法，自然不生硬	10				
	6.课件和板书贴合教学需要	10				
整体	整堂课有无亮点所在	10				
对本节课的意见和建议						
总分	满分为100分，您给本节课打分，总分为（　　）分					
总体评价	（　）优秀　（　）良好　（　）一般　（　）较差					

三、课程拓展

（一）课内活动资料

视频《青春期痤疮的病因》。

（二）课外拓展资料

·痤疮的分类

（1）粉刺性痤疮：表现为白头粉刺和黑头粉刺，前者多发于额头和下巴处，后者多见于T字部位。

（2）丘疹性痤疮：表现为皮肤表面凸起的红色或暗红色小包，可能伴随红肿热痛的症状。

（3）脓疱性痤疮：是毛囊内形成的化脓性损伤，内含大量炎性细胞，常表现为红色丘疹和小脓疱。

（4）囊肿性痤疮：表现为皮下囊性物，内含黏稠分泌物，炎症时形成红色丘疹，化脓后可能留下瘢痕。

（5）结节性痤疮：是深层的炎症性损害，表现为红色或暗红色硬结，自觉疼痛。

最后，还有一些特殊类型的痤疮，如聚合性痤疮、暴发性痤疮等，这些类型病情较为严重，需要特殊的治疗措施。

不同类型的痤疮治疗方法各异，最好在医生的指导下进行个体化的治疗。同时，保持良好的生活习惯和饮食习惯，避免挤压痘痘，也是预防和治疗痤疮的重要措施。

第二十七章　认识青春期

一、课程设计

（一）课程名称、对象和时间

课程名称：青春期来了

适用对象：初中学生

上课时间：40 分钟

（二）教学目标

（1）认识什么是青春期。

（2）了解青春期的生理和心理变化，学会接纳青春期的变化。

（3）掌握青春期卫生保健常识，养成良好的卫生习惯。

（4）感悟青春期成长，悦纳自己。

（三）理论依据

青春期是指由儿童逐渐发育成为成年人的过渡时期。《中小学心理健康教育指导纲要(2012年修订)》指出，要在初中年级帮助学生加强自我认识，客观地评价自己，认识青春期的生理特征和心理特征。初中年级的学生刚刚迈入青春期，既对发生变化的身体感到好奇，却又因为好奇和难为情，用一种戏谑的、玩笑的方式对待青春期的身体变化，对于青春期的变化缺乏客观、科学的视角。同时，进入青春期的他们，可能会在意身体、心理的每一个细节，由此变得敏感，有时却又显得无知而茫然，情绪也会发生很大的变化。因此，要在初中年级这个阶段，让学生科学了解青春期，认识青春期的身心变化，体验到面对青春期身心变化可能产生的各种感受，掌握青春期卫生保健常识，养成良好的卫生习惯，做好面对青春期的准备。

（四）教学策略

1. 学情分析

初中年级学生的年龄一般为 10~15 岁，处于青春期，青春期是人生的过渡期，是生殖器官由开始发育到成熟的时期，是青少年快速成长的阶段。在这个阶段，身体的形态、第二性征等方面发生很大的变化。生理的急剧变化，容易使学生产生好奇、不安、恐惧、迷茫等复杂的心理，情绪也会有所波动，因为不了解青春期的变化，也容易产生误区。因此，本节课在帮助学生了解青春期的生理和心理变化、正确认识青春期的基础上，引导他们学会悦纳自己的变化，以乐观坦然的心态去面对青春期。

2. 教学设计分析

为了达成活动目标，本节课分为 5 个活动：

活动一：通过"抓青春"游戏，激发学生参与课堂的积极性，同时揭示主题：青春期来了。

活动二：通过提问分享以及观看视频，使学生深入了解青春期身体可能产生的变化。

活动三：通过案例讨论，引导学生深入探索青春期的心理变化。

活动四：通过教师的引导，引发学生独立思考，写下自己青春期的美好和烦恼，并展开班级讨论，强调对于青春期的体验存在个体差异，提倡互相理解和支持。

活动五：通过小组讨论，可以达到自我教育的目的，引导学生挖掘资源，找到应对办法。

3. 教学重难点

重点：了解青春期的生理和心理变化。

难点：接纳青春期的变化，掌握青春期卫生保健常识，养成良好的卫生习惯，学会悦纳自己。

（五）教学资源

（1）硬件资源：活动教室、圆桌式讨论教学课桌椅（学生按 6~8 人一组排好位置）、多媒体投影设备、活动学习单、影音设备、笔等。

（2）软件资源：配套 PPT。

二、课程实施

（一）教学活动

1. 青春期来了

活动目标 通过"抓青春"游戏，激发学生参与课堂的积极性，同时揭示主题：青春期来了。

指导语 同学们，今天上课之前，我们先来玩一个热身小游戏，这个游戏的名字叫"抓青春"。请同学们认真听接下来的游戏规则：请同学们起立，现在我们围成了一圈来站立，每个人都将右手平伸，掌心向下，左手食指向上，抵住你旁边同学右手的掌心。老师会给大家读一段文字，当你听到"青春"这两个字的时候，请迅速用自己的右手抓住旁边同学左手的食指，同时自己的左手食指要迅速地逃开。做好准备了吗？我们来看谁的反应又快又准。

活动程序

（1）教师介绍游戏规则，学生倾听并参与。

（2）教师提问：很多同学的反应是又快又准，哪位同学来和大家分享一下你的游戏感受？

（3）学生分享活动感受。

结语 同学们，转眼间，大家也迎来了自己的青春期，青春期是我们个人生长发育发生变化的重要时期，WHO将青春期的年龄界定为10~20岁，男女生步入青春期的年龄也会存在差异，在这个时期同学们会有一些很不一样的体验，今天这节课我们就一起来探讨一下。

2. 青春发育了——生理变化

活动目标 通过提问分享以及观看视频，使学生深入了解青春期身体可能产生的变化。

指导语 在青春期这个阶段，有没有同学留意到自己和同学身上发生的变化呢？那以后还会有哪些变化呢？以及我们怎样去面对这些变化？这是我们健康度过青春期的关键。接下来我们请同学们先认真地观看一段小视频，在看的过程中请大家思考，在青春期我们的身体发生了哪些变化呢？

活动程序

（1）教师提出问题：在青春期这个阶段，有没有同学留意到自己和同学身上发生的变化呢？学生思考并回答。

（2）教师播放视频《青春期身体的变化》，学生观看。

（3）学生分享。

①青春期阶段你身上发生过这些变化吗？除此之外，还有哪些？

②你如何看待这些变化？面对这些变化有什么感受？

结语 看来大家都或多或少地发现自己身体上的一些变化了，确实，进入青春期，同学们个子会迅速长高，有些人会长青春痘、腿毛、腋毛。女生阴毛开始生长，乳房开始发育，会来月经。男生会长出胡须，喉结会变大，声音也会变得低沉，甚至出现遗精。这些都是在青春期我们会经历的正常的身体发育过程，大家不必感到恐慌，以平常心来看待。

3. 青春发育了——心理变化

活动目标 通过案例讨论，引导学生深入探索青春期的心理变化。

指导语 很多同学进入青春期后，会发现不仅自己的身体在发生变化，心理也会发生变化。接下来我们一起来看看小丽同学遇到了怎样的问题。

活动程序

（1）教师讲解案例"小丽的心情故事"：自从进入六年级以来，我变得越来越在意自己的外表了，我想给别人留下一个好印象，但是我又不够自信，觉得自己不够好。我希望爸爸妈妈不要来管着我，能给我更多的空间。有时候我会感到忧郁苦闷，却没有懂我的人。

（2）教师提问：小丽同学怎么了？有没有同学出现类似的困扰呢？

（3）学生分享。

（4）老师总结青春期的心理变化。

结语 随着生理上的变化，青春期的你们也会出现心理上的变化。你们的自我意识增强，感觉自己不再是小孩子了，希望有更多自己的独立空间，渴望获得成年人的尊重，关注自我形象，情感也变得丰富起来。

4. 青春期的喜与忧

活动目标 通过教师的引导，引发学生独立思考，写下自己青春期的美好和烦恼，并展开班级讨论，强调对于青春期的体验存在个体差异，提倡互相理解和支持。

指导语 全面了解了青春期的生理和心理变化之后，我想问一下同学们，你认为青春期美好吗？在成长的过程中有遇到什么烦恼吗？请你把青春期的美好和烦恼分别写下来。

活动程序

（1）教师讲解，学生写下自己青春期的美好和烦恼。

（2）学生分享。

（3）班级讨论：班级同学对分享内容进行讨论（例如：老师可以让有相同看法的同学举手）。

（4）教师总结青春期的美好与青春期的烦恼，同时，要强调对于青春期的体验会存在个体差异，要互相理解和支持。

结语 在青春期这个阶段，我们长高了，也越来越独立，有机会去结交新朋友，尝试新事物，许多生命之旅和冒险之旅也开始展开，总体来说青春期充满乐趣，这也是成长本身给我们每个人带来的美好。同时，在青春期这个阶段，同学们或多或少地也会有一些烦恼，很多同学提到的烦恼是声音变了、个子不高、有青春痘、不懂得怎么跟异性以及父母相处等等。总之，青春期的来临，同学们同时充满着喜与忧。

5. 青春期的健康

活动目标 通过小组讨论，可以达到自我教育的目的，引导学生挖掘资源，找到应对办法。

指导语 青春期的烦恼是每个人都会遇到的，如果我们能更加科学地了解青春期，了解自己，进行健康的生活，青春期会过得更美妙。那我们怎么应对青春期呢？接下来请同学们从你写下的烦恼中圈出一个最让自己感觉困扰的烦恼，然后在小组里按顺时针方向交换学习单，请其他同学将应对此烦恼的建议写下来。最后，物归原主，请同学们看看其他同学给你提供的建议，如果你觉得建议可行的话可以参考，按照老师给出的句式，在学习单上填写你应对青春期的方法。

活动程序

（1）教师讲解活动规则。

（2）学生小组活动。

（3）每个小组派一个代表交流分享。

（4）学生个人总结：我发现让我困扰的青春期问题是_____，解决方法是_____。

（5）教师总结：呵护青春期的健康，有几点建议给大家。

①以坦然的心态接受和面对青春期的身心变化。

②男生女生互相理解和尊重彼此的发育和变化。

③养成健康的饮食习惯。

④积极参加体育运动，锻炼身体。

⑤讲究卫生，养成规律的生活和作息习惯。

⑥关注和学习有关青春期的健康知识和书籍。

⑦学会求助，有问题向大人咨询。

结语 成长虽然有许多烦恼、坎坷，但只要勇敢面对，科学处理，恰当地寻求帮助，我们就能十分坦然、快乐地走过这段七彩的青春之旅。希望同学们都能做到正确看待青春期的自己，欣赏自己，做自信的女孩和阳光的男孩。

（二）活动延伸

阅读《我的青春期：青少年心灵成长指南》书籍。

（三）效果评价

教学效果评价内容		分值	评价			
			优秀 (9~10)	良好 (7~8)	一般 (6)	较差 (0~5)
学生	1.对本课的内容感兴趣，有参加活动的意愿	10				
	2.愿意参与交流分享	10				
	3.通过体验有所感悟	10				
教师	1.教学内容正确，没有理论上的错误	10				
	2.教学环节完整、流畅	10				
	3.课堂注重体验性，活动形式活泼新颖	10				
	4.尊重学生，注意倾听	10				

续表

教学效果评价内容	分值	评价			
		优秀 (9~10)	良好 (7~8)	一般 (6)	较差 (0~5)
5.引导学生思考和感悟，讲究方法，自然不生硬	10				
6.课件和板书贴合教学需要	10				
整体　整堂课有无亮点所在	10				
对本节课的意见和建议					
总分	满分为100分，您给本节课打分，总分为（　　）分				
总体评价	（　）优秀　（　）良好　（　）一般　（　）较差				

三、课程拓展

（一）课内活动资料

1. 诗歌《致青春》，侯庆逸、王维（作）

青春是蓝色的，像深远的晴空，像迷人的海洋。

深远辽阔，富于幻想。

青春是绿色的，像滴翠的青竹，像坦荡的草原。

充满无限生机和活力。

青春是红色的，像燃烧的火焰，像初升的太阳。

朝气蓬勃，充满希望，愿把光和温暖无私地奉献。

青春是白色的，似雪似浪，如云如月，白洁无瑕。

青春是无色的。像风变幻无穷，像雾绚丽迷人。

放纵它，遗憾终生；驾驭它，乘风破浪。

青春是彩色的，拥有了它，便拥有了七彩人生。

青春是一首美丽的诗，是一首动听的歌。

让我们真诚地把握住它，让青春之花绽放四季。

2. 视频《青春期身体的变化》

（二）课外拓展资料

1.《我的青春期：青少年心灵成长指南》，【美】温迪·莫斯，唐纳德·莫塞斯（著），王尧（译），化学工业出版社

此书是美国心理学会心理学家为青少年写的自助读物，针对青少年在青春期面临的心理、身体、情感、社交、学习等方面常见问题，从多个角度出发提供了各种提示和建议，指导青少年学会应对青春期可能遇到的各种问题的方法和技巧。

2.《青春期那些事儿——青春期性教育读本》，方刚（著），中国劳动保障出版社

此书收录的都是来自青春期孩子的问题，主要涉及：身体与青春期、防范性与性别暴力、爱情、社会性别、亲密关系的多样性。从给青少年赋权和成长的角度，向读者普及了相应的性生理知识，并告诉读者每个个体都是独特的，尊重自己的独特性，悦纳自己的身体，并保护好自己的身体，学会青春期保健。

3.《半小时漫画青春期：生理篇》，陈磊（著），天津科学技术出版社

通过手绘漫画的形式，为青少年读者讲解了青春期需要了解的健康知识和常见误区，主要涉及生理方面的知识，从毛毛、痘痘到精子、卵子，轻松、幽默地解决青春期生理困惑。

4.《半小时漫画青春期：心理篇》，陈磊（著），天津科学技术出版社

通过手绘漫画的形式，为青少年读者讲解青春期的心理常识。读起来幽默有趣，可以从此书中看到青春期如何从跌跌撞撞走向顺利成长，青春不迷茫，成长不困扰。

第二十八章　正确看待与异性相处

一、课程设计

（一）课程名称、对象和时间

课程名称：我的青春礼物

适用对象：初中学生

上课时间：40 分钟

（二）教学目标

（1）了解并接受青春期心理的各种变化。

（2）理解自我意识发展的特点及其与"逆反"的关系。

（3）了解并能够正确看待与异性相处可能遇到的问题。

（4）了解和异性相处的正确方式和原则。

（三）理论依据

现代社会物质生活的日益丰富和社会环境的纷繁复杂，使青少年学生的生理成熟明显提前，极易产生生理、心理和道德发展的不平衡现象。长期以来，由于生理发展过程中出现的困惑常常得不到及时指导，对无法预料且时有发生的隐性伤害往往难以应对，导致一些学生产生心理脆弱、思想困惑、行为失控等问题。此外，青少年在性生理变化趋向成熟的过程中对性别特征、两性交往、接近异性等产生了一系列心理变化。青春期性心理的发展一般分为 3 个阶段：异性疏远期，青春期开始时，男孩女孩对性的差别特别敏感，他们在与异性交往时产生不自然、甚至排斥的现象；异性接近期，此阶段的男孩女孩对异性好奇，渴望与异性接近，并乐于参加有异性在一起的集体活动；异性爱恋期，进入青春中后期的男孩女孩随着生理发展的进一步成熟，男孩女孩之间产生爱慕之情，开始涉足恋爱行为。正常的异性交往对孩子的发展是十分必要的，有利于孩子的身心健康和人格发展，也为其成年后的婚恋生活奠定良好的基础。然而，异性交往不当也会带来问题，影响他们的情绪和正常的学习、生活。

初中阶段应着重帮助和引导学生了解青春期生理、心理发展特点，认识友情与爱情的区别和联系，建立自然美好的性别角色形象；学会健康的异性交往；控制性冲动，懂得对自己的行为负责。

（四）教学策略

1. 学情分析

青春期是儿童向成人转变的过渡时期，从身心发展的特点来看，青春期是人生中生理和心理发生剧烈变化的"心理狂飙期"。进入青春期，生理和心理上都进入了快速发展期：在生理上第二性征开始发育，女生和男生的不同性器官开始工作，这会对他们的心理造成很大的影响；随着心理的发展与成熟，形成了相对稳定的、具有自身特点的个性心理、人际交往能力，特别是如何与异性交往、与父母交往的能力作为心理素质的重要方面，对青春期的学生来说具有重要的社会化意义。

2. 教学设计分析

为了达成活动目标，本节课分为4个活动：

活动一：通过热身游戏，初步感受男女生进入青春期之后的不一样的感受。

活动二：通过小组讨论，了解并接受青春期生理、心理的各种变化。

活动三：通过小组讨论、观看视频等方式，使学生进一步理解自我意识发展的特点及其与"逆反"的关系，正确看待与异性相处可能遇到的问题。

活动四：通过观看视频、填写学习单，提高学生对于青春礼物的喜爱程度，学会接纳青春期带来的变化。

3. 教学重难点

重点：通过活动了解青春期生理和心理的变化。

难点：通过活动了解和正确处理与异性相处。

（五）教学资源

（1）硬件资源：活动教室、礼物盒、学生按照4~6人一组排好位置。

（2）软件资源：配套PPT（包括视频）。

二、课程实施

（一）教学活动

1. 身体口香糖

活动目标 通过热身游戏，初步感受男女生进入青春期之后的不一样的感受。

指导语 同学们，课程开始前，让我们一起来玩个小游戏吧，请听清楚老师的指令。

活动程序

（1）全体同学起立，同桌之间面对面。

（2）教师发出口令：口香糖。

（3）大家一起问：粘什么？

（4）教师说：粘XX（身体某个部位），所有人必须与你的同桌配对将XX粘在一起。

（5）同学分享感受：为什么有些同学犹豫着没有做相应的动作？

结语 原来同学们的脑袋里藏着那么多的小心思，原来某些同学认为自己长大了，进入了青春期，我们身体的某些部位已经不能随便触碰了，我们呵护着自己的身体如同呵护着自己的秘密一样。

2. 青春礼物初思考

活动目标 通过小组讨论，了解并接受青春期生理、心理的各种变化。

指导语 同学们，你们进入青春期了，感觉怎么样啊？如果说青春期给我们送了一份礼物，那这个礼物是什么呢？代表的是什么？让我们一起来体验一下吧。

活动程序

（1）学生思考并回答：为什么幼儿园时可以很自然地牵手、拥抱呢？

（2）学生小组讨论：青春期给了我们什么礼物？（完成学习单）

（3）教师总结：生理和心理的变化。

结语 同学们，进入青春期后，我们的生理发生了巨大的变化，同时心理上更有别于幼儿园和小学时期，自我意识和性别意识明显加强，喜

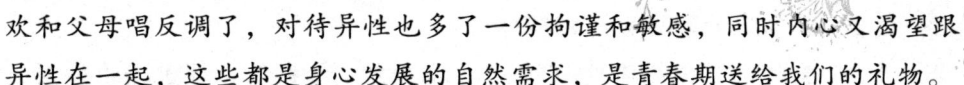

欢和父母唱反调了，对待异性也多了一份拘谨和敏感，同时内心又渴望跟异性在一起，这些都是身心发展的自然需求，是青春期送给我们的礼物。

3. 青春礼物你我挑

活动目标 通过小组讨论、观看视频等方式，使学生进一步理解自我意识发展的特点及其与"逆反"的关系，正确看待与异性相处可能遇到的问题。

指导语 既然这些都是青春期给我们准备的礼物，让我们来打开礼物盒，看看这些是不是我们平时遇到的喜欢的礼物？

活动程序

（1）取出礼物盒。（①与父母相处的场景；②异性相处的场景）

（2）学生分组讨论所抽到的场景该如何处理。

（3）播放视频《成长必修课》。

（4）教师根据学生讨论，总结归纳。（参考：与家长相处，妥协和讨价还价、说到做到和及时告知家长自己的计划）

（5）播放视频《异性相处之道》。

（6）教师根据学生讨论总结归纳。（参考：适度交往、集体交往、自然交往和保持独立）

（7）教师讲解青春期性心理发展特点。

结语 同学们，你们喜欢这样的礼物吗？也许有人喜欢，有人不喜欢，这没有关系，当 TA 出现，其实意味着你即将长大成人，父母也在逐渐适应你的成长，你自己也需要在这个成长过程中不断学习进步，而青春期间的异性交往更是我们一辈子要学习的课题，它是符合我们性心理发展特点的。

4. 青春礼物要珍惜

活动目标 通过观看视频、填写学习单，提高学生对于青春礼物的喜爱程度，学会接纳青春期带来的变化。

指导语 同学们，异性交往并不可怕，对于我们每个人而言，异性交往也是成长的必修课之一，让我们一起来看一段视频，了解一下老师为什么这么说。

活动程序

（1）播放视频《异性交往的心理意义》。

（2）让学生分享观看视频的感受。

（3）教师归纳总结异性交往的心理意义。（参考：促进人格发展、智力上取长补短、更全面地认识自我、更好地学习将来进入社会与他人合作应有的态度。）

过渡语 既然异性交往有那么多的好处，让我们把握原则，好好和异性愉快相处吧。青春给我们带来了那么多的礼物，那么你最喜欢哪一个呢？

（4）学生完成"我最喜欢的青春礼物"学习单。

结语 青春是个美好的字眼，异性交往并不是洪水猛兽，它也是青春给我们的礼物！在这个如诗如画的年纪里，让我们一起重新审视青春带给我们的各种礼物，接纳TA，正确认识和理解TA，让我们一起在青春的海洋里一起遨游。

（二）活动延伸

《我的青春礼物》学习单
我的青春礼物有： 
其中我最喜欢的青春礼物是： 

（三）效果评价

教学效果评价内容		分值	评价			
			优秀 (9~10)	良好 (7~8)	一般 (6)	较差 (0~5)
学生	1. 对本课的内容感兴趣，有参加活动的意愿	10				
	2. 愿意参与交流分享	10				
	3. 通过体验有所感悟	10				
教师	1. 教学内容正确，没有理论上的错误	10				
	2. 教学环节完整、流畅	10				
	3. 课堂注重体验性，活动形式活泼新颖	10				
	4. 尊重学生，注意倾听	10				
	5. 引导学生思考和感悟，讲究方法，自然不生硬	10				
	6. 课件和板书贴合教学需要	10				
整体	整堂课有无亮点所在	10				
对本节课的意见和建议						
总分	满分为 100 分，您给本节课打分，总分为（　　）分					
总体评价	（　）优秀　（　）良好　（　）一般　（　）较差					

三、课程拓展

（一）课内活动资料

（1）视频《成长必修课》。

（2）视频《异性相处之道》。

（3）视频《异性相处的心理意义》。

（二）课外拓展资料

1. 青春期的生理特点

（1）身高增长加速：青春期的学生身高一般以每年 6~8 厘米，多则以 10~12 厘米的速度增长，一般持续 2~3 年。合理的饮食、充足的体育锻炼、科学的生活作息习惯，这些都有利于个子长得高、长得快。

（2）体重增长加速：在身高增长的同时，体重也迅速增加。青春期前体重每年平均增加2~4千克，到青春期可增加5~8千克，体重的增加是骨骼、肌肉、脂肪和内脏迅速生长的结果。

（3）第二性征的出现：进入青春期后，男女除性器官以外的其他外部差异，叫作第二性征。如男性表现为喉结突出，声音变粗，长胡须，阴毛、腋毛先后出现，出现遗精现象。而女性则为声音高亢，乳房发育，骨盆变宽，臀部变大，阴毛、腋毛也先后出现，并出现月经现象。

（4）脑：主要表现在脑对人体的调节功能大大增强，推理与论证等能力都逐步提高，易接受新生事物。同时，大脑皮质的兴奋性较强，遇事好冲动，思维和注意力较差，但可塑性强。

（5）心脏：心肌增厚，心缩增强，心功能显著提高。到17~18岁时心脏每搏输出量为60~70毫升，已近成人。

（6）肺脏：10岁时肺活量还只有1400毫升左右，到14~15岁时肺活量已明显增大到2000~2500毫升。

2. 青春期的心理特点

（1）思维：处于青春期的初中生，在思维上具有独立性和批判性，不仅能够批判别人和书本上的意见，而且能够提出自己独特的看法和疑问。只是这种独立性和批判性还很不成熟，看问题容易片面和肤浅。

（2）情绪：青春期的初中生情感体验丰富，反应强烈且多变，但是，这些情绪很容易波动，所以用疾风暴雨来形容他们的情绪更为贴切，稍微遇到一点小事就如同点了炸药桶一般容易炸裂。时常忧郁、烦躁不安，有时具有同情心，有时又喜欢捉弄别人，各种情绪混合在一起，难以琢磨。

（3）意志力：在意志活动方面，初中生的特点是常立志、志无常，果断与轻率同时并存。实现自己的志向时，又往往缺乏坚韧的毅力和自制力。

（4）个性心理特征：自我意识增强和迅速发展，青春期的初中生开始关注自己的内心世界，思考自己的价值观、兴趣爱好和未来规划等。探索自己的身份和角色，试图找到一个属于自己的位置和价值。他们开始思考自己是谁、想要成为什么样的人，以及如何实现自己的目标等问题。这种自我认同的探索是孩子形成独立个性和健全人格的重要过程。

第二十九章 预防性骚扰和性侵害

一、课程设计

（一）课程名称、对象和时间

课程名称：预防性骚扰

适用对象：初中学生

上课时间：40 分钟

（二）教学目标

（1）认知目标：识别性骚扰的行为，了解性骚扰发生的特点、人群、场所等。

（2）情感目标：体验应对性骚扰敢于面对、勇于求助的勇气。

（3）能力目标：学会用适当的方法防御性骚扰，建立自我保护的意识。

（三）理论依据

性骚扰是指采用带性暗示的言语或者动作，针对骚扰对象，让对方感到不舒服。性骚扰的行为存在隐蔽性和突发性的双重特点，加害者通过权力、心理、精神控制等多种方法迫使受害者不能反抗。目前性骚扰的受害群体不限于女性，男性也是重要受害群体。性侵害是指加害者以威胁、权力、暴力、金钱或甜言蜜语，引诱胁迫他人与其发生性关系，或在性方面造成对受害人的伤害的行为，包括猥亵、强暴等。性骚扰和性侵害在当下十分普遍，在儿童中也是如此。儿童性侵害是儿童虐待的一种形式，儿童性侵害除了可能对受害者造成身体伤害外，也会对受害者造成抑郁、焦虑、创伤后应激综合征等心理问题。

对初中生进行性骚扰和性侵害的预防教育，增加初中生应对性骚扰和性侵害的知识，有助于促进学生了解两者的危害，同时增强学生面对性骚

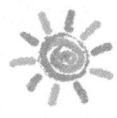

扰和性侵害行为的应对能力，促进学生性心理健康和人格健康成长。《中华人民共和国刑法》明确规定了对未成年人实施的一系列罪行及其处罚，如强暴罪，强制猥亵罪，侮辱妇女罪，猥亵儿童罪，引诱、容留、介绍他人卖淫罪，组织卖淫罪和强迫卖淫罪等。

（四）教学策略

1. 学情分析

当前性骚扰事件正在以隐蔽的方式走进校园，给初中生带来负面的影响。中学生因为缺少性知识，遇到性骚扰不知所措，甚至不能区分是否属于骚扰行为。当他们遇到性骚扰事件时，往往难以启齿，采用隐忍的方式将其放在心里。羞于和同学、老师、父母交流这些话题，这些压抑的伤害可能对学生产生难以消除的心理阴影。同时，初中生性骚扰和性侵害相关知识的学习可以帮助初中生性健康的发展。通过对中学生进行性骚扰和性侵害等方面的知识教学，旨在帮助中学生识别性骚扰，直面性骚扰带来的伤害，学习采取适当的措施来保护自己，并学会及时寻求亲友和法律的帮助，这对中学生身心健康成长有着重要意义。

2. 教学设计分析

为了实现预期的目标，调动学生积极性，提高课堂气氛，依据初中生认知水平和学习特点，本课程做了如下4个活动设计：

活动一：通过"你说我指"的游戏活跃课堂气氛，调动学生积极性，拉近师生关系，引入性骚扰的课堂主题。

活动二：通过人体图片迅速让学生识别身体重要部位，采用性骚扰判断题增加学生对性骚扰表现的认识，学会识别性骚扰特点、发生地点、人群，并通过短视频认识辨别性骚扰的重要依据是自己的主观感受。

活动三：采用视频分享案例，分析中学生遇到性骚扰隐忍背后的认知模式，引发学生深度思考，促进学生学会正向的应对心态。

活动四：通过小组讨论的方式分析遇到性骚扰的应对方式，普及相关的法律知识，并对整节课内容做总结。

3. 教学重难点

重点：在于让中学生学会识别性骚扰，同时能够在遇到性骚扰时克服内心的恐惧和羞耻感，学习使用正确的方式保护自己。

难点：在于帮助学生克服内心的负面心理感受，掌握适当的方式进行自我保护。

（五）教学资源

（1）硬件资源：贴纸、记号笔、彩色条、延伸资料单、白色卡纸，学生以4人一组分组坐好。

（2）软件资源：配套PPT、性骚扰主题的短片。

二、课程实施

（一）教学活动

1. 热身活动——你说我指

活动目标 通过"你说我指"的游戏快速活跃课堂气氛，提高学生注意力水平，拉近师生关系，同时导入本次课程主题"性骚扰"。

指导语 同学们，今天我们要先玩一个"你说我指"的反应力游戏，游戏规则是当我说摸头时，请你指自己的脚；当我说摸肚子时，请你指自己的屁股；当我说摸手时，请你指自己的脸。我们比一比、赛一赛，看看谁的反应又快又准确。

活动程序

（1）课程开始前，给学生发一张白纸。指导"你说我指"的游戏规则，先进行第一遍练习，再请同学们根据游戏规则做出反应。为引入尴尬的感觉，在"摸肚子——指屁股"环节可以多设置1~2次。

（2）教师提问。

①在指脚、屁股、脸3个部位时，哪个部位比较尴尬？如果换成其他人指着你，或者触碰你的重要部位，你是什么感受？

②在生活中我们可能遇到被他人触碰身体或者隐私部位，或者遭遇与性相关的语言评论，你脑海里想到的第一个词是什么？请大家写在我发给同学们的白纸上。

结语 在生活中、新闻上，我们可能看到性骚扰和性侵害的相关报道，但是性骚扰、性侵害的事情可能也会发生在我们身边，今天我们就和大家一起探讨《预防性骚扰和性侵害》。

2. 火眼金睛

活动目标 通过判断题和视频讨论两种方式让学生认识到性骚扰和性侵害的特点，能够在日常生活中识别这些危害性的行为，重点学习性骚扰的识别。

指导语 请同学们看看哪些是性骚扰和性侵害，哪些属于正常行为？

活动程序

（1）请同学们判断下列情况是否属于性骚扰，双手交叉表示"不是"，举起右手表示"是"，请学生逐题做出反应，共计9题，涵盖性骚扰和性侵害的相关特点。

①小明在公交车上，有人在他的后背摸来摸去。

②小红走在路上，突然有人跳在她的面前，暴露自己的生殖器。

③小美身材较好，体育课上几个男生指着她的敏感部位说一些性相关的语言。

④医生做必要的身体检查。

⑤家里的亲人或者朋友要求看自己的隐私部位。

⑥朋友强迫你和大家一起看黄色影片。

⑦你的朋友跟你开黄色笑话，你尴尬。

⑧在小群里，有同学向你发性暗示的图片或者文字。

⑨你因为考试失利而失落，班主任拍了一下你的肩膀，跟你交流失利的原因。

（2）观看视频《怎么才算性骚扰》，给小组发放白纸，让学生小组在白纸上总结性骚扰的判断标准。以小组汇报的形式总结在板书上，同时告知小组可以跳过已经呈现的类似的标准。

（3）通过PPT出示性骚扰的其他表现、特点、判断依据，具体PPT内容呈现如下。

性骚扰的表现形式：

①肢体接触。例如，触摸对方身体的隐私部位。

②言语的骚扰。例如，不必要而故意谈论有关性的话题，故意讲色情笑话、故事等。

③非言语的行为。例如，身体或手的动作具有性的暗示，展示与性有

关的物件等。

④以性作为贿赂或要挟的行为。例如，以同意性服务为借口来换取一些利益，或者以胁迫手段强迫进行性行为。

⑤设置环境的方式。例如，在工作场所周围布置淫秽图片、广告等，使对方难堪。

⑥利用电话、手机短信、电子邮件或其他网络方式进行的"性骚扰"行为。

性骚扰加害者：陌生人和熟人、同性和异性都有可能，没有性别区分。

性骚扰的地点：拥挤场所、偏僻场所、熟悉的家庭或校园环境都有可能。

判断性骚扰的标准：A.带有性暗示或性含义；B.非本人主观意愿；C.体验不舒服，危害尊严；D.有明确的目标。

（4）通过PPT阐述性侵害的大致内容以及判断依据，相较于性骚扰而言，内容要简略一些。

性侵害：

①定义：一个人被强迫、胁迫或诱骗进行违背其意愿或者未经过同意的性行为。

②类型：强奸、猥亵、性骚扰等。其范围包含性骚扰。

结语 同学们，通过上述的学习，希望大家可以在生活中区分哪些是属于性骚扰和性侵害的行为，当我们遇到这类问题时可以迅速地做出反应。

3. **勇敢的心**

活动目标 通过性骚扰案例分析，让学生讨论不同心态下的应对方法，来提高学生在不同困难情境下的心态准备，采用案例分析的形式尽快拉近与学生的距离。

指导语 同学们，我们刚刚讨论了性骚扰和性侵害的特点，下面我们来学习一个具体的案例，请同学们想一想小欧是否需要表达出来，为什么小欧没有表达？

活动程序

（1）教师通过案例分享性骚扰的案例，并邀请学生一边观看一边思考问题。

案例：在班级里，小欧是个内向不爱说话的同学，但是因为个子高，她坐在男生附近,男生经常在她面前开黄色玩笑,甚至有时用语言挑衅小欧,小欧听了很难受,也很尴尬,她也不敢向人表达这样的事情,只能默默忍受,男生们看小欧没啥反应,以为小欧尺度很大,玩笑开得更频繁了。

(2)邀请学生2人一组讨论问题"为什么小欧不表达",请2~4个小组分享自己的想法。

(3)启发学生思考沉默和表达的两种结果,向学生发放白纸,请学生画出沉默和表达两种情况的结果。

(4)结合PPT分析小欧忍耐不敢表达的原因。

(5)PPT总结内容:

①沉默的原因:羞于开口;害怕报复;区分不清。

②沉默的结果:心灵受伤;强化侵害人的行为;加剧隐忍的社会氛围。

③受害者的态度:学会勇敢面对;不要看轻自己;及时表达;寻求有效帮助。

④同学们的态度:不歧视和归罪受害者,帮助受害者表达和求助。

结语 同学们,固然性骚扰、性侵害等社会性事件很可怕,但是更可怕的是我们对待这些事情的态度,带有对受害者的有色眼镜,不仅会助长社会的恶性,同时也会让社会的公平正义无法得到伸张,我们无法预测自己是否有可能遇到这样的情况,但是保护受伤害者,用平等公平的视角面对问题,才能给予受害者一个表达和求助的机会。

4.斗智斗勇

活动目标 通过同学们分组讨论预防性骚扰、性侵害和发生侵害后的自我保护方法两个主题,帮助同学们建立自我保护和求助的方法,提高学生应对该类事件的能力。

指导语 同学们在日常生活中,如果我们遇到和小欧一样的情况,该如何预防性骚扰这样的事件发生呢?抑或我们真的遇上了这种事情,该如何保护自己呢?我们分成两个主题,请同学们选择其中一个问题,4人一组讨论解决的方法,时间是5分钟,并且将你们讨论的结果写在卡纸上。

活动程序

(1)结合小欧的案例,分主题讨论(主题1:预防性骚扰,主题2:保护自己),邀请小组选择题号讨论,每张条形纸上写下一个应对方法。

（2）教师邀请学生按照两个主题轮流分享讨论的结果，请学生将卡纸粘贴到黑板上，并进行板书，相同类型的答案不补充汇报。

（3）教师结合PPT进行总结，回顾本节课。

预防性骚扰与性侵害：

①提前了解自己要接触的陌生人的为人与品行。

②出入偏僻的场所结伴而行，避免去人群特别拥挤的地方。

③避免在黑夜独自外出，如有特殊情况，需要有父母等成年人接应。

④学会在性骚扰和性侵害行为发生前说"不"。

保护自己：

①勇敢表达。在性骚扰行为可能发生前，主动直白表达不可以。

②及时求助。求助对象包括同学、老师、父母、律师、警察等。

③运用法律知识。《中华人民共和国刑法》《中华人民共和国民法典》。

④保留一切证据。包含图片、录音、视频等犯罪证据。

（4）给学生发放指导纸，作为拓展材料。

结语　通过今天的课程我们学习了性骚扰和性侵害的表现、特点和判断标准，同学们可以在生活中识别有些行为是否属于性骚扰行为，同时也要告诉大家如果遇到类似的事情要学会勇敢面对，而不是隐忍和压抑，你的隐忍和压抑带给加害者更多的加害空间，同时我们每个同学要学会尊重和保护受到性骚扰或者性侵害的人，创造平等公平正义的社会环境。在平时我们也要学会预防类似事情的方法，并将自我保护的技能放在心中，学会及时求助，运用法律武器保护自己。

（二）活动延伸

（1）推荐阅读相关书籍：《中小学生防性骚扰性侵害教育知识读本》，陶红亮（编著），万卷出版公司。

（2）课后作业。

案例分析题：小米是一个热情的女同学，在家庭中受到很多长辈的喜爱，因此每次家庭聚餐，大家都会围绕小米聊天，拍拍小米的肩、摸摸小米的头，甚至还会抱抱小米，小米感到非常尴尬，尤其是家里的男性长辈这么做的时候。妈妈却一直强调这是长辈的关爱，小米感到很无奈，小米该怎么办才能摆脱这些难受的"关爱"呢？请你帮助小米想想办法。结合今天所学的知识，请将你的方法写出来，字数为50~100字。

_____
_____
_____
_____

（三）效果评价

	教学效果评价内容	分值	评价			
			优秀 (9~10)	良好 (7~8)	一般 (6)	较差 (0~5)
学生	1. 对本课的内容感兴趣，有参加活动的意愿	10				
	2. 愿意参与交流分享	10				
	3. 通过体验有所感悟	10				
教师	1. 教学内容正确，没有理论上的错误	10				
	2. 教学环节完整、流畅	10				
	3. 课堂注重体验性，活动形式活泼新颖	10				
	4. 尊重学生，注意倾听	10				
	5. 引导学生思考和感悟，讲究方法，自然不生硬	10				
	6. 课件和板书贴合教学需要	10				
整体	整堂课有无亮点所在	10				
对本节课的意见和建议						
总分	满分为100分，您给本节课打分，总分为（ ）分					
总体评价	（ ）优秀 （ ）良好 （ ）一般 （ ）较差					

三、课程拓展

（一）课内活动资料

视频：《怎么才算性骚扰》。

（二）课外拓展资料——法律知识

《中华人民共和国民法典》有条文规定"违背他人意愿，以言语、文字、图像、肢体行为等方式对他人实施性骚扰等的，受害人有权依法请求行为人承担民事责任"。一般情况下，请求保护民事权利的诉讼有效期为3年，如果未成年人遭遇性侵后的诉讼时效也按照这一规则计算，那么未成年人在年满18周岁、可以独立寻求法律帮助之时，极有可能因超过诉讼时效而无法通过诉讼的方式维护自身合法权益。有鉴于此，为了加强对未成年人权益的保护，《中华人民共和国民法典》规定将未成年人遭受性侵害的损害赔偿请求权的诉讼时效期间起算点延后，规定自受害人年满18周岁之日起计算诉讼时效期间。

第三十章 培养团队合作意识

一、课程设计

（一）课程名称、对象和时间

课程名称：学会包容 共筑团队精神

适用对象：初中学生

上课时间：40 分钟

（二）教学目标

（1）了解同学的特点。

（2）理解每个人都是独特的，学会包容和宽容。

（3）树立集体荣誉感。

（三）理论依据

团队合作已成为个人与集体共同发展的重要基石。对于正处于青春期的初中学生而言，学会包容、培养团队精神，不仅关乎个人的人际交往能力，更关系到其未来的社会适应与职业发展。从心理学角度看，初中学生正处于心理发展的关键期，他们渴望被理解、被接纳。通过本课程的学习，学生能够更加深入地了解同学的特点，学会从他人的角度思考问题，培养宽容和包容的心态。这有助于减少同学间的冲突，增进彼此的理解和信任，为建立和谐的人际关系打下坚实基础。

从社会学角度看，人是社会性的动物，离不开与他人的交往与合作。在团队中，每个人的角色和贡献都是不可或缺的。通过本课程的学习，学生能够认识到团队的重要性，学会在团队中发挥自己的优势，同时也尊重并接纳他人的不同。这有助于培养学生的集体荣誉感，增强他们的团队责任感和使命感。从教育学角度看，教育不仅是传授知识的过程，更是培养学生综合素质的过程。本课程通过引导学生学会包容、培养团队精神，旨在提升学生的综合素质，帮助他们更好地适应未来社会的发展需求。

（四）教学策略

1. 学情分析

初中学生正处于身心发展的关键阶段，思维活跃，好奇心强，但同时也面临着诸多挑战和困惑。在人际交往方面，初中学生往往由于缺乏经验和沟通技巧，容易出现冲突和误解。此外，随着年龄的增长，他们的自我意识逐渐增强，开始关注个人在集体中的位置和价值。从学习角度看，初中学生已经具备了一定的认知能力和知识储备，但对于深层次的人际关系和团队合作的理解仍显不足。本节课旨在通过理论讲解、小组讨论等多种形式，引导学生深入理解包容与团队精神的重要性，提升他们的团队合作意识与集体荣誉感。

2. 教学设计分析

为了达成活动目标，本节课分为 4 个活动：

活动一：通过"自我介绍滚雪球"，营造轻松愉快的课堂氛围，增进同学间的相互了解。

活动二：通过猜谜游戏，让学生更加深入地了解班级同学的特点，意识到每个人都是独特的，我们需要学会包容和宽容。

活动三：创意接力绘画赛，增进学生之间的团队合作意识和默契度。营造积极向上的竞争氛围，培养学生的集体荣誉感和责任感。

活动四：通过制作集体荣誉墙，让学生感受集体荣誉的重要性，增强集体归属感。

3. 教学重难点

重点：理解每个人都是独特的，学会包容和宽容，树立集体荣誉感。

难点：引导学生从内心深处接受并实践包容，将这种能力与生活方式带到课程之外的生活中。

（五）教学资源

（1）硬件资源：活动教室、学生按照 6 人一组排好位置，若干盒彩笔和 A3 白纸。

（2）软件资源：配套 PPT。

二、课程实施

（一）教学活动

1. 自我介绍滚雪球

活动目标 通过有趣的自我介绍方式，营造轻松愉快的课堂氛围，增进同学间的相互了解。

指导语 同学们，大家好！你们玩过"自我介绍滚雪球"游戏吗？这个游戏会让我们的自我介绍像滚雪球一样，越滚越大，越滚越有趣。现在，让我们开始吧！（活动中，教师要注意控制节奏，确保每位同学都有机会发言，并鼓励大家积极参与，不要害怕出错。）

活动程序

（1）第一位同学开始自我介绍，内容包括个人昵称、兴趣爱好、特长等。

（2）第二位同学在第一位同学的基础上，重复其介绍内容，并添加自己的信息。

（3）以此类推，每位同学都要重复前面所有同学的介绍内容，并加上自己的新信息。

结语 刚才的"自我介绍滚雪球"活动，让我们对彼此有了初步的了解，意识到每个人都是不同的。

2. 特点猜猜看

活动目标 通过猜谜游戏，让学生更加深入地了解班级同学的特点，意识到每个人都是独特的，我们需要学会包容和宽容。

指导语 同学们，刚才我们通过自我介绍已经初步了解了彼此，现在我们要进行一个更有趣的活动——"特点猜猜看"。在这个活动中，我会描述一些同学的特点，你们要根据这些描述来猜测是谁。准备好了吗？让我们开始吧！（在活动过程中，教师可以根据学生的表现，适时调整描述的难度和复杂度，以保持活动的趣味性和挑战性。）

活动程序

（1）教师事先准备若干份关于班级同学特点的描述，可以是性格、习惯、特长等方面的内容。

（2）教师逐一读出描述，学生根据描述进行猜测，并举手回答。

（3）若学生猜错，教师可以给予提示或补充信息，引导学生进一步思考；若猜对，则请被猜中的同学上台分享自己的感受。

结语 通过刚才的"特点猜猜看"活动，我们更加深入地了解了班级同学的特点和个性。找到了拥有共同爱好的同道中人，也发现了一些兴趣爱好、特长和自己截然不同的人。但每个人都是独特的，我们需要学会包容和宽容。

3. 创意接力绘画赛

活动目标 通过团队接力赛，增进学生之间的团队合作意识和默契度。营造积极向上的竞争氛围，培养学生的集体荣誉感和责任感。

指导语 同学们，接下来我们将进行一场既刺激又有趣的团队接力赛。这是一场考验我们团队合作和默契度的比赛，也是一个展现我们集体力量的舞台。让我们一起为我们的团队争取荣誉吧！（教师设置时间限制，并在活动结束后展示每组的作品。根据创意、合作程度和完成度来评定胜负。）

活动程序

（1）将学生分成若干小组，每组人数相等，确保实力均衡。教师给每组学生提供一张白纸和一盒彩笔。

（2）第一个学生开始绘制一个主题（如动物、植物、城市）的一部分，然后将画笔交给下一个学生，继续绘制。

（3）每个学生都需要在前一个学生的基础上进行创作，直到整个作品完成。

结语 通过刚才的创意接力绘画赛，我们深刻体会到了团队合作的重要性和乐趣。在比赛中，我们互相支持、互相鼓励，共同克服了困难和挑战。这种默契和团队精神将是我们未来学习和生活中宝贵的财富。

4. 集体荣誉墙

活动目标 通过制作集体荣誉墙，让学生感受集体荣誉的重要性，增强集体归属感。

指导语 同学们，刚才的活动是以小组的形式完成的，但我们还有一个更大的集体，那就是我们的班集体。在我们的班级里，我们共同经历

了很多难忘的时刻,取得了不少荣誉和成绩。这些荣誉不仅是我们个人的骄傲,更是我们班级的荣誉。今天,我们将一起制作一面集体荣誉墙,将我们的荣誉展示出来,让更多的人了解我们的班级,感受我们的集体力量。

活动程序

(1)分组讨论,每组设计一块荣誉板块的主题和风格,确保整体协调统一。

(2)学生动手制作荣誉板块,可以采取绘画、贴图、写字等方式展示荣誉内容。

(3)各组完成制作后,将板块拼接在一起,形成一面完整的集体荣誉墙。

(4)学生轮流上前,介绍自己小组制作的板块内容和意义,分享制作过程中的感受和收获。

结语 通过制作集体荣誉墙活动,我们不仅回顾了班级的荣誉历程,还锻炼了动手能力和团队合作精神。这面荣誉墙不仅是我们班级的一份宝贵财富,更是我们集体荣誉的象征。希望同学们能够珍惜这份荣誉,继续努力,为班级争光,为集体贡献力量。

(二)活动延伸

课后作业:团体荣誉感评价表

评价内容	自评	同学评	老师评
学生是否积极参与班级各项活动?			
学生在团队活动中是否能够互相支持,共同解决问题?			
学生是否在日常生活中表现出对班级的热爱和自豪?			
学生是否愿意为班级荣誉建设出谋划策,提出建设性意见?			
学生在面对个人与班级荣誉的冲突时,是否能够正确处理,维护班级整体利益?			

评价标准:1星,几乎从未做到或完全未做到;2星,偶尔做到,但需要提醒或监督;3星,一半时间能做到,有一定的自觉性;4星,大部分时间能做到,团体荣誉感较强;5星,总是能做到,团体荣誉感强。

（三）效果评价

教学效果评价内容		分值	评价			
			优秀 (9~10)	良好 (7~8)	一般 (6)	较差 (0~5)
学生	1. 对本课的内容感兴趣，有参加活动的意愿	10				
	2. 愿意参与交流分享	10				
	3. 通过体验有所感悟	10				
教师	1. 教学内容正确，没有理论上的错误	10				
	2. 教学环节完整、流畅	10				
	3. 课堂注重体验性，活动形式活泼新颖	10				
	4. 尊重学生，注意倾听	10				
	5. 引导学生思考和感悟，讲究方法，自然不生硬	10				
	6. 课件和板书贴合教学需要	10				
整体	整堂课有无亮点所在	10				
对本节课的意见和建议						
总分	满分为 100 分，您给本节课打分，总分为（　　）分					
总体评价	（　）优秀　（　）良好　（　）一般　（　）较差					

三、课程拓展——课外拓展资料

以促进初中学生合作为主题的团体辅导

周次	活动名称	目标	活动内容
第1周	相识相知	打破陌生感，建立初步信任	1. 自我介绍游戏（如"我是……我喜欢……"） 2. 团队合作小游戏（如"搭积木"或"拼图挑战"）
第2周	团队规则与期望	明确团队规则，设定共同目标	1. 讨论并制定团队规则 2. 绘制团队愿景板，共同设定目标
第3周	信任建立	增进团队成员间的信任与依赖	1. 信任背摔游戏 2. 分享信任的重要性及自己的信任故事

续表

周次	活动名称	目标	活动内容
第4周	沟通桥梁	学习有效的沟通技巧	1. 角色扮演：模拟沟通场景，学习倾听与表达
			2. 小组讨论：分享沟通中的障碍与解决策略
第5周	角色定位	理解团队中不同角色的价值	1. 角色扮演游戏：体验不同团队角色
			2. 小组讨论：分享对不同角色的理解和看法
第6周	协同作战	锻炼团队合作与协作能力	1. 分组进行团队协作任务（如"盲人摸象"或"接力画画"）
			2. 分享任务过程中的合作经验与教训
第7周	冲突解决	学习处理团队内的冲突	1. 角色扮演：模拟冲突场景，学习解决冲突的方法
			2. 小组讨论：分享处理冲突的经验与心得
第8周	庆祝与展望	总结成果，展望未来合作	1. 团队成果展示与分享
			2. 小组讨论：展望未来团队的合作与发展
			3. 庆祝活动：举办小型的庆祝仪式，表彰团队成就

该团体辅导通过相识相知、团队规则与期望、信任建立、沟通桥梁、角色定位、协同作战、冲突解决以及庆祝与展望等环节，帮助初中学生建立良好的团队关系，提高合作能力，为未来的学习和生活奠定坚实的基础。

第三十一章　培养亲社会行为

一、课程设计

（一）课程名称、对象和时间

课程名称：走进彼此，拉近你我

适用对象：初中学生

上课时间：40分钟

（二）教学目标

（1）认知目标：认识和理解亲社会行为的定义、分类。

（2）情感目标：感受与他人分享的快乐，体验帮助他人的温暖和意义感，深度感知亲社会行为的情感体验，建立积极的亲社会行为态度。

（3）能力目标：发展学生亲社会的行为，提高其亲社会行为的能力。

（三）理论依据

亲社会行为，又叫作积极的社会行为，是指人们在社会交往中表现出的利他和有利于社会的行为，包含助人、分享、合作、自我牺牲等。孟子曾表达"恻隐之心、仁义之心、恭敬之心、是非之心，我固有之"，其中恻隐之心就是对他人的关心关爱，实质是亲社会行为。亲社会行为的发展贯穿人的成长，亲社会行为有很高的互动性、利他性，是人际关系发展的重要基础，其主要表现为分享、助人、合作等，在日常生活中表现为待人友善、主动帮助别人，心理学者俞国良教授认为亲社会行为能促进青少年创造性的发展。

亲社会行为的训练方式是移情训练、角色扮演等，是人际关系中的重要基础。通过思维和认知训练的方式只能在表层理解亲社会行为，而深层的理解需要体验性活动。本课程主要采用活动体验的方式，增加学生的情境感，激发学生的内在动力，提高学生的参与度。因此，围绕课程的核心目标创设贴近生活的体验情境，包容学生的个性差异，让学生体验助人的快乐，感受分享的喜悦，同时尝试去理解他人，促进中学生融入班级生活，产生丰富的亲社会情感体验。

初中生发展亲社会行为，有利于在人格发展的关键期培养青少年的核心素养，提高社会责任感，发展社会道德，放下个人得失，懂得给予他人帮助的快乐与意义，能够体验社会生活，获得他人的认可与肯定，促进个体的健康人格塑造，同时也可以积极融入社会。

（四）教学策略

1. 学情分析

当前中学生人际关系隔离情况明显，受到纵向高楼住宅的影响，其社会交往范围受限，加之学业压力较大、学习占用时间多，学生投入社会交往的时间和精力有限，在社会实践中获益性的行为较少，学生的利他行为有待提高。亲社会行为有助于初中生发展多元的个人价值，发展学生的社会责任感，促进学生融入社会，发展个人丰富的情感体验，提高学生对生活的热爱，建立学生健全的人格，提高其对生命的珍爱。

根据当前的学生认知水平，单一的知识灌输无法唤醒学生的内在体验，因此课程的设计以体验式为主，以游戏为载体促进学生在情感体验中感受到亲社会行为的快乐，感受与他人分享的乐趣、帮助他人而获得的温暖和意义感，认识到自己的社会价值。

2. 教学设计分析

为了实现预期的目标，调动学生积极性，提高课堂气氛，本课程分为如下活动设计：

活动一：通过分享手指画，连接彼此的相同之处，促进中学生之间的相互分享，体会分享的乐趣，感受深层次的人际互动，激发学生亲社会行为的发展。

活动二：通过烦恼漂流卡，让学生体验在匿名情况下真诚帮助周边的同学，体验助人的快乐和被他人帮助的温暖，激发学生助人行为的动机，让学生产生充分的情感体验，增强意义感和价值感，促进亲社会行为的发生。

活动三：通过双关图和角色扮演游戏，帮助学生学会相互理解、学会合作。合作的基础是换位思考、相互理解。通过双关图带入换位思考，并通过真实案例帮助学生联系实际生活情境。

3. 教学重难点

重点：让初中生体会亲社会行为中的分享、助人与理解他人，认识3种亲社会行为的本质特点。

难点：让初中生体会亲社会行为中分享的快乐，理解他人与自己的不同，理解他人与自己的认知差异，并愿意与他人合作，发展亲社会行为的能力。

（五）教学资源

（1）硬件资源：白色海报纸、记号笔、黑色水笔、烦恼漂流纸、作业单（学生以4人一组分组坐好）。

（2）软件资源：配套PPT、视频《给予》、音乐《send a letter》。

二、课程实施

（一）教学活动

1. 连连看

活动目标 通过开场的连连看游戏，迅速提高学生的积极性，同时帮助学生找到与同学之间的共同点，促进学生之间的深度分享与交流，拉近班级学生之间的关系，让学生感受到亲社会行为之——分享。分享包含分享彼此的物品，也包含分享彼此的心情、信息等，都能有效促进人际关系的正向发展。在此活动过程中促进学生学会合作，为接下来的活动做好铺垫。

指导语 同学们，今天我们的课程名称叫作《走进彼此，拉近你我》，社会是由很多个你我组成，在心理学中有一种名词叫作亲社会行为，我们的亲社会行为是我们成为一个社会人重要的基础，而其实质是我们能更好地跟别人合作、帮助他人、分享我们的世界。

活动程序

（1）指导学生4人一组，每组分发1张白色海报纸，请每个学生用记号笔在白色海报纸上画出自己的两只手。

（2）请学生用黑色水笔将自己的祖籍、星座、兴趣爱好、喜欢的颜色、喜欢的偶像、喜欢的食物、喜欢的电影、最喜欢的旅游城市、衣服尺寸、幸运数字10项内容分别填入10根手指的空白处。

（3）请学生对组内其他成员信息进行观察，用记号笔将与自己相同或者相似信息的手指连起来。

（4）请学生分享自己和他人相似的点，句式是："我喜欢的_____颜色与XX一样"。

（5）教师提问：当我们发现与同学们的相似之处，讨论彼此的共同点，请同学们说一说分享带给你的心情感受？为什么分享可以给彼此带来积极的情绪体验，拉近彼此的关系？

结语　一个人懂得和他人分享，快乐会加倍，忧伤会减半，可以促进同学之间的相互交流。爱的本质就是分享，我们学会跟身边的同学分享你的想法、爱好、情绪，也包含分享我们的一些物品，例如当别人没有带尺子时，我们也愿意与同学分享一下我们的尺子，这是在向他人表达"我愿意让你参与我的生活，见证我的一切"。分享也需要我们主动敞开心扉，走进他人，而面对他人的走近，也需要我们敞开胸怀去接受。

2. 烦恼漂流卡

活动目标　烦恼漂流卡将烦恼作为连接的载体，通过同学之间分享彼此的烦恼感受，提供自己的方法作为指导，让学生体验助人的及时快乐。通过现场匿名的游戏，促进隐私保护，帮助学生发展助人的亲社会行为。

指导语　同学们，我们要开始的第二个游戏叫作"烦恼漂流卡"，生活中我们有时候遇到困难无人可以求助，或者有时候想要帮助别人却无从下手。今天我们给大家提供一个可以轻松表达需求、也可以轻松助人的机会。

活动程序

（1）请同学们在卡片上写一个你心里的烦恼或者困惑，抑或是很好奇、但没人给过你答案的问题。字数限定在100字以内，内容写在卡片上方，匿名形式，用一个特殊的图案作为标记，时间为2分钟。

> **烦恼漂流卡**
>
> 我一直有个烦恼，感觉和别的同学插不上话，每次他们说的话题我接不上的时候，我就保持沉默，没人关注我，感觉自己好多余。

（2）写完以后请小组（4人）将4张卡片纸放入纸袋里，小组互换，请你在纸袋中一张卡纸上写上你的办法或者你相同的感受，写完后传给右手方向的同学。每人写4张，匿名形式，时间为8分钟。

烦恼漂流卡

　　我一直有个烦恼，感觉和别的同学插不上话，每次他们说的话题我接不上的时候，我就保持沉默，没人关注我，感觉自己好多余。

　　可可：有时候可能你不说话，大家觉得你不感兴趣，不想你勉强自己说不想说的呢。

　　楠熙：这个要适应，其实有一两个能讲的就很好啦，不要要求高。

　　天浩：你也可以试试交流你想说的，或者你可以去了解一些别人的话题，做点攻略。

　　露露：我也会有这种压力，很正常啦，没办法，他们聊的明星我都不关注。

注意事项：

- 如果有同学在写卡片时，发现在卡片中出现对他人的言语攻击或者侮辱，请同学立即举手。
- 请同学们在写的过程中注意排版，为后面的同学留出适当空间，如果写不下，可举手示意要求添加卡片。

（3）请小组互换，根据自己的特殊标记找回自己的烦恼漂流卡，阅读同学们的回复，并且分享看到回复后的感受。

（4）教师提问。

①当你看到同学们的温暖回复，你的感受是什么样的？

②当你用心感受和帮助他人，你的感受是什么样的？

（5）观看视频《给予》，请学生分享助人行为带给帮助者和被帮助者怎样的影响？如果这个影响经历漫长的时间，会发生什么变化？邀请1~2个同学回答问题。

（6）教师总结亲社会行为之"助人"的行为特点、作用等。

帮助别人，给别人需要的安慰，带给他人一种温暖，同时也让自己感受到了自己的力量。举手之劳，不求回报，如同冬日里的暖阳，从不需要你记得。

结语　同学们，在日常生活里我们要尝试帮助他人，体验不带任何目地去支持他人，感受这种无条件付出的快乐，同时享受在这样时刻下我们与他人简单又纯粹的关系，同时让更多有需要的人得到及时的帮助。这样的帮助是平等的，不去伤害受助者的自尊，真正给予别人所需要的、带有尊重的帮助行动。

3. 慧眼识珠

活动目标　通过两组有难度梯度的双关图，帮助学生建立换位思考的想法，再结合活动第二环节的卡片信息，帮助学生建立换位思考的意识，即站在他人的立场考虑问题，学习人际关系合作的基石是相互理解。

指导语　请同学们观察所示的双关图，请大家看看从图中你可以观察到什么？

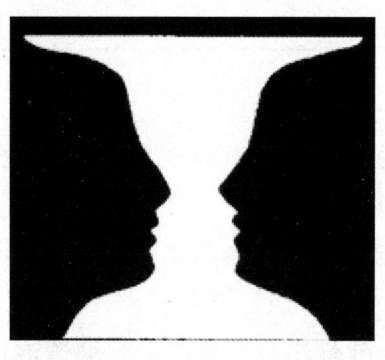

活动程序

（1）请同学们观看两幅双关图，分别回答从图中观察到的内容。

（2）结合案例故事讨论学生小贺与小石发生冲突的原因，带着双关图的视角，请同学们分别体验小贺和小石的立场，并讨论如何帮助他们化解冲突完成小组合作。

案例故事

小贺和小石是同班同学，同在一个小组。两个人经常在小组合作活动的时候闹矛盾，小贺觉得大家要一起合作完成小组任务，所以要求小石一起参加，小石就会不理小贺，一个人做自己的，说服无效。经了解，小石觉得小贺在小组任务时经常自说自话，没有听自己的想法就定下任务，强迫他完成。小石不想理会小贺，两个人经常在小组任务时闹矛盾，其他成员也因为两个人闹矛盾而无法推进小组活动。

（3）教师提问。

①小贺与小石吵架的立场分别是什么？

②带着双关图的双重视角，请你分析如何帮助他们化解冲突完成小组合作？

结语 同学们，当我们站在自己的角度时，往往容易陷入"他为什么这样"的思考中，但是问题的出现往往是双方的，体验对方的立场，感受自己的困境，才能够找到解决问题的关键，找到合作的正确方式。今天我们通过这节课帮助大家学习了亲社会行为的3个内容：分享、助人和理解他人。虽然亲社会行为还有很多其他行为，但是希望同学们通过这3个行为感受融入他人，分享彼此，帮助别人，换位思考，感受这些行为带给我们的快乐，同时看到自己的社会价值，更好地融入我们的班级群体，融入社会大家庭。

（二）活动延伸

1. 阅读推荐书目

《非暴力沟通》，【美】马歇尔·卢森堡（著），马胤华（译），华夏出版社。

2. 课后作业

请同学们在分享、助人和理解他人3种亲社会行为中选择一种，在接下来的一周中尝试完成，完成时间由自己安排。请大家将这种体验写成一篇小短文，分享自己在过程中的感受、想法和认识，字数在300~500字。

_____
_____
_____
_____
_____

（三）效果评价

教学效果评价内容		分值	评价			
			优秀 (9~10)	良好 (7~8)	一般 (6)	较差 (0~5)
学生	1.对本课的内容感兴趣，有参加活动的意愿	10				
	2.愿意参与交流分享	10				
	3.通过体验有所感悟	10				
教师	1.教学内容正确，没有理论上的错误	10				
	2.教学环节完整、流畅	10				
	3.课堂注重体验性，活动形式活泼新颖	10				
	4.尊重学生，注意倾听	10				
	5.引导学生思考和感悟，讲究方法，自然不生硬	10				
	6.课件和板书贴合教学需要	10				
整体	整堂课有无亮点所在	10				
对本节课的意见和建议						
总分	满分为100分，您给本节课打分，总分为（　　）分					
总体评价	（　）优秀　（　）良好　（　）一般　（　）较差					

三、课程拓展

（一）课内拓展

视频《给予》。

（二）课外拓展

1.亲社会行为发展阶段

心理学家艾森伯格将儿童亲社会行为分为5个发展阶段。

阶段一：享乐主义、自我关注取向。学龄前儿童到小学低年级学生处于这一阶段。他们关心自己，在对自己有利的情况下可能会关心帮助别人。

阶段二：他人需求取向。这对应于小学生及一些正要步入青春期的少年，他们帮助他人的标准是别人的需求，不去助人也不会感到自责。

阶段三：赞许和人际关系取向。对于一些小学生和一些中学生来说，他们关心帮助别人的原因是能否获得别人的赞许。

阶段四：自我投射、移情的取向。对一些小学高年级学生和中学生来说，他们可以换位思考，发自内心地关心他人。

阶段五：内化的法律、规范和价值观取向。少数中学生开始发展内化的价值观、规范和职责，违反他们个人内化的规则会损伤他们的自尊。

2. 促进中学生社会性发展的方法

建立良好的同伴关系。中学生人际关系的发展主要集中在同伴关系，从同伴关系入手，发展中学生的亲社会行为。积极开展多元的、以同伴关系为主题的班会或者心理课程，培养学生互相关爱、互相理解的品德。

发展个体的情绪能力。学生亲社会行为的发生与个体自身的情绪调节能力有重要的关联，当学生个体有较好的情绪调节能力时，其关注点容易从自身转移到周边同学身上。同时，亲社会行为需要良好的情绪能力作为基础，这样才能带给周围人稳定的情绪价值，促使助人行动更容易发生。

积极的家庭功能。家庭功能发展的完整性对中学生的亲社会行为有着重要的意义。当家庭功能完整，中学生向外发展的行为增加，同时个人所持有的良好健全的价值观，也使其亲社会行为更容易受到家庭的支持，从而形成正向循环。

积极参与社会公益活动。学校积极组织学生参加各类社会公益活动，帮助学生参与社会实践，体验无私奉献的快乐，提倡中学生尝试持续性的公益活动，帮助学生深度体验助人的快乐，而不仅是停留在形式层面。公益活动的范畴有很多，对于内容的选择需要结合个人的兴趣和能力。在社会公益活动中，将学生的个人价值与无私奉献结合在一起，深度促进学生的亲社会行为。

第三十二章 合理使用电子产品

一、课程设计

（一）课程名称、对象和时间

课程名称：拜拜，低头族

适用对象：初中学生

上课时间：40分钟

（二）教学目标

（1）了解使用电子产品的利弊，能够科学合理使用电子设备，控制上网时间。

（2）了解网络成瘾、沉迷电子游戏等的危害，加强自我管理。

（三）理论依据

《中华人民共和国未成年人保护法（2020年）》第十七条指出，未成年人的父母或者其他监护人不得实施下列行为：放任未成年人沉迷网络，接触危害或者可能影响其身心健康的图书、报刊、电影、广播电视节目、音像制品、电子出版物和网络信息等；放任未成年人进入营业性娱乐场所、酒吧、互联网上网服务营业场所等不适宜未成年人活动的场所。第六十八条指出，新闻出版、教育、卫生健康、文化和旅游、网信等部门应当定期开展预防未成年人沉迷网络的宣传教育，监督网络产品和服务提供者履行预防未成年人沉迷网络的义务，指导家庭、学校、社会组织互相配合，采取科学、合理的方式对未成年人沉迷网络进行预防和干预。第七十四条指出：网络产品和服务提供者不得向未成年人提供诱导其沉迷的产品和服务。网络游戏、网络直播、网络音视频、网络社交等网络服务提供者应当针对未成年人使用其服务设置相应的时间管理、权限管理、消费管理等功能。

《上海市教育委员会关于加强上海学校心理健康教育的意见》明确指出，

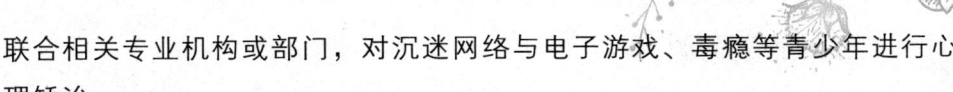

联合相关专业机构或部门,对沉迷网络与电子游戏、毒瘾等青少年进行心理矫治。

随着互联网的普及和智能设备的普遍使用,网络成瘾已成为青少年突出的行为问题。青少年沉溺于网络游戏、社交媒体和短视频,导致学业成绩下降、心理健康受损、人际关系紧张等一系列问题。网络成瘾主要包括网络游戏成瘾、社交网络成瘾和信息浏览成瘾,其诊断标准包括使用时间过长、因网络使用而忽视现实生活、尝试减少网络使用但未成功等。据统计,我国约有10%的青少年存在不同程度的网络成瘾问题。

(四)教学策略

1. 学情分析

随着时代的发展,互联网和电子产品已经成为生活中的"常客"。初中生处于青春期心智发育的关键期,他们对于自我的认知还不成熟,情感容易波动,适度使用网络有利于了解社会,但过度依赖网络、沉迷网络,不但会使他们丧失对现实生活的主动掌控能力,而且容易导致近视、肥胖等生理问题。一旦沉溺于网络无法自拔,对身体和心理都会造成严重损害,所以要学会合理使用电子产品。

而在众多电子产品中,初中生使用手机的现象是最为普通的,智能手机是使用最多的电子产品。手机成瘾也是值得关注的一个焦点,本课程从电子产品出发,重点探究手机带来的利弊,以及如何更好地控制手机,不再成为低头族。

2. 教学设计分析

为了达成活动目标,本节课分为4个活动:

活动一:通过头脑风暴,了解电子产品的种类。

活动二:通过观看视频和自我测试,了解手机使用现状。

活动三:通过观看视频和小组讨论,了解手机成瘾的原因。

活动四:通过小组讨论的形式,引导学生意识到沉迷于手机的危害,学会正确使用手机。

3. 教学重难点

重点:能够了解使用手机的利弊,学会合理使用手机。

难点:通过活动帮助学生意识到手机成瘾的危害,学会正确使用手机。

（五）教学资源

（1）硬件资源：N次贴、活动教室、学生按照4~6人一组排好位置。

（2）软件资源：配套PPT（包括视频《我被手机"绑架"了（上、下）》《为什么总想玩手机》《手机成瘾背后的秘密》《电子产品》）。

二、课程实施

（一）教学活动

1. 探秘网络世界

活动目标　通过头脑风暴，了解电子产品的种类。

指导语　同学们，网络越来越普及的今天，我们随时随地都会运用到电子产品，我来考考大家，你知道哪些电子产品呢？

活动程序

（1）学生头脑风暴，回答问题。

（2）播放视频《电子产品》，看看到底有哪些电子产品。

（3）举手示意，调查拥有手机这个电子产品的人数。

过渡语　电子产品种类繁多，主要包括以前的电话、电视机、影碟机、录像机、收音机、组合音箱、激光唱机（CD），现在的电脑、Switch、智能手表、智能手机、智能电视、智能音箱、电子书阅读器、无人机、虚拟现实设备、电子词典和电子计算器等。这些产品在我们的日常生活中扮演着重要的角色，用于通信、娱乐、学习、办公等多种用途。而其中跟我们密切相关的电子产品可能就是手机了，那今天就来聊聊关于手机的使用情况。

（4）教师提问：手机给我们带来了什么呢？邀请3~4名学生分享看法。

结语　手机给我们带来了很多好处，但不得不承认也存在一些坏处。手机是把双刃剑，运用得当，有利于生活和学习，运用不当就会陷入到手机的陷阱中，被手机牵着鼻子走。

2. 揭密手机世界

活动目标　通过观看视频和自我测试，了解手机使用现状。

指导语　让我们来看一个视频，看看视频中的情况是否在你身上出现？

活动程序

（1）教师播放视频《我被手机"绑架"了（上）》。

（2）教师提问：在短片中你看到了什么？有什么感悟？

过渡语　也许里面就有你的影子，很多时候我们不知不觉中就被手机"绑架"了，让我们一起来看一份问卷调查。你们桌子上有彩色N次贴，大家听我读题，觉得符合自己情况的，在自己的脸上贴上N次贴，全程我们无须看别人，只需要听清我的题目，关注自己的实际情况！

（3）问卷调查：请结合你最近半年的实际情况，看看你是否符合下列情况。

①许多人告诉我，我花了太多时间在网络上。

②上网时觉得自己很有精神。

③我每次都只想上网待一会，但常常一待就很久。

④我发现自己沉迷网络，减少了与周围朋友的互动。

⑤我曾经因为上网而腰酸背痛，或者有其他身体不适。

⑥只要一段时间不上网，我就会觉得自己好像错过了什么。

⑦因为上网的关系，我平常的休闲活动时间少了。

⑧我每次离网后，其实要去做别的事，却又忍不住再上网看看。

⑨没有网络，我的生活就没有乐趣可言。

⑩我因为熬夜上网而导致白天上学没有精神。

（4）教师统计学生网络使用情况。

结语　同学们，数数你们脸上贴了多少N次贴，如果你有4张以上的纸条，那么就需要引起重视，采取行动了。根据调查，手机已成为未成年人使用最多的上网工具，超越了电视、电脑，占比93.9%。未成年网民中拥有属于自己的上网设备的达到74%，其中自己有可以上网手机的为63.6%，可见手机在我们的生活中非常重要，必不可少。

3. 探究手机魔力

活动目标　通过观看视频和小组讨论，了解手机成瘾的原因。

指导语　同学们，手机似乎有种魔力，让我们欲罢不能，放不下它，总想跟它在一起，这又是为什么呢？让我们通过视频先来了解一下。

活动程序

（1）教师播放视频《为什么总想玩手机》，学生观看。

（2）学生分组讨论。

①你喜欢玩手机吗？

②哪些应用更吸引你？

③为什么总忍不住想看一看手机？

（3）教师汇总学生的看法，并作补充。

总想玩手机的原因（参考）：

①手机提供了与他人保持联系和社交的渠道。

②手机上的应用和游戏有奖励机制，可以激发参与的欲望和动力。

③自身缺乏自我控制能力。

④满足自我认同的需求。

⑤手机中的内容会刺激大脑分泌"快乐"激素。

（4）教师播放视频《手机成瘾背后的秘密》。

过渡语　我们通过视频了解到，手机的魔力不断渗透到我们生活的方方面面。但是过度使用手机会有哪些危害呢？

（5）邀请学生回答，教师作补充总结。（可从学习成绩和学习动力、心理情绪问题、人际交往等方面进行总结）

结语　过度依赖手机会使我们的情绪出现极端变化，可能导致某些心理问题的产生，还有可能使我们忽略了现实中的人际交往，长此以往，我们的社交能力将会大大降低。还可能导致注意力下降，影响学习成绩。

4. 学习应对方法

活动目标　通过小组讨论的形式，引导学生意识到沉迷于手机的危害，学会正确使用手机。

指导语　同学们，当我们了解到过度使用手机对我们的危害之后，我们到底该如何摆脱手机的控制？

活动程序

（1）分组讨论：你有什么好方法可以摆脱对手机的依赖？请每组的学生代表汇总本组的想法并汇报。

过渡语　这些方法都很棒，但是完全不碰手机可能做起来会有一些难，有些情况我们免不了会接触到手机，所以应如何正确使用手机呢？

（2）教师归纳讲解具体的摆脱方法。

下定决心：分析改变手机使用习惯的好处以及如果不改变可能会带来的痛苦。

建立干扰：严格规定手机使用时间并执行，如设定10分钟倒计时闹钟，闹钟一响就关闭手机，起来活动一下，建立打破沉浸式行为的干扰模式。

创建新的联想：当感受到无聊时不将之与玩手机关联起来，而是关联新的联想，如运动、与同学一起户外活动等。

改变手机使用模式：如关闭微信、QQ消息提醒、降低朋友圈更新频率、卸载手机游戏和娱乐软件等。

求助他人：请家长、老师帮助监督管理。

（3）签署《合理使用电子产品倡议书》。

过渡语　手机和我们的生活息息相关，但还是希望同学们可以正确对待手机，不要被手机"绑架"，新学期，希望我们尽快调整自己的心理，全身心地投入到新生活中，不做手机的奴隶！

（4）播放视频《我被手机"绑架"了（下）》

结语　在成长的过程中，我们握在手里的不止有手机，还有人生的主动权。让我们学会合理使用手机，拒绝做"手机控"，静下心来，亲近自然，多学习，多锻炼，变"玩具"为"工具"。让我们跟低头族byebye！

（二）活动延伸——《合理使用电子产品倡议书》

（1）在校期间，不带手机或其他电子产品。

（2）做一个尊重知识、尊敬师长的人。

（3）学习需要才用手机或其他电子产品。

（4）开学了，不再只想玩手机或其他电子产品，收收心，回归学习。

（5）勤俭节约，拒绝攀比。

（6）同学之间相互监督。

签名：_____

（三）效果评价

教学效果评价内容		分值	评价			
			优秀 (9~10)	良好 (7~8)	一般 (6)	较差 (0~5)
学生	1. 对本课的内容感兴趣，有参加活动的意愿	10				
	2. 愿意参与交流分享	10				
	3. 通过体验有所感悟	10				
教师	1. 教学内容正确，没有理论上的错误	10				
	2. 教学环节完整、流畅	10				
	3. 课堂注重体验性，活动形式活泼新颖	10				
	4. 尊重学生，注意倾听	10				
	5. 引导学生思考和感悟，讲究方法，自然不生硬	10				
	6. 课件和板书贴合教学需要	10				
整体	整堂课有无亮点所在	10				
对本节课的意见和建议						
总分	满分为 100 分，您给本节课打分，总分为（ ）分					
总体评价	（ ）优秀　（ ）良好　（ ）一般　（ ）较差					

三、课程拓展

（一）课内活动资料

（1）视频《我被手机"绑架"了（上）》。

（2）视频《我被手机"绑架"了（下）》。

（3）视频《为什么总想玩手机》。

（4）视频《手机成瘾背后的秘密》。

（5）视频《电子产品》。

（二）课外拓展资料

1. 网络成瘾综合征（internet addiction disorder，IAD）

IAD 患者最主要的表现是对网络操作出现时间失控，而且随着乐趣的

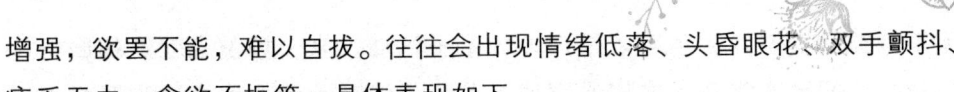

增强，欲罢不能，难以自拔。往往会出现情绪低落、头昏眼花、双手颤抖、疲乏无力、食欲不振等，具体表现如下：

（1）每天起床后情绪低落，头昏眼花，疲乏无力，食欲不振，或神不守舍，而一旦上网便精神抖擞，百"病"全消。

（2）上网时表现为才思敏捷，口若悬河，并感到格外开心，一旦离开网络便语言迟钝，情绪低落，怅然若失。

（3）只有不断增加上网时间才能感到满足，从而使得上网时间失控，经常比预定时间长。

（4）无法控制去上网的冲动。

（5）每看到一个新网址就会心跳加快。

（6）只要长时间不上网操作就手痒难耐。有时刚刚离网又有想上网的冲动，有时早晨一起床就有想上网的欲望，甚至夜间趁上厕所的空也想打开电脑。

（7）每当网线被掐断或由于其他原因不能上网，便感到烦躁不安或情绪低落。

（8）平常有不由自主地敲击键盘的动作，或身体有颤抖的现象。

（9）对家人或亲友隐瞒迷恋上网的程度。

（10）因迷恋网络而面临失学、失业或失去朋友的危险。

如果你其中有4项或4项以上表现，且持续时间已经达1年及以上，那么就表明你已经患上了IAD。

2. 初中生手机成瘾，家长应该怎么办？

（1）满足孩子的心理需求：积极参与孩子的学习和娱乐互动，与他们进行互动交流，给他们关注和支持，让他们感受到家庭的温暖和重要性。

（2）设立共享网络区域：孩子喜欢悄悄玩游戏、玩手机，不如将家里的电子产品放置在公共区域，这样更容易了解他们在网络上的活动，并及时纠正不良行为，进行合理化监督。

（3）做好孩子的榜样：以身作则，自己先管理好自己使用手机的时间和方式，让孩子看到并感受到父母可以离开手机的决心，他们也会通过观察来学习如何正确使用手机。

（4）提供各种活动：可以是亲子的室内游戏，如下棋、看电视、三国杀等益智类游戏，也可以是户外的亲子活动，来一场说走就走的旅行，一起去公园踏青赏花，或者是踢球、跑步等体育运动，都会让孩子减少对电子产品的依赖。

（5）鼓励参加集体活动：同伴关系在初中生中是非常重要的，孩子们喜欢利用手机等电子产品结交朋友。可以组织孩子们参与到集体的线下活动中去，不仅可以增加与同伴的交往和接触，提高人际交往能力，还能锻炼意志力、自制力等，从而使心理健康发展。

第三十三章 正确应对压力

一、课程设计

（一）课程名称、对象和时间

课程名称："画"解压力

适用对象：初中学生

上课时间：40分钟

（二）教学目标

（1）觉察自身压力的来源，理解压力人人有。

（2）通过绘画的方式把心理压力进行外化和创造性艺术表达，适当宣泄与表达在压力中的情绪和感受。

（3）尝试接纳压力的存在，积极看待压力，掌握应对压力的方法。

（三）理论依据

《中小学心理健康教育指导纲要》明确指出，初中年级学生的心理健康教育内容之一是引导学生逐步适应生活和社会的各种变化，着重培养其应对失败和挫折的能力。压力是每个人都会遇到的一种身心紧张状态，源于环境要求与自身应对能力不平衡，这种紧张状态倾向于通过非特异的心理和生理反应表现出来。压力是压力源和压力反应共同构成的一种认知和行为体验。人的内心冲突及与之相伴随的情绪体验是心理学意义上的压力。因此，本课程旨在引导学生正确认识压力，积极看待压力，通过认知的改变增强学生的抗压能力。

（四）教学策略

1. 学情分析

根据埃里克森的心理发展观，初中生面临的主要困境是自我同一性混乱。同一性混乱表现在自我认识不全面、不客观，由此导致自我认知偏差、自卑等问题。在压力情境下，学生容易产生消极的情绪体验，部分学生会感到紧张焦虑，继而想逃避，不能乐观地看待压力并积极应对。因此，帮助初中生培养乐观的人格特质，积极看待压力具有重要的意义。

目前的初中生面临严峻的升学形势，繁重的学业任务、父母的高期望、人际冲突和矛盾、自身的高要求等都可能成为学生的压力源。迈入中学，面临较多科目的学习，更需调整自身应对压力的状态，轻装上阵，积极应对。

2. 教学设计分析

为了达成活动目标，本节课分为 5 个活动：

活动一：通过让学生观看、概括并总结图片内容，引入"压力"这一主题，并让学生交流对压力的直观感受，激发学生参与课堂的积极性。

活动二：通过填写自己的"压力圈"，盘点自己的压力，让学生认识到生活中的很多情境都可能会引发压力，每个人都要面对压力。即使相同的情境，也有可能产生不同程度的压力，每种压力带给自己的感受也不尽相同。

活动三：通过创造性的艺术表达帮助学生觉察、看见和表达心理压力，帮助学生发现和梳理压力带给我们的影响。

活动四：通过讨论、绘画创作和自我对话的形式，引导学生挖掘自身和外部资源，找到应对办法，对压力进行积极赋义。

活动五：学生分享本课的体验和感受，教师适时加以点拨与提升，灌注希望。

3. 教学重难点

重点：觉察自身压力的来源，适当宣泄与表达在压力中的情绪和感受。

难点：尝试接纳压力的存在，积极看待压力，掌握应对压力的方法。

（五）教学资源

（1）硬件资源：活动教室、圆桌式讨论教学课桌椅（学生按 6~8 人一组排好位置）、多媒体投影设备、活动学习单、彩色笔、影音设备、笔等。

（2）软件资源：配套 PPT。

二、课程实施

（一）教学活动

1. 认识压力

活动目标　引入"压力"这一主题，并让学生交流对压力的直观感受，激发学生参与课堂的积极性。

指导语　同学们，今天上课之前我们先来看4张图片，请同学们用一句话分别概括一下4张图片的内容，请大家仔细观看图片，等一下老师要请同学们来分享，看哪位同学概括得又快又准！

活动程序

（1）呈现图片，请学生认真观察。

（2）教师提问。

①请同学们用一句话分别概括4张图片的内容。

②4张图片共同表达的主题和什么有关？

③如果用一个画面来描述压力，你觉得它是什么样子的？

学业压力

亲子压力

人际压力

家庭压力

结语 4张图片共同表达的主题正如同学们所说——和压力有关。压力会给人带来一种很不好的体验,但是在现实生活中每个人都要面对来自各方面的压力,那我们怎么去化解压力呢?今天这节课我们就一起来谈谈这个话题。

2. 我的压力圈

活动目标 通过填写自己的"压力圈",盘点自己的压力,让学生认识到生活中的很多情境都可能会引发压力,每个人都要面对压力。即使相同的情境,对不同的人也有可能产生不同程度的压力,每种压力带给自己的感受也不尽相同。

指导语 首先,我们请同学们静静地思考一下:身边有哪些事情会给你带来压力呢?思考过后,我们利用压力圈来盘点一下你当前面临的压力事件。中间的圆圈代表自己,周围的圆圈代表最近产生压力的事情,每个圆圈代表你的一个压力,在这个圆圈里写上压力的具体内容,圆圈越大,代表这方面压力越大,看一看这些事情带给自己的影响有什么不同。完成后,请同学来分享一下你的压力圈。

活动程序

(1)教师提出问题,学生思考。

(2)学生在学习单上完成"我的压力圈"。

(3)学生分享:

①你的压力圈有哪些压力?

②每个圈里的事件给你的感受是什么?

(4)教师适当点评、归纳并板书。

结语 通过刚才的分享,我们会发现压力人人有,对于中学生来说,压力无非来自于学习压力、人际压力、家庭压力,还有自身压力等。大多数同学面对压力会产生一系列的反应,生理上表现为手心出汗、头皮发麻、心跳加速、手抖、肚子疼等;心理上表现为烦躁、焦虑、易怒、紧张、郁郁寡欢、害怕等;行为上表现为拖延、健忘、注意力不集中、睡眠质量下降、没有食欲或者暴饮暴食等。同时,我们会发现即使处于相同的情境,不同的同学也有可能产生不同程度的压力,而且每种压力带给自己的感受也不尽相同。

3. 我的压力档案

活动目标 通过创造性的艺术表达帮助学生觉察、看见和表达心理压力,帮助学生发现和梳理压力带给我们的影响。

指导语 正如刚才我们所说的,压力带给每个人的感受是不同的。那接下来我们请同学们聚焦自己,冥想自己对压力的感受,制作专属于自己的压力档案。如果压力有形状,它是什么形状的?如果压力有重量,它的重量是多少?如果压力是一种颜色,它是什么颜色?如果给压力取一个名字,准备给它取什么名字?当它出现时,可能会给你带来些什么后果?我们给同学们5分钟的时间在学习单上完成你的压力档案。

活动程序

(1)教师提出问题,学生思考。

(2)学生在学习单上完成"我的压力档案"。

(3)学生分享自己的压力档案:

①压力的名字。

②压力的重量。

③压力的形状。

④压力出现的情境。

⑤压力导致的可能后果。

(4)通过呈现压力和效率的"倒U形曲线"图片,学生观看并思考。

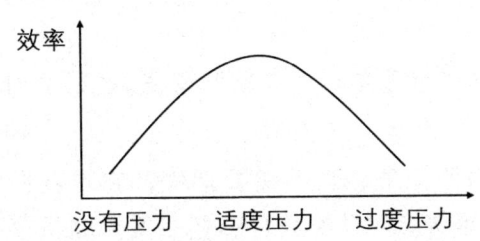

结语 同学们的分享非常棒。有同学说压力有害身心健康,还会干扰我们完成任务;但是有的同学说压力反而增加了动力,促进任务更快更好完成。究竟压力与任务效率之间是一种怎样的关系呢?我们可以从图中获得答案,我们会发现压力过高或者过低都会影响完成任务的效率,只有保持适度的压力才可以更好地激发人的干劲和潜能,提高效率,有效利用压力,能帮助我们发挥得更好!

4. "画"解压力

活动目标　通过讨论、绘画创作和自我对话的形式，引导学生挖掘自身和外部资源，找到应对办法，对压力进行积极赋义。

指导语　同学们，那我们怎么保持适度的压力呢？请结合压力产生的情境，想一想：当我们感觉压力过大时，我们应该怎么应对呢？可以和小组同学讨论商议，后续我们请每个小组派一个代表给我们分享一下你们小组想到的想法。

活动程序

（1）教师提问，学生进行小组讨论。

（2）总结应对压力的方法。

（3）在原来的"我的压力档案"基础上进行压力大变身，并写下想对它说的话。

结语　经过讨论，我们班级已经想到了很多种化解压力的方法，很不错，老师这边也有几点建议给大家，面对压力，我们一要清晰觉察，找出压力事件，辨别感受，确定是什么想法给你造成这样的感觉，讨论情况，重点集中在积极的结果上；二要合理宣泄，可以采用运动、写作、哭泣、放空、呐喊等方式宣泄；三要积极思维，合理预估结果的糟糕程度、合理设置期待、尝试看到糟糕事件中的积极面、少在意他人的评价、少抱怨和自怨自艾，更关注其他可行的替代方案。

5. 与压力同行

活动目标　学生分享本课的体验和感受，教师适时加以点拨与提升，灌注希望。

指导语　压力不可能、也不需要消失，它是我们的朋友还是敌人，更多取决于我们的想法。对此你有什么体会呢？请同学们用一句话总结一下本节课你的收获。

活动程序

（1）学生分享感受。

（2）教师总结。

结语　希望同学们在与压力同行的路上，少一份慌张，多一份从容；少一份自责，多一份接纳。

（二）活动延伸

学习"蝴蝶拍"放松法，积极思维，进行自我放松、自我减压。

（三）效果评价

教学效果评价内容		分值	评价			
			优秀 (9~10)	良好 (7~8)	一般 (6)	较差 (0~5)
学生	1.对本课的内容感兴趣，有参加活动的意愿	10				
	2.愿意参与交流分享	10				
	3.通过体验有所感悟	10				
教师	1.教学内容正确，没有理论上的错误	10				
	2.教学环节完整、流畅	10				
	3.课堂注重体验性，活动形式活泼新颖	10				
	4.尊重学生，注意倾听	10				
	5.引导学生思考和感悟，讲究方法，自然不生硬	10				
	6.课件和板书贴合教学需要	10				
整体	整堂课有无亮点所在	10				
对本节课的意见和建议						
总分	满分为100分，您给本节课打分，总分为（　　）分					
总体评价	（　）优秀　（　）良好　（　）一般　（　）较差					

三、课程拓展

（一）课内活动资料

（1）表达压力的图片（一个人背着一座沉重的大山、一个学生守着堆积如山的作业、一个学生被同伴议论、一个人思绪如麻）。

（2）压力和效率的"倒U形曲线"图片。

（3）TED视频《心理学家的忏悔》。

（4）学习单（样单）。

"画"解压力

班级：　　　学号：　　　姓名：

活动：我的压力圈

要求：

中间圆圈画个人物代表自己，周围圆圈写上让你产生压力的具体事情。每个圆圈代表你的一个压力，圆圈越大，代表这方面压力越大。根据自己的实际情况填写即可。

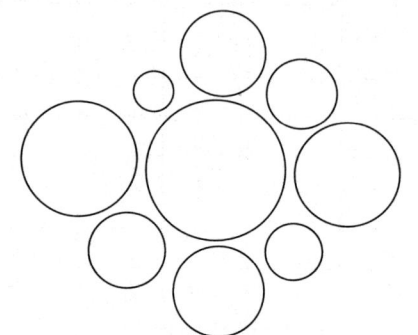

活动：我的压力档案

要求：

想象一下，当前对你来说，你面临的最大压力是什么？如果压力有形状，它长什么样子？将它绘制在下列表格中，并完善压力信息，建立你的压力档案。

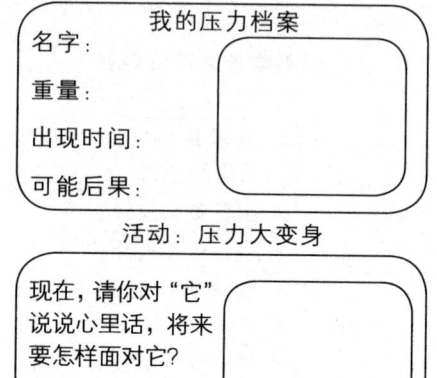

（二）课外拓展资料

1. 书籍《零压人生》，【英】米修·斯托罗尼（著），陈玉嫦（译），北京联合出版公司

压力与身体、大脑密切相关，并且有一定的规律。如果我们掌握了这种规律，那么对抗压力就会变得非常简单。本书从大脑特点、压力激素、生物钟等8个方面入手，分析了影响压力来源的生物学基础，从一个新的视角来审视压力。书中的内容包含了最前沿、最有趣、最实用的抗压方法，绝对让人脑洞大开，轻松实现"零压人生"！

2. 书籍《自控力：和压力做朋友》，【美】凯利·麦格尼格尔（著），王鹏程（译），北京联合出版公司

这是一本帮我们与压力共存的实用指南。本书作者凯利·麦格尼格尔教授认为，对待压力的消极态度是压力有害的根本原因，并非压力事件本身。作者以大量的实验，以及诸多学员的经历分享，阐述了以下观点：改变你对待压力的态度，欢迎、拥抱、接纳压力，你就能转化压力的消极感受，不断地拓展你的能力与资源，增强你与他人的联结，赋予生活更多的意义，提升你的幸福感！

第三十四章　提高应对挫折的能力

一、课程设计

（一）课程名称、对象和时间

课程名称：生而不结，挫而不折

适用对象：初中学生

上课时间：40 分钟

（二）教学目标

（1）了解积极乐观地面对生活的重要性，培养积极乐观的心理品质。

（2）了解适当宣泄情绪的益处和方式。

（3）能够理性看待生活中的失败和挫折。

（4）遇到失败和挫折时，能够运用正确、积极的方式调适心理。

（5）学会寻求专业帮助。

（三）理论依据

《中小学心理健康教育指导纲要（2012）》指出，初中年级心理健康教育的主要内容之一是帮助学生克服困难，培养学生分析问题和解决问题的能力，使其更好地适应初中学习和生活。《中小学德育工作指南》要求开展尊重生命、人际交往、情绪调适等方面的教育，引导学生增强调控心理、应对挫折、适应环境的能力，培养学生积极的心态和良好的个性心理品质。《学生心理健康教育指南》强调学生以积极心态面对学习、生活压力和自我身心所出现的变化，提高应对挫折的能力；培养良好的意志品质，提高学生耐受挫折的能力。

《生命安全与健康教育进中小学课程教材指南》也指出，儿童青少年时期是培育积极心理品质的关键时期，应引导学生学习心理健康知识，增强社会适应能力，保持积极心理状态，了解并掌握解决心理问题的主要方法和途径，增强主动寻求帮助的意识，主动化解困扰，增强抗挫折能力，提升幸福感。

（四）教学策略

1. 学情分析

初中阶段是身心发展的狂风暴雨期，身心发展的不平衡让初中生面临诸多心理挑战，例如被拒绝、失败、打击、批评等各种的不如意，这些都构成了挫折。进入青春期，青少年面临着自我同一性的混乱，内心的矛盾和外部的挑战叠加，如何积极面对挫折对青少年来说很重要。做到挫而不折，适应环境，是青少年抑郁、焦虑问题的重要保护因素。

2. 教学设计分析

为了达成活动目标，本节课分为4个活动：

活动一：通过热身游戏和视频，快速吸引学生的注意力，对挫折有个简单的感知。

活动二：通过绘画，从表达性艺术方面让学生了解自己和挫折的关系。

活动三：通过不同的活动，探索学生内心深处的想法，了解积极乐观地面对生活的重要性，培养积极乐观的心理品质。

活动四：通过各种活动，使学生了解挫折是人生必不可少的一部分，当遇到失败和挫折时，能够运用正确、积极的方式调适心理。

3. 教学重难点

重点：引导学生接纳挫折，学会积极地应对挫折。

难点：了解自己和挫折的关系，增强心理韧性，培养积极乐观的心理品质。

（五）教学资源

（1）硬件资源：活动教室、彩笔、A4白纸、学生按照4~6人一组排好位置。

（2）软件资源：配套PPT（包括视频）。

二、课程实施

（一）教学活动

1. 感知挫折

活动目标　通过热身游戏和视频，快速吸引学生的注意力，对挫折有个简单的感知。

指导语　同学们，我们每个人手中都有一张白纸，请任选一种颜色的彩笔，在这张白纸上画上一条线。

活动程序

（1）学生随意画线。

（2）教师提问：假设这条线是根绳子，你可以用这些绳子做什么？

（3）观看视频《生而为人，没什么抱歉的（上）》。

（4）教师提问：刚才视频中的绳子类似于我们现实中的什么？

结语　大家看完有什么感受？在我们的人生中总会遇到各种困难，这些困难如同一根根绳子，把我们牢牢捆住，难以自拔，你是否也有类似的经历或者困扰，我们今天就来学习如何"生而不结，挫而不折"。

2. 绘色挫折

活动目标　通过绘画，从表达性艺术方面让学生了解自己和挫折的关系。

指导语　同学们，那到底什么是挫折呢？

活动程序

（1）教师解释挫折的概念。

过渡语　请大家拿出刚才的纸，假如这些线条代表绳子，而绳子又意味着各种挫折，那你遇到的挫折是怎样的呢？请在原来的基础上进行修改，可以改变绳子的颜色、形状、长短、粗细、多少等。

（2）学生进行原图修改。

（3）小组内分享：这些线条代表了什么？

（4）把自己画上去，画出自己的位置，表示自己和挫折的关系。

（5）班级分享：自己和挫折的关系。

结语　我们同学都非常具有想象力，在我们的人生中，遇到了大大小小，不同形状、不同样子的挫折，有些挫折我们可以轻松应对，TA被我们牢牢掌握，但有些挫折可能会压垮我们。

3. 对话挫折

活动目标　通过不同的活动，探索学生内心深处的想法，了解积极乐观地面对生活的重要性，培养乐观向上的心理品质。

指导语　当我们遇到不同挫折的时候，我们是什么样的感受呢？大家还记得吗？让我们一起来回顾一下，当我们遇到挫折的时候，我们当时的感受是什么？让我们先来看一段视频。

活动程序

（1）播放视频《生而为人，没什么抱歉的（中）》。

（2）学生分享观看视频的感受。

（3）编写对话：绳子会跟你说什么？你会跟绳子说什么？

（4）班级分享。

（5）教师归纳总结。

结语　通过这个活动，同学们发现没有，我们每个人多多少少都有自己的内心活动，有些同学的绳子会跟你说一些激励的话，帮助你一起克服困难；有些同学的绳子会跟你说一些"丧"的话，成为你成功路上的绊脚石。

4. 正视挫折

活动目标　通过各种活动，了解挫折是人生必不可少的一部分，当遇到失败和挫折时，能够运用正确、积极的方式调适心理。

指导语　同学们，让我们一起再来看一段视频，看看如何才能让这些绳子不束缚你，而是成为你人生中重要的一部分呢？

活动程序

（1）观看视频《生而为人，没什么抱歉的（下）》。

（2）学生分享观看视频的感受。

过渡语　我们的挫折如同一条条绳子，刚开始牢牢捆住了我们，但随着我们开始跟TA对话，赋予TA不同的意义，TA变得生动而形象起来，虽然TA仍然是根绳子，但TA似乎不再那么深深地勒着我们不放，让我们来一起看一组图片，插画家四月用线条描绘了他眼中的一生。

（3）学生欣赏插画《人生是什么呢》（插画见PPT）。

过渡语　那绳子陪伴着我们，有时是条直线，有时又是条波浪线，不管是什么样的形态，TA始终陪伴着我们，也许这根绳子也会像树一样生长，成为自己的大树。那你们所画的绳子又给了你们什么感悟呢？

（4）学生将感悟写在白纸上的任何一个地方。

（5）给自己的作品取名。

（6）观察自己的作品。

结语　亲爱的同学们，让我们再次来看一下手中的画，大家还记得刚开始的样子吗？我们从一张白纸，变成了如此丰富的一张画，我们的人生也是如此，从刚出生的一片空白，慢慢开始在白纸上绘画自己的图案，有挫折、有方法，我们在一点点地成长，希望通过这节课我们一起做到生而不结，挫而不折！

（二）活动延伸

励志语录（可打印给学生）

1. 自己要先看得起自己，别人才会看得起你	2. 努力造就实力，态度决定高度
3. 征服畏惧、建立信心最快的方法，就是去做你害怕的事，直到你获得成功的经验	4. 别想一下造出大海，必须先由小河川开始
5. 我是自然界最伟大的奇迹	6. 记住！只有一个时间是最重要的，那就是现在
7. 成功就是每天进步一点点	8. 拥有梦想只是一种智力，实现梦想才是一种能力
9. 不为失败找借口，只为成功找办法	10. 明天是世上增值最快的一块土地，因为它充满了希望
11. 如果有山的话，就有条越过它的路	12. 所有的胜利，与征服自己的胜利比起来，都是微不足道
13. 相信自己我能行	14. 困难，激发前进的力量；挫折，磨练奋斗的勇气；失败，指明成功的方向
15. 有志者自有千计万计，无志者只感千难万难	16. 什么都可以丢，但不能丢脸；什么都可以再来，唯独生命不能再来；什么都可以抛去，唯有信仰不能抛去；什么都可以接受，唯独屈辱不能接受

续表

17. 当你懈怠的时候，请想一下你父母期待的眼神	18. 遇到困难时不要抱怨，既然改变不了过去，那么就努力改变未来
19. 好好使用我们的大脑，相信奇迹就会来临	20. 明天的希望，让我们忘了今天的痛苦
21. 觉得自己做得到和做不到，其实只在一念之间	22. 相信自己能突破重围
23. 成功就是屡遭挫折而热情不减	24. 我们没有退缩的选择，只有前进的使命
25. 只要我努力过、尽力过，哪怕我失败了，我也能拍着胸膛说："我问心无愧。"	26. 做人要知足，做事要知不足，做学问要不知足
27. 用最少的悔恨面对过去；用最少的浪费面对现在；用最多的梦面对未来	28. 努力不一定成功，但放弃一定会失败
29. 胜人者智，胜之者强。不是成功离我们太远，而是我们坚持的太少	30. 不将就，不凑合，不敷衍，我的生活我做主
31. 人的活动如果没有理想的鼓舞，就会变得空虚而渺小	32. 再长的路，一步步也能走完；再短的路，不迈开双脚也无法到达
33. 昆仑纵有千丈雪，我亦誓把昆仑截	34. 眉毛上的汗水和眉毛下的泪水，你必须选择一样
35. 今天我们继续进步	36. 环境不会改变，解决之道在于改变自己
37. 恐惧自己受苦的人，已经因为自己的恐惧在受苦	38. 世界上最重要的事情，不在于我们身在何处，而在于我们朝着什么方向走
39. 坚韧是成功的一大要素，只要在门上敲得够久够大声，终会把人唤醒的	40. 听从命运安排的是凡人；主宰自己命运的才是强者；没有主见的是盲从，三思而行的是智者
41. 彩虹总在风雨后，阳光总在乌云后，成功总在失败后	42. 强者不一定是胜者，胜者一定是强者
43. 只有一条路不能选择——那就是放弃之路；只有一条路不能拒绝——那就是成长之路	44. 在真实的生命里，每桩伟业都由信心开始，并由信心跨出第一步
45. 坚持不懈，直到成功	46. 外在压力增强时，就要增强内在的动力
47. 今天拼搏努力，他日谁与争锋	48. 努力拼搏，让雄心与智慧在六月闪光
49. 即使爬到最高的山上，一次也只能脚踏实地地迈一步	50. 懒惰等于将一个人活埋
51. 成功不是只有将来才有，而是从决定做的那一刻起，持续积累而成	52. 在人生第一个岔路口上，转出一个漂亮的弯

续表

53.在世界的历史中，每一伟大而高贵的时刻都是某种热情的胜利	54.回避现实的人，未来将更不理想
55.人的才华就如海绵里的水，没有外力的挤压，它是绝对流不出来的。流出来后，海绵才能吸收新的源泉	56.用今天的泪播种，收获明天的微笑
57.忍别人所不能忍的痛，吃别人所不能吃的苦，是为了收获得不到的收获	58.人生重要的不是所站的位置，而是所朝的方向
59.失去金钱的人损失甚少，失去健康的人损失极多，失去勇气的人损失一切	60.旁观者的姓名永远爬不到比赛的计分板上

（三）效果评价

	教学效果评价内容	分值	评价			
			优秀 (9~10)	良好 (7~8)	一般 (6)	较差 (0~5)
学生	1.对本课的内容感兴趣，有参加活动的意愿	10				
	2.愿意参与交流分享	10				
	3.通过体验有所感悟	10				
教师	1.教学内容正确，没有理论上的错误	10				
	2.教学环节完整、流畅	10				
	3.课堂注重体验性，活动形式活泼新颖	10				
	4.尊重学生，注意倾听	10				
	5.引导学生思考和感悟，讲究方法，自然不生硬	10				
	6.课件和板书贴合教学需要	10				
整体	整堂课有无亮点所在	10				
对本节课的意见和建议						
总分	满分为100分，您给本节课打分，总分为（　　）分					
总体评价	（　）优秀　（　）良好　（　）一般　（　）较差					

三、课程拓展

（一）课内活动资料

视频《生而为人，没什么抱歉的》（上、中、下）。

（二）课外拓展资料——励志人物记

桑兰：出生于1981年6月，自1993年起，她便成为了中国女子体操队的一员，并在1997年赢得了全国跳马冠军的荣誉。然而，就在1998年7月22日，桑兰在一次练习中不幸受伤，导致颈椎骨折，并因此胸部以下高位截瘫。一瞬间，一个活泼健康的姑娘就成了瘫痪，这样的事实让人无法接受，但坚强的桑兰醒来第一句话是：我什么时候才能练？遭遇这么大的挫折，她并没有放弃自己的人生，她用一种平和的心态来看待自己，总是用微笑来面对公众，她凭借顽强、乐观、坚强、勇敢的心态，用自己的行动感染着整个世界。艰苦的康复训练并没有让她停止求知的决心，2002年她进入北京大学新闻系攻读学士学位，大学毕业后，她从事与体育有关的报道工作，成为2008年申奥形象大使之一，同时也是2008年的奥运火炬手，并成为北京奥运官方特约记者。

邰丽华：1976年11月生于湖北宜昌，2岁时，因高烧失聪。15岁开始舞蹈训练，成为中国残疾人艺术团的领舞演员。1992年10月，作为唯一一位残疾人舞蹈家登上意大利斯卡拉大剧院的舞台。1994年考取湖北美术学院装潢设计系。1999年，进入湖北省残疾人联合会艺术团。2000年，在纽约卡内基音乐厅演出。荣获全国残疾人艺术汇演一等奖、奋发文明进步奖、个人文艺奖。2002年8月调入北京中国残疾人艺术团，担任演员队队长，同时兼任中国特殊艺术协会副主席。28岁成为艺术总监，塑造了特殊艺术经典《我的梦》。她领舞的《千手观音》在2004年雅典残奥会上震撼世界，在2005年央视春节联欢晚会上再次演绎。她被评为《感动中国》2005年度人物，获得中国青年五四奖章。

第三十五章 识别积极和消极情绪

一、课程设计

（一）课程名称、对象和时间

课程名称：多彩的情绪世界

适用对象：初中学生

上课时间：40 分钟

（二）教学目标

（1）认知目标：认识情绪的基本概念和分类，了解消极情绪背后的心理需要和积极意义。

（2）情感目标：在活动中，切身感受各种情绪的内在需求，减少对消极情绪的偏见。

（3）行为目标：正确看待消极情绪，从消极情绪中发现自己的内在需要，尝试挖掘其积极力量，并指导我们积极行动。

（三）理论依据

"情绪调适"是《中小学心理健康教育指导纲要（2012）》中心理健康教育的重点内容。如果按照性质对情绪进行分类，一般可以分为积极情绪和消极情绪。作为积极情绪的对立面，很多人都会将消极情绪视为有害的，并想要极力避免产生这种情绪。然而，消极情绪其实以一种更隐蔽的方式反映了我们的内在需要，对我们的成长有一定的好处。而通常所说的"控制情绪"，也并不是不产生这种情绪，而是控制好在这种情绪诱导下产生的非理性行为。因此，如何帮助学生及时觉察到情绪，正确理解每种情绪所反映的内在需要，明白自己的心理需求，进而有的放矢地付诸实际行动，便是本节课拟实现的目标。

（四）教学策略

1. 学情分析

六、七年级学生刚刚进入青春期，在小升初的转化适应过程中，不稳定因素较多，容易受到外界环境的干扰，情绪丰富而多变，且因为自我意识增强，独立意识激增，成熟感与幼稚感并存，对事物的看法容易导致非此即彼的极端想法。为了帮助学生保持积极乐观的心态，顺利度过青春期，特设置本课。本课依据学生青春期情绪发展的特点，帮助学生认识情绪，正确看待消极情绪，了解情绪背后的心理需求以及掌握情绪调节的方法。

2. 教学设计分析

为了达成活动目标，本节课分为4个活动：

活动一：感受情绪——击鼓传花。通过活动和老师的提问，帮助学生感受、体验不同情绪，揭示本课主题。

活动二：认识情绪——情绪的概念、分类和功能。通过两张图片引发学生思考：同一件事为何引发不一样的情绪？借此，老师讲解情绪的概念和分类（积极情绪和消极情绪），通过"情绪气水实验"说明情绪对人的影响（功能）。

活动三：情绪有话说——情绪背后是需求。通过讲解情绪冰山理论，说明情绪背后是需求，再具体分析每种情绪背后的心理需求是什么，以及负面情绪的积极意义，帮助学生正确看待消极情绪以及其背后的心理需要。

活动四：情绪管理——情绪日记。结合本节课所学内容，让学生回忆最近发生的事并完成"情绪日记"，学习情绪管理的方法和步骤。

3. 教学重难点

重点：通过讲解、理论（情绪冰山理论）和活动（情绪有话说），让学生明白每一种情绪背后都是未被满足的需求，即便是消极情绪也有积极意义。

难点：通过活动（情绪日记）帮助学生梳理日常生活中常见的情绪，并结合自己的实际情况，知道如何进行情绪管理。

（五）教学资源

（1）硬件资源：活动教室、全班分为5个小组、学习单（情绪日记）、作业单(安心小瓶子)。

(2)软件资源：配套PPT。

二、课程实施

(一)教学活动

1. 感受情绪

活动目标 通过击鼓传花游戏让学生快速感受不同情绪，从而引出主题。

指导语 同学们，上课之前我们先来玩一个叫"击鼓传花"的游戏。

活动程序

(1)讲解"击鼓传花"游戏规则并进行活动。

①游戏规则：鼓声起，沙包在小组内依次传递，鼓声停，传递立即停止！

②拿到沙包的同学被淘汰，需要接受惩罚。

③活动进行两轮，每一轮被淘汰的同学在等候区等待，活动结束后，揭示惩罚内容，学生按要求执行。

④活动过程中，请学生认真感受自己的情绪。

(2)由教师提问"当……时，你的情绪是怎样的？"等如下问题，学生进行回答。

①当老师说击鼓传花被淘汰会有惩罚时……

②当沙包即将传到自己手中时……

③当沙包在其他同学手上停下时……

④当你在等候区等待时……

⑤当得知惩罚是糖果时……

⑥当你以为同学要被惩罚却得到了糖果时……

结语 看来在刚刚的游戏中，同学们都玩得非常投入，感受到了如此丰富的情绪，那情绪到底是什么呢？它对我们的生活又有什么意义呢？今天就让我们一起走进多彩的情绪世界，揭开情绪的神秘面纱！

2. 认识情绪

活动目标 通过展示图片引发思考，老师讲解情绪的概念和分类；通过阅读心理实验，了解情绪对人的影响(功能)。

指导语 首先，我们来看看这两张图片，请大家思考"同样是下雨，为什么会引起不同的情绪呢？"

活动程序

（1）情绪的概念和分类。

①展示两张图片（左图：下雨天户外跑步；右图：农民期盼甘霖），通过提问引发学生思考。

②教师讲解：情绪是人对客观事物的态度体验以及相应的行为反应，它产生于人的愿望和需要是否得到满足。农民伯伯的内心需要是希望下雨，需要被满足了，所以产生高兴的态度体验，并形成辛勤耕耘的行为反应；而小明的内心需要是户外跑步，需要没有被满足，所以产生了失望的态度体验，并形成不继续跑步的行为反应。因此，对人的行为起到促进作用的就是积极情绪，对人的行为具有削弱作用的就是消极情绪。

过渡语 我们了解了情绪的概念和分类后，再来看看情绪对我们到底有什么样的影响呢？心理学家做了这样一个实验，叫"情绪气水实验"。

（2）教师通过呈现"情绪气水实验"来引导学生思考"情绪对人的影响"。

情绪气水实验：有一名生理学家做过一个简单的实验，他把一只玻璃试管插在盛有零度水的容器里，然后收集人们在不同情绪状态下呼在水里的"气水"。心平气和的人呼出来的气体经冷却后是澄清透明无杂质的；悲伤时水中有白色沉淀；悔恨时试管中有蛋白质沉淀；生气时试管中有紫色沉淀。当把人生气时呼出的生气水注射到大白鼠身上时，12分钟后大白鼠竟然死了。实验很简单，结果却令人十分惊讶，人在生气时呼出的物质竟然可以毒死一只大白鼠。

（3）提问：看完实验后，你得到了什么启发？（参考：长期处于消极情绪对身体有害；培养自己积极乐观的心理品质）

3. 情绪有话说

活动目标 通过理论讲解和"情绪连连看"活动，引导学生意识到每一种情绪背后都是未被满足的心理需求，从而正确看待消极情绪，了解消极情绪背后的心理需要。

指导语 同学们，既然消极情绪对我们有害，那我们是不是应该完全摒弃消极情绪呢？著名心理学家萨提亚的"情绪冰山理论"告诉我们并不是这样的。

活动程序

（1）教师讲解"情绪冰山理论"。

每一个人都像漂浮在大海中的一座冰山，我们所看到的情绪和行为都只是露出水面的一小部分，是表象，真正起决定作用的是隐藏在水下的暗涌，也就是我们内心的期待和渴望，这才是本质。所以情绪的背后是需求！每一次的情绪失控都代表了有一种心理需求未被看见！

过渡语 如果情绪会说话，那么每一种情绪都代表了什么心理需求呢？我们一起试着连连看吧！将情绪和对应的心理需求连起来。

（2）情绪—需求连连看（见课内活动资料）。

（3）消极情绪的积极意义。

每一种情绪都有它存在的价值，即便是消极情绪也有积极意义！

愤怒：提醒我们自己受到了侵犯，让我们行动起来去改变身边的环境。

焦虑：适度的焦虑可以充分调动我们的积极性，让我们更加谨慎细致，审视自己的不足。

害怕：提醒我们自己可能处在危险的境地，让我们逃离危险，获得安全。

失望：提醒我们需要对自己的期望做出调整，或调整自己的方法以顺利达到目标。

悲伤：提醒我们自己可能有重要的东西失去了，让我们静下心来深思。

后悔：提醒自己曾经做得不够好，并让我们反思自己哪里不够好，从而指出今后努力的方向。

结语 通过学习"情绪冰山理论"，我们知道了情绪并无好坏之分，

每一种情绪背后都有一个未被满足的心理需求,所以真正厉害的人,不应该是处理情绪,而是看见背后的需求。

4. 情绪管理

活动目标 通过展示"当自己或别人出现某种情绪时,我可以如何做"以及"情绪日记"来帮助学生觉察情绪,掌握应对方法。

指导语 老师给大家推荐一个情绪管理的小工具——情绪日记,这跟我们平时写日记有异曲同工之处,当我们把产生情绪的前因后果进行剖析,并写在纸上,就完成了个体与情绪的分离,这对于我们管理好情绪有非常重要的作用。

活动程序

(1)老师讲解"情绪日记"的步骤并举例(见课内活动资料)。

(2)学生回忆印象深刻的一件事并完成"情绪日记",学习情绪管理的四步骤:觉察情绪、看见需求、挖掘积极力量、指导行动。

结语 每一种情绪都有它想告诉你的秘密,愿同学们都能做个有心人,去看见它们的存在,去挖掘它们背后的需求,去找寻它们独特的意义,去指导我们行动的方向。

(二)活动延伸

1. 课后作业——安心小瓶子

安心小瓶子									
用你喜欢的方式将"安心小瓶子"填满吧!总有让你安心的方法~									
被子里	手机有电	撸猫	画画	听到喜欢的音乐	美食	梦里	每天醒来		
阅读	阳光照在脸上	家里	父母在身边	学校	散步				

续表

（三）效果评价

教学效果评价内容		分值	评价			
			优秀 (9~10)	良好 (7~8)	一般 (6)	较差 (0~5)
学生	1.对本课的内容感兴趣，有参加活动的意愿	10				
	2.愿意参与交流分享	10				
	3.通过体验有所感悟	10				
教师	1.教学内容正确，没有理论上的错误	10				
	2.教学环节完整、流畅	10				
	3.课堂注重体验性，活动形式活泼新颖	10				
	4.尊重学生，注意倾听	10				
	5.引导学生思考和感悟，讲究方法，自然不生硬	10				
	6.课件和板书贴合教学需要	10				
整体	整堂课有无亮点所在	10				
对本节课的意见和建议						
总分	满分为100分，您给本节课打分，总分为（　　）分					
总体评价	（　）优秀　（　）良好　（　）一般　（　）较差					

三、课程拓展——课内活动资料

1. 情绪—需求连连看

① 开心　　　　　为了自我保护而攻击别人

② 得意　　　　　为了得到同情和帮助

③ 害怕　　　　　为了强化所有美好和幸福

④ 嫉妒　　　　　为了被倾听、理解和关注

⑤ 压抑　　　　　为了获得安全感而拒绝冲突

⑥ 抱怨　　　　　为了自己所缺失的，提醒找到自己真正想要的

⑦ 悲伤　　　　　为了赢得欣赏和尊重

⑧ 愤怒　　　　　为了自我保护而回避危险

2. 学案纸——情绪日记

情绪日记（情绪管理小工具）
要求：请回忆最近以来令你印象最深刻、情绪感受最强的一件事，仔细、具体回忆事情发生的过程，并完成《情绪日记》。
第1步：觉察情绪 觉察到了自己或他人的什么情绪？
第2步：看见需求 这个情绪背后有什么未被满足的需求？
第3步：挖掘积极力量 这个情绪的积极意义是什么？
第4步：指导行动 可以做什么，有什么解决方法？

第三十六章　认同专业心理咨询

一、课程设计

（一）课程名称、对象和时间

课程名称：认识心理咨询

适用对象：初中学生

上课时间：40 分钟

（二）教学目标

（1）能够正确看待专业心理卫生服务。

（2）能够判断心理状态是否需要求助专业咨询。

（3）能够模拟寻求专业心理咨询服务的过程。

（三）理论依据

从教育学的角度来看，初中生正处于一个心理发展的关键节点。他们正面临着来自生活各方面的挑战和压力，学会如何去应对这些挑战，对于他们的成长至关重要。因此，将心理咨询的理念和方法巧妙地融入生命教育和健康课程之中，不仅符合学生心理发展的内在需求，更有助于他们建立起一种积极、健康的心态和行为模式。

同时，心理学、医学也为我们揭示了身心健康之间的紧密联系。心理健康与身体健康并不是孤立的，而是相互影响、相互依存的。因此，教导学生如何正确看待专业心理卫生服务，不仅仅是为了解决他们当前的心理问题，更是为了帮助他们建立起一种全面的健康观念，从而更好地促进他们的整体健康。

因此，本课程设计能够紧扣学生的实际需求，帮助他们更好地理解和应对心理问题，促进他们的全面发展。

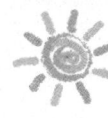

（四）教学策略

1. 学情分析

初中生正处于青春期身心快速发展的时期，面临着诸多挑战和压力。在这个阶段，他们可能会遇到各种心理问题，如学习焦虑、人际关系困扰、自我认知模糊等。然而，由于缺乏专业知识和经验，他们往往不知道如何有效应对这些问题，甚至可能因此产生更严重的心理负担，而他们在出现心理问题后也不知道如何求助专业的心理卫生服务。因此，对于初中生来说，学习如何正确看待专业心理卫生服务，判断自己的心理状态是否需要求助专业咨询，以及了解寻求专业心理咨询服务的过程，减少对寻求专业心理卫生服务的顾虑，具有非常重要的现实意义。

此外，初中生好奇心强，喜欢参与有趣的活动，但同时也需要确保活动的专业性和可操作性。因此，在课程设计中，我们将注重活动的趣味性和专业性相结合，让学生在轻松愉快的氛围中学习知识和技能。

2. 教学设计分析

为了达成活动目标，本节课分为4个活动：

活动一：通过"闭眼投票"小调查活动，活跃课堂气氛，了解学生对心理咨询的认知程度、态度和疑虑。

活动二：通过老师科普心理咨询，使学生能够正确理解心理咨询服务，了解心理咨询的定义、功能、工作方式及原则，认识到心理咨询的重要性，并学会在适当时机寻求专业的心理咨询服务。

活动三：让学生通过角色扮演，模拟寻求专业心理咨询服务的过程，加深对心理咨询流程和方法的理解。

活动四：通过回顾最初提出的10个问题，并给出正确答案，帮助学生巩固和加深对心理咨询的理解。

3. 教学重难点

重点：正确理解心理咨询的概念与重要性，消除误解，建立信任；学会识别心理问题和求助信号，自我评估心理状态，主动求助。

难点：通俗易懂地传授心理咨询专业知识，引导学生实际应用；设计专业且有趣的模拟活动，让学生体验心理咨询过程。

（五）教学资源

（1）硬件资源：活动教室、学生按照 6 人一组排好位置。

（2）软件资源：配套 PPT、心理咨询情境卡片、心理咨询师与来访者角色帽。

二、课程实施

（一）教学活动

1. 课堂小调查——闭眼投票

活动目标　通过"闭眼投票"小调查活动，活跃课堂气氛，同时了解学生对心理咨询的认知程度、态度和疑虑，有助于后续课程的开展。

指导语　你听过心理咨询吗？你对其了解多少呢？接下来，请大家轻轻闭上眼睛，趴在桌上，老师会问几个问题，如果你同意题目的说法，请你举手。

活动程序

（1）老师逐条读出以下关于心理咨询的陈述，每读完一条后，请学生闭眼举手表达是否同意该说法。老师将每个问题的举手数目写在黑板上。

①有困难我自己扛扛就过去了，我很坚强的！

②别人会笑话我，如果去心理咨询的话就代表自己不是正常的健康人了。

③我不想讲个人隐私，去心理咨询感觉不安全，也不好意思。

④咨询就是聊聊天，讲道理，安慰一下，找个家人、朋友开导我，不也一样吗？

⑤我自己看点心理学书籍，不是更方便、更便宜吗？

⑥我去医院挂精神科，会不会更专业？

⑦心理咨询应该可以一次性解决问题。

⑧心理咨询就是给人提建议，告诉我们怎么解决问题的。

⑨心理辅导、心理咨询、心理治疗傻傻分不清楚。

⑩什么人都可以进行心理咨询。

结语　感谢大家的积极参与和真实表达。通过本次"闭眼投票"小调查，我们初步了解了大家对心理咨询的看法和疑惑。那真正的答案是怎样的呢？相信大家上完今天这堂课就能正确回答以上问题了。

2. 认识心理咨询

活动目标　通过本次活动，使学生能够正确理解心理咨询服务，了解心理咨询的定义、功能、工作方式及原则，认识到心理咨询的重要性，并学会在适当时机寻求专业心理咨询服务。

指导语　接下来，我将带领大家深入了解心理咨询的各个方面，帮助大家对心理咨询有一个更科学、更全面的认识。

活动程序

（1）老师讲解：心理咨询的基本概念。

①定义与功能：心理咨询是专业的心理咨询师运用心理学知识和技术，通过一系列的方法和手段，帮助求助者解决心理问题、提高心理素质、促进个人成长的过程。它就像是我们心灵的指南针，帮助我们找到正确的方向，走出心灵的迷雾。

②工作对象及内容：工作对象为有心理问题的来访者，如受焦虑、抑郁等情绪困扰，强迫、成瘾等行为障碍，边缘人格、认知僵化等问题。

③工作人员：受过心理咨询专门训练的专业人员，尽管朋友也可以提供倾诉，提供支持，但不能提供专业咨询服务。

④工作方式：运用心理学的原理，采取相关的咨询策略，使用恰当的心理学技术和方法，减轻或解决来访者的心理困扰。

⑤工作目标：实现来访者的自助，咨询并不是解决实际的问题，而是使来访者获得心理成长，使其在未来遇到类似的难题时可以自助抉择，实际上是助人自助的过程。

（2）老师讲解：心理咨询的基本原则。

①价值观中立原则：尊重来访者的价值观，不轻易以自己的价值准则对来访者进行武断、任性的价值判断，不迫使来访者接受自己的观点和态度。

②助人自助性原则：促进来访者成长，自强自立，能够自己面对和处理个人生活中的各种问题。

③保密性原则：心理咨询师要尊重和尽可能地保护来访者的隐私。

④综合性原则：综合考虑来访者心理问题的表现和成因、综合运用各

种方法帮助来访者。

⑤灵活性原则：在不违反其他原则的前提下，灵活操作，以便取得最佳的咨询效果。

（3）学生讨论：什么情况下需要心理咨询？教师进行总结，并提醒学生，当发现周围的同学或朋友、家人出现下列情况时，也要提醒他们去心理咨询。

①生活中遇到重大选择犹豫不定时。

②学习压力大，无力承受但又不能自行调节时。

③初涉世事，对新环境适应困难时。

④经受挫折之后，精神一蹶不振时。

⑤过分自卑，经常感到心情压抑者。

⑥在社会交往方面，自感有障碍的人（如社交恐惧、自我封闭、孤僻者）。

⑦经历了失恋、失去亲人等情况之后，心灵创伤无法"自愈"者。

⑧婚姻及家庭关系不和睦，渴望通过指导改善者。

⑨性格变化很大，或出现奇怪的行为，如十天半个月不洗澡、无缘无故长时间不去上课等。

⑩患有某种身体疾病，对此产生心理压力者。

⑪时常厌食、暴食，或感觉有睡眠障碍者。

⑫轻度性心理障碍者。

（4）播放《心理咨询前后对比》短视频，让学生了解心理咨询的效果。

结语 通过老师的介绍，相信大家对心理咨询服务有了更加全面和深入的了解。心理咨询并不是神秘的，而是我们解决问题、提升自我、实现成长的重要途径。希望大家能够正确看待心理咨询，当遇到心理问题时，勇敢地寻求专业帮助。同时，也希望大家能够关心身边的同学和朋友，当他们需要帮助时，给予及时提醒和支持。

3. 模拟咨询

活动目标 让学生通过角色扮演，模拟寻求专业心理咨询服务的过程，加深对心理咨询流程和方法的理解。

指导语 接下来，我们真实模拟咨询场景。每组需选出一名同学担任"心理咨询师"角色，另一名同学则扮演"求助者"。活动开始前，"求助者"将依据事先准备好的情境卡片，详细描述自己的心理困扰。作为"心理咨询师"，你需运用所学的心理咨询知识和技巧，给予"求助者"恰当的建议和指导。其余同学则负责观察并记录活动过程中的亮点与不足之处。

活动程序

（1）分组与角色分配：学生自由组合成若干小组，每组内通过讨论或抽签方式确定"心理咨询师"和"求助者"的角色。

（2）情境描述："求助者"根据情境卡片（见课内活动资料），生动而具体地描述自己的心理困扰，确保情境真实可信。

（3）角色扮演与咨询："心理咨询师"根据"求助者"的描述，结合所学知识和情境分析，给予专业且贴心的建议和指导。

（4）观察与记录：其他学生认真观察活动过程，记录"心理咨询师"与"求助者"的互动情况，以及活动中的亮点和需要改进之处。

（5）分享与总结：活动结束后，每组轮流展示模拟活动情况，其他学生可提出问题和建议。教师将根据各组的表现，总结活动中表现出的优点和不足之处，并强调主动寻求心理帮助的重要性及咨询技巧。

结语 心理咨询虽然无法快速解决问题，但是能让你时刻感受到被理解、被支持，也会帮你从一个更广阔的视角看待当下遇到的问题。

4. 再次投票

活动目标 通过回顾最初提出的10个问题，并给出正确答案，帮助学生巩固和加深对心理咨询的理解。

指导语 同学们，还记得在课程开始时我们进行的"闭眼投票"吗？那时候，我们面对的是一些有关心理咨询的疑问和困惑。现在，随着课程的深入，我相信大家对这些问题已经有了更加清晰和准确的认识。接下来，让我们一起再次回顾这些问题。

活动程序

（1）问题回顾：老师逐条读出关于心理咨询的陈述。

（2）答案讨论：学生们一起思考并讨论正确答案。鼓励大家积极发言，分享自己的观点和理解。

（3）答案揭晓：在讨论的基础上，老师给出正确答案。

（4）总结与反馈：对整个回顾过程进行总结，强调关键知识点，并鼓励学生在遇到心理困扰时，勇于向专业心理咨询者求助，或者向学校的心理辅导老师寻求帮助。

结语 通过今天的活动，我们不仅对心理咨询有了更加深入的了解，还学会了如何在实际生活中应用这些知识。希望大家能够将所学应用到日常生活中，为自己的心理健康保驾护航。同时，也希望大家在遇到心理困扰时，能够勇敢迈出求助的一步，寻求专业帮助。记住，我们学校的心理咨询室和心理辅导老师永远是你们坚强的后盾。

（二）活动延伸

课后作业：心理咨询科普海报

1）作业目标

普及心理咨询的基本概念，消除误解和偏见。

介绍心理咨询的重要性和适用人群。

展示学校心理咨询室的服务内容和预约方式。

2）海报要求

海报内容应准确、科学，避免夸大或误导。

排版美观大方，图文并茂，易于理解。

字体大小适中，颜色搭配合理，确保海报的整体视觉效果。

3）作业提交

请以小组为单位完成海报设计，确保每位小组成员都参与其中。

完成后，将海报拍照或扫描成电子版，通过班级群或邮件提交给老师。

提交截止时间：[具体日期]。

4）作业评价

老师将根据海报的内容准确性、设计美观性、创意性等方面进行综合评价，并选出优秀作品进行展示和表彰。

（三）效果评价

教学效果评价内容		分值	评价			
			优秀 (9~10)	良好 (7~8)	一般 (6)	较差 (0~5)
学生	1. 对本课的内容感兴趣，有参加活动的意愿	10				
	2. 愿意参与交流分享	10				
	3. 通过体验有所感悟	10				
教师	1. 教学内容正确，没有理论上的错误	10				
	2. 教学环节完整、流畅	10				
	3. 课堂注重体验性，活动形式活泼新颖	10				
	4. 尊重学生，注意倾听	10				
	5. 引导学生思考和感悟，讲究方法，自然不生硬	10				
	6. 课件和板书贴合教学需要	10				
整体	整堂课有无亮点所在	10				
对本节课的意见和建议						
总分	满分为 100 分，您给本节课打分，总分为（　　）分					
总体评价	（　）优秀　（　）良好　（　）一般　（　）较差					

三、课程拓展

（一）课内活动资料

（1）视频《心理咨询前后对比》。

（2）情境卡片（样板）。

情境卡片一：小明，13 岁，初一学生。

小明近期总感到焦虑和不安，尤其是在面对即将到来的期中考试时。他担心自己成绩下滑，会让父母失望，同学们也会嘲笑他。晚上经常失眠，白天上课时注意力难以集中，偶尔还会在课上突然心慌，害怕老师提问。小明觉得自己压力山大，却不知如何缓解。

情境卡片二：小雨，14岁，初二学生。

小雨最近与朋友的关系变得紧张，感觉被排挤在外。她尝试主动交流，但似乎总是融入不了她们的圈子。这让她感到孤独和沮丧，开始怀疑自己的价值和魅力。晚上回家后，小雨经常独自哭泣，对上学也产生了抵触情绪。

（二）课外拓展资料

· 心理咨询常见流派

（1）精神分析流派：精神分析流派以弗洛伊德的理论为基础，深入探索个体的内心世界。它强调潜意识的作用，认为人的许多行为和情感反应都受到潜意识中未被察觉的欲望和冲突的影响。精神分析流派通过自由联想、梦境解析等技术，帮助个体揭示和处理深层次的心理冲突，实现自我认知和情感的调和。

（2）行为主义流派：行为主义流派从学习的角度出发，认为人的行为是通过刺激与反应之间的联结形成的。它关注外在环境对个体行为的影响，并通过改变行为模式来纠正不良的心理反应。行为主义流派常用的技术包括暴露疗法、系统脱敏等，旨在帮助个体建立健康的行为习惯，提高适应能力。

（3）认知流派：认知流派聚焦于个体的思维过程和认知结构。它认为个体的思维方式会直接影响其情绪和行为反应。当个体的思维方式存在偏差或扭曲时，可能会导致不良的情绪和行为问题。认知流派通过认知重建、情绪调节等技术，帮助个体识别和改变消极的思维模式，建立积极的自我认知，从而改善心理健康状况。

（4）人本主义流派：人本主义流派强调人的潜能、价值和自我实现的重要性。它认为每个人都有内在的自我价值和成长的潜能，而心理问题的产生往往是由于个体在成长过程中受到外界环境的限制和压抑。人本主义流派的治疗师致力于创造一个支持性的环境，让个体能够自由地表达自我，探索内在需求，实现自我成长和潜能的发挥。

（5）格式塔（完形）流派：格式塔流派注重个体的整体性和完整性。它认为个体的心理问题是由于某些部分的经验或感受被压抑或忽视，导致整体的不完整和失衡。格式塔流派的治疗师通过促进个体的自我察觉和表达，帮助其重新体验和整合被压抑的部分，实现个体的完整性和平衡。

这些流派各具特色，为心理咨询提供了不同的理论框架和治疗方法。在实际应用中，选择适合的流派取决于个体的需求和情况，同时也需要咨询师具备相应的专业知识和经验。

第三十七章　了解艾滋病

一、课程设计

（一）课程名称、对象和时间

课程名称：飘扬的红丝带

适用对象：初中学生

上课时间：40 分钟

（二）教学目标

（1）了解艾滋病的概念、病毒特性和传播途径。

（2）意识到保护自己的重要性。

（3）了解预防艾滋病病毒感染的方法和个人防护措施。

（三）理论依据

本课参考了认知发展理论、健康教育理论和社会学习理论进行教学设计。首先，根据认知发展理论，初中生的思维正逐渐从具体直观向抽象逻辑过渡，因此通过视频导入和互动讨论的方式，能够帮助学生从具体材料中抽象出艾滋病的基本概念，进而形成自己的认知结构。其次，健康教育理论强调通过教育手段提高学生对健康问题的认识，本课正是通过认识艾滋病的学习，从而增强学生的健康意识，培养健康的生活方式。最后，社会学习理论认为学生通过观察和模仿他人行为来学习。在本课中，学生不仅能够通过老师的讲解获取知识，还能在小组讨论中观察和学习其他同学的观点和做法，进而内化为自己的认知和行为模式。本课旨在帮助学生全面、深入地认识艾滋病，提高预防意识，培养健康的生活习惯。

（四）教学策略

1. 学情分析

初中生对于艾滋病这一话题普遍存在一定的好奇心和求知欲，但由于年龄和认知水平的限制，他们对于艾滋病的了解往往停留在表面，缺乏深入和系统的认识。此外，他们正处于青春发育期，心理波动较大，容易受到外界信息的影响，对于艾滋病的态度可能存在一定的偏见和误解。因此，在教学过程中，我们需要充分考虑到学生的这些特点，采用生动有趣、易于理解的教学方式，引导他们正确看待艾滋病，增强他们的健康意识和预防意识。同时，我们还需要注重与学生的情感沟通，关注他们的心理变化，帮助他们建立正确的价值观和态度，以更好地应对艾滋病这一健康问题。

2. 教学设计分析

为了达成活动目标，本节课分为4个活动：

活动一：通过视频导入，让学生对艾滋病有一个初步的认识，引出课程主题。

活动二：通过游戏模拟艾滋病病毒（HIV）的传播过程，让学生直观感受HIV传播速度之快，从而增加对HIV传播机制的了解。

活动三：通过模拟游戏，让学生了解HIV对免疫系统的破坏能力，加深对HIV致病机制的认识。

活动四：通过讲解与互动，让学生了解HIV的传播途径和预防措施，增强预防艾滋病的意识和能力。

3. 教学重难点

重点：明确艾滋病的概念、病毒特性及传播途径，为学生构建基础知识框架。

难点：引导学生克服对艾滋病的误解，深化对个人防护措施的理解与实践，强化自我保护意识。

（五）教学资源

（1）硬件资源：活动教室、学生按照6人一组排好位置、若干盒彩笔和A3白纸。

（2）软件资源：配套PPT。

二、课程实施

（一）教学活动

1. 认识艾滋病

活动目标 通过视频导入，让学生对艾滋病有一个初步的认识，引出课程主题。

指导语 同学们，今天我们将一起探索一个既神秘又重要的健康话题——艾滋病。在开始之前，老师想先请大家看一段视频，请大家认真观看，并思考一下你对艾滋病的了解有多少。

活动程序

（1）播放视频：《认识艾滋病》。

（2）观看引导：在播放视频的过程中，老师可以适时地提出一些引导性的问题，如"你们从视频中看到了什么？""艾滋病是怎样传播的？"等，引导学生关注视频中的重要信息。

（3）初步讨论：视频播放结束后，老师组织学生进行简短的讨论，分享各自的观后感和想法。

结语 通过这段视频，我们对艾滋病有了一个初步的了解。在接下来的学习中，我们将一起深入探讨，帮助大家更好地认识艾滋病，保护自己和他人的健康。

2. 握手游戏

活动目标 通过游戏模拟 HIV 的传播过程，让学生直观感受 HIV 传播速度之快，从而增加对艾滋病传播机制的了解。

指导语 同学们，现在我们要玩一个握手游戏，所有人可以在教室里自由走动并自愿和其他人握手。

活动程序

（1）角色设定：教师事先暗中选择 3 名同学作为"感染者"，将他们的手心涂上不易干的颜料。

（2）自由互动：所有同学在教室内自由走动，自愿与他人握手。教师提醒同学们注意可能发生的"感染"。

（3）游戏进行：游戏持续 5 分钟，期间同学们可以自由握手并观察

"感染"情况。游戏结束后，同学们回到座位。

（4）结果统计：教师询问并统计有多少同学被染上了颜料，即"感染"人数。

（5）意义解析：解释游戏背后的意义，指出"染上颜料者"代表HIV携带者，握手象征无保护的高危行为，强调HIV的传播速度之快。

结语 通过刚才的握手游戏，大家直观感受到了HIV的快速传播特性。希望大家能够从这个游戏中深刻认识自我防护的重要性。

3. 人体免疫大作战

活动目标 通过模拟游戏，让学生了解HIV对免疫系统的破坏能力，加深对HIV致病机制的认识。

指导语 同学们，接下来我们要玩一个名为人体免疫大作战的游戏，让我们仔细听一听游戏的规则。

活动程序

（1）角色设定：6名同学围成一圈代表"免疫系统"，1名同学站在中间代表"健康的身体"，另外3名同学分别扮演"流感""胃肠炎"和"艾滋病病毒"。

（2）游戏规则："流感"和"胃肠炎"试图接触"健康的身体"，而"免疫系统"和"健康的身体"则努力躲避。若"流感"和"胃肠炎"接触到"免疫系统"，需立即避开。

HIV介入：引入"HIV"角色，若其接触到"免疫系统"中的任何一人，该人即退出游戏。此时，"流感"和"胃肠炎"更容易接触到"健康的身体"。

（3）游戏结束与讨论：游戏结束后，老师解释HIV如何破坏免疫系统，使身体易受疾病侵害。

结语 通过今天的模拟游戏，我们深刻感受到了HIV对免疫系统的破坏力。在日常生活中，我们要加强自我保护意识，预防艾滋病的传播。

4. 如何预防艾滋病？

活动目标 通过讲解与互动，让学生了解艾滋病的传播途径和预防措施，增强预防艾滋病的意识和能力。

指导语 同学们，我们刚刚通过模拟游戏了解了艾滋病的传播速度之快和危害。但是，大家不用担心，艾滋病是可以预防的。接下来，我们就一起学习如何预防艾滋病。

活动程序

（1）知识讲解：老师简要介绍艾滋病的传播途径，包括性传播、血液传播和母婴传播。同时强调，日常生活中的握手、拥抱、共用餐具等行为是不会传播艾滋病的。

（2）互动问答：老师提出问题，如"你们知道如何避免艾滋病的性传播吗？"引导学生思考并回答，老师对学生的回答进行点评和补充。

（3）小组讨论：学生分组讨论如何在日常生活中做到预防艾滋病，并分享彼此的想法和做法。老师巡视指导，鼓励学生积极参与讨论。

结语 同学们，通过今天的学习，我们了解了艾滋病的传播途径和预防措施。希望大家能够将所学知识运用到日常生活中，做到洁身自好，远离艾滋病。同时，我们也要关心和帮助身边的HIV感染者，用我们的爱心和行动为他们创造一个更加温暖的社会环境。

（二）活动延伸

课后作业：撰写一篇艾滋病预防短文

内容：撰写一篇短文，介绍如何在日常生活中预防性传播疾病。文章应包含对性传播疾病的认识、预防措施和个人行为的建议等方面。

字数：不少于500字，注意语言流畅，条理清晰。

评分标准：内容完整，涵盖题目要求的各个方面。

语言流畅，无错别字和语病。

条理清晰，逻辑性强，结构完整。

温馨提示：在撰写短文时，请保持客观和科学的态度，避免使用不当或冒犯性语言。

（三）效果评价

教学效果评价内容		分值	评价			
			优秀 (9~10)	良好 (7~8)	一般 (6)	较差 (0~5)
学生	1. 对本课的内容感兴趣，有参加活动的意愿	10				
	2. 愿意参与交流分享	10				
	3. 通过体验有所感悟	10				
教师	1. 教学内容正确，没有理论上的错误	10				
	2. 教学环节完整、流畅	10				
	3. 课堂注重体验性，活动形式活泼新颖	10				
	4. 尊重学生，注意倾听	10				
	5. 引导学生思考和感悟，讲究方法，自然不生硬	10				
	6. 课件和板书贴合教学需要	10				
整体	整堂课有无亮点所在	10				
对本节课的意见和建议						
总分	满分为100分，您给本节课打分，总分为（　　）分					
总体评价	（　）优秀　（　）良好　（　）一般　（　）较差					

三、课程拓展

（一）课内活动资料

科普视频《认识艾滋病》。

（二）课外拓展资料

· **艾滋病相关的重要法律条文**

《艾滋病防治条例》明确指出，艾滋病防治工作应以预防为主，结合防治措施，形成政府主导、各部门协同、全社会参与的综合防控体系。同时，该条例坚决反对任何形式的歧视，保障艾滋病病毒感染者、患者及其家属的合法权益不受侵犯。对于故意传播艾滋病病毒的行为，法律将追究其民事赔偿责任。

在《中华人民共和国刑法》中,第三百六十条明确规定,明知患有梅毒、淋病等严重性病而从事卖淫、嫖娼活动的个人将受到法律制裁,可能被判处有期徒刑、拘役或处以罚金。更为严重的是,若明知自己感染艾滋病病毒并故意传播给他人,特别是在性关系中不采取防护措施,可能构成故意伤害罪,将受到严厉的刑事处罚。

《中华人民共和国传染病防治法》则将艾滋病列为乙类传染病,强调相关机构和个人必须采取必要的预防和控制措施,遏制其传播与扩散。

此外,《中华人民共和国国境卫生检疫法》要求对出入境人员进行严格的卫生检疫,旨在防止包括艾滋病在内的传染病跨境传播。

这些法律条文为艾滋病的防治工作提供了坚实的法律基础,不仅保护了艾滋病病毒感染者及其家属的权益,也对故意传播病毒的行为进行了明确的法律制裁。全社会应积极响应,共同遵守这些法律法规,加强艾滋病的预防与控制,共同构建一个健康、和谐的社会环境。

第三十八章　掌握急救基础知识

一、课程设计

（一）课程名称、对象和时间

课程名称：常见急救基础知识及技能

适用对象：初中学生

上课时间：40 分钟

（二）教学目标

（1）学会判断伤员意识、呼吸和心跳是否存在。

（2）学会人工呼吸和胸外按压等急救方法，了解进行心肺复苏的基本操作步骤。

（3）初步掌握处理和包扎伤口的基本方法。

（三）理论依据

《生命安全与健康教育进中小学课程教材指南》指出，良好的学校生命安全与健康教育有助于学生树立正确生命观、健康观、安全观。养成健康文明行为习惯和生活方式，自觉采纳和保持健康行为，为终身健康奠定坚实基础。

在日常生活中，有时会遇到各种紧急情况，如异物堵塞气道、溺水、中暑、煤气中毒、触电、刺伤、切割伤等，在等待医务人员赶到事故现场时，目击者往往因不懂紧急救护的方法，而错失了抢救生命的最佳时机。因此，在重视生命教育的今天，教会学生在遇到突发事件时，如何进行紧急救护就显得尤为重要。

（四）教学策略

1. 学情分析

对于中学生来说，一些基本急救技能与方法可能都不会操作，但这些技能与方法对中学生来说又是必须要掌握的。本节课主要突出生命教育，要求学生学会关爱自己、关爱他人。在进行本课的学习时，教师根据学校实际情况，在可能的情况下，与卫生室老师一起合作，先对班级卫生员进行必要的培训，然后在课堂上由班级卫生员担任急救小助手，辅助开展学生互助实践活动，提高课堂实践活动的有效性。本节课希望：做到人人练习并学会人工呼吸和胸外按压的急救方法，学会用绷带简单处理和包扎伤口的方法。

2. 教学设计分析

从一个个意外事件引入，创设情境，让学生体会在发生意外事故现场实施紧急救护的重要性，认真地观摩和练习海姆立克急救法、心肺复苏急救、现场伤口包扎。主要有以下3个活动：

活动一：根据患者的气道梗阻程度不同、年龄不同，学会用不同的海姆立克急救方法。

活动二：如果碰到意外溺水、中暑、煤气中毒、触电等事件，学会判断伤员的意识、呼吸和心跳是否存在，学会人工呼吸和胸外按压等急救方法。

活动三：教师利用PPT展示同学们平时在学校或家里进行活动时意外受伤的场景，通过提问和讨论，学会怎样处理伤口。

每个活动通过学生现场练习，亲身实践，感受珍惜自己和他人生命的重要性。

3. 教学重难点

重点：现场异物堵塞气道、心肺复苏、刺伤和切割伤包扎的方法练习。

难点：现场心肺复苏的急救方法。

（五）教学资源

（1）硬件资源：准备两个心肺复苏模拟人；碘伏、消毒纱布、绷带、胶布条；安排几组同学进行现场心肺复苏操作练习和模拟伤口处理和包扎练习。

（2）软件资源：课件PPT，视频《基护心肺复苏》《AED使用操作》《切伤刺伤较深处理方法》。

二、课程实施

（一）教学活动

1. 异物堵塞气道的急救技能

活动目标 通过事件分析，认识到异物堵塞气道利用海姆立克急救法的重要性。

指导语 先请同学们看一件意外事件：笔帽当口哨吹，9岁男孩气道险些被堵死。

活动程序

（1）介绍"笔帽当口哨吹，9岁男孩气道险些被堵死"事件。

过渡语 气道异物梗阻需要尽快采取急救措施，根据患者的梗阻程度不同，急救措施有所不同。

（2）气道梗阻的分类：

①轻度梗阻：如果意识清楚且有咳嗽动作，可以帮助患者咳嗽，采取轻叩背部的动作，帮助其咳出异物。

②重度梗阻：如果发现患者不能说话、没有咳嗽、面色青紫，此时应该采取海姆立克腹部冲击法。

③梗阻时间较长：去医院采取支气管镜取异物的办法取出。

（3）海姆立克急救法：不同年龄段的人采用不同的方法（见课内活动资料）。上课老师和卫生老师或课代表操练演示。

（4）易堵塞气管的食物介绍：

容易堵塞气道的食物有果冻、糖果、坚果、鱿鱼丝、花生酱、大块的肉、多刺的鱼、小巧的水果、多纤维的蔬菜、长的面条。各种小而光滑的食物，如汤圆、糍粑、年糕、圆形巧克力等，可能来不及咀嚼就滑落下肚，容易误入气道。此外，硬币、纽扣、弹珠等小巧的玩具，容易被孩子误食，增加堵塞气道的风险。

结语 认识到气道异物重在防范。儿童会厌部软骨尚未发育成熟，当口含异物时，一旦遇到惊吓或大笑、咳嗽等情况，极易将异物吸入气管引起阻塞。需建立安全防范意识，儿童青少年不要随意将有风险的物品放入嘴里、鼻子里、耳朵里。此外，如果不小心呛入气道或其他孔洞时，务必第一时间告知大人或老师。

2. 心肺复苏急救技能

活动目标 通过学习获得判断伤员意识、呼吸和心跳是否存在的方法。初步学会心肺复苏的操作技能。

指导语 这是一起心搏骤停的真实事例。2016年上海国际马拉松比赛中，一选手突然昏迷，幸好立刻进行了现场心肺复苏，患者恢复意识。当时这位马拉松选手突然心搏骤停，这会导致血液循环停止，全身各个脏器的氧气供应完全中断。

活动程序

（1）PPT展示马拉松赛场突发意外事件。介绍"黄金4分钟"：在缺氧时间控制在4分钟之内，其损伤的脑组织功能还有恢复的可能，但如果心跳停止超过4分钟，可能会造成脑组织永久损伤，甚至死亡。心跳停止4分钟内进行现场急救，患者救活率可达到50%，而超过这个时间被救活的希望就很渺茫。

（2）怎样判断患者意识是否存在：轻拍高喊。

（3）怎样判断患者呼吸、心跳是否存在？看、听、试判定呼吸，试测颈动脉搏动。

（4）心肺复苏急救法（CPR）。

①心肺复苏操作步骤：

- 判断患者有无意识。
- 摆正体位。
- 实施口对口人工呼吸。
- 胸外按压。
- 实施人工呼吸的同时进行胸外按压，两者交替进行，胸外按压和人工呼吸的比例是30∶2。

②观察老师的演示，体会心肺复苏的过程：

- 轻拍高喊，判断患者意识是否丧失。并同时拨打急救电话"120"，请求前来帮助。

- 迅速将患者置于仰卧位，判断其呼吸、心跳是否存在。
- 仰头举颏（下巴），清除口中异物。
- 若无呼吸、有心跳，则实施人工呼吸（注意要捏鼻推颏，吹气强度以吹气后患者胸廓有起伏为宜）；若有呼吸、无心跳，则实施胸外按压。按压深度：4~5厘米，按压频率：80~100次/分钟；若既无呼吸又无心跳，则实施人工呼吸的同时，进行胸外按压。胸外按压和人工呼吸的比例为30:2。

学生观看视频《基护心肺复苏》。看完后利用心肺复苏模拟人，请4位同学演示练习现场心肺复苏的过程，教师注意观察学生的操作，及时帮助学生纠正不规范的操作。

（5）现场急救设备——自动体外除颤仪（AED）的使用。心肺复苏是抢救心搏骤停行之有效的方法，同时，为了争取抢救的时间，使心脏能够在最短的时间内恢复运作，可以使用自动体外除颤仪。如果患者无意识、无呼吸、无脉搏，则立即开始心肺复苏，尽快使用AED。学生观看视频《AED使用操作》。

（6）同学可以互评，评出"最佳小组"和"优秀救护队员"。

结语　刚才演示的4个同学做得很棒。大家都知道，通过心肺复苏对呼吸和循环进行有效的人工支持，保证对脑、心和其他重要脏器的供氧，能提高心跳、呼吸暂停后的抢救成活率。希望同学们能学以致用，在遇到突发事件时，能进行紧急救护。

3. 伤口处理和包扎

活动目标　学习处理日常小伤口的方法，模拟伤口处理和包扎，提高实践能力。

指导语　同学们平时在学校或家里进行活动时意外受伤后怎么办呢？

活动程序

（1）遭遇开放性伤口的后果。

伤口是细菌侵入人体的门户，如果伤口被细菌污染，就可能引起化脓或其他并发症，严重者影响身体健康，甚至危及生命。

（2）伤口处理与包扎的重要性。

保护伤口，减少细菌感染、压迫止血，减轻疼痛，为伤口早日愈合创造有利条件。

（3）常见伤口类型的处理和包扎方法介绍。

①常见伤口：刺伤和切割伤，不同的伤口有不同的处理和包扎方法，伤口大而深时应立即压迫止血。

②手指切断处理方法：断指上举。用纱布、冰块、塑料袋、冰壶保护好断指。

（4）观看视频《切伤刺伤较深处理方法》

上课时，教师和卫生老师或课代表，边示范边讲解包扎要领：绷带卷朝外的一面接触消毒纱布，便于绕圈时展开；绷带头先用手指后用绷带压紧，以免滑动；缠绕时要带紧，一圈压一圈，最后用胶布条粘好绷带末梢或者打结绷紧。

（5）学生活动：分成两人一组，练习用绷带进行环形包扎。

结语　我们学了急救包扎的简便方法，在发生意外受伤的时候，我们可以用学会的方法对伤口进行及时的包扎，然后及时就医。这样，可以避免伤口受污染，提高医治效果。

（二）活动延伸

在进行心肺复苏急救技能教学后，将全班同学分成两组，利用心肺复苏模拟人，轮流练习现场心肺复苏的过程，教师注意观察学生的操作，及时帮助学生纠正不规范的操作。同时，教育学生在急救过程中应坚持救护，不要轻易放弃，直到患者恢复自主呼吸或120急救车到达为止。

（三）效果评价

教学效果评价内容		分值	评价			
			优秀(9~10)	良好(7~8)	一般(6)	较差(0~5)
学生	1.老师演示时，学生仔细观察，体会心肺复苏和包扎伤口的过程	10				
	2.学生操作心肺复苏四个步骤是否到位，展示包扎结果，同学评议	10				
	3.练习用绷带进行环形包扎法。每个同学都要亲自动手。最后小组互评，评出"最佳小组"和"优秀救护队员"	10				

续表

教学效果评价内容		分值	评价			
			优秀 (9~10)	良好 (7~8)	一般 (6)	较差 (0~5)
教师	1. 教学内容正确，没有理论上的错误	10				
	2. 全班同学都能参与活动，对本课的内容感兴趣	10				
	3. 心肺复苏四个操作步骤演示规范到位	10				
	4. 演示伤口处理包扎过程清楚明了。上课思路清晰，设计活动新颖	10				
	5. 课堂注重体验性、感悟性	10				
	6. 关注学生，尊重学生，老师做指导，学生都会操练	10				
	7. 学生能学以致用，学会简单的急救方法					
总体评价	（　）优秀　（　）良好　（　）一般　（　）较差					

三、课程拓展

（一）课内活动资料

1. "笔帽当口哨吹，9岁男孩气道险些被堵死"事件

内容简介：9岁男童小杰（化名）刷视频时见有人用笔帽当口哨，小杰觉得很有趣，学着将笔帽对嘴吹。一天上课时，小杰一时兴起，将笔帽拧下后，尖头朝外，宽头螺口对着嘴，准备猛吸一口气"吹口哨"。没想到，小杰猛吸气时，笔帽一吸溜地进了气道，小杰剧烈呛咳了好一阵，感觉呼吸费力，稍一活动就大喘气，喉咙里还会发出喘鸣声。小杰很害怕，直到放学回家后才将白天的事情告诉了爸爸妈妈。爸爸、妈妈马上带他到医院就诊，医生在肺部CT检查时发现，笔帽卡在了孩子的右支气管，医生借助内窥镜深入支气管内，不断调整角度夹取异物，最终笔帽被顺利取出。

2. 海姆立克急救法

"海姆立克急救法"也叫腹部冲击法，利用冲击产生向上的压力压迫两肺下部，从而驱使肺部残留空气形成一股气流，这股带有冲击性、方向

性的长驱直入于气管的气流，就能将堵住气管、喉部的食物硬块等异物排出，使人获救。可用于婴幼儿、成人、怀孕的人或过度肥胖者，可用于他救，也可用于自救。

3. 视频《基护心肺复苏》
4. 视频《AED 使用操作》
5. 视频《切伤刺伤较深处理方法》
6. 本节课 PPT

（二）课外拓展资料

·现场急救设备——自动体外除颤仪（AED）

心肺复苏是抢救心搏骤停行之有效的方法，同时，为了争取抢救的时间，使心脏能够在最短的时间内恢复运作，可以使用自动体外除颤仪（Automated External Defibrillator，简称 AED）。AED 的操作非常方便，非专业人员也能掌握使用。而机器本身也非常智能，它能自动评估患者是否需要除颤，如需要除颤，则根据机器提示的指令进行操作。如果患者不需要除颤，那么机器本身不会充电，而且整个施救过程会被机器记录下来。如果患者无意识、无呼吸、无脉搏，就应该立即开始心肺复苏，并尽快给患者使用 AED。

第三十九章　了解安全用药常识

一、课程设计

（一）课程名称、对象和时间

课程名称：医药常识

适用对象：初中学生

上课时间：40分钟

（二）教学目标

（1）了解药物的基本分类（处方药和非处方药），学会阅读药品说明书。

（2）收集家庭成员常用药，初步学会配置家庭药箱，树立起安全用药的意识。

（三）理论依据

《生命安全与健康教育进中小学课程教材指南》指出，良好的学校生命安全与健康教育有助于学生树立正确生命观、健康观、安全观，养成健康文明的行为习惯和生活方式，自觉采纳和保持健康行为，为终身健康奠定坚实基础。

生病就要治病，治病通常就要吃药。《中华人民共和国药品管理法》对药品的定义作了法定的解释，药品是用于预防、治疗和诊断人的疾病，有目的地调节人的生理机能，并规定有适应证或者功能主治、用法和用量的物质。然而，儿童青少年中药物使用不当的事件时有发生，据《国家药品不良反应监测年度报告（2022年）》显示，我国14岁以下儿童药品不良反应报告占报告总数的7.8%。86%的儿童药物中毒事件发生于家庭用药环节，近85%的家庭存在儿童用药安全风险。对于儿童青少年来说，其身体器官和免疫系统尚未发育成熟，对药物的吸收、分布、代谢等与成人不同，一旦因家中使用药物的方法、药品存放和药品管理不到位而发生用药伤害，将严重影响儿童青少年的身体发育，甚至危害其生命安全。因此，了解和掌握一些基本的医药常识，学会配置家庭药箱是十分必要的。

（四）教学策略

1. 学情分析

对中学生来说，了解一些安全用药的常识是非常必要的。了解安全用药常识，必须从看懂药品说明书开始。在及时处理紧急伤病或容易自我诊断、自我治疗的小伤小病时，家庭药箱具有重要的作用。所以本节课主要让学生学会药物的基本分类（处方药和非处方药）方法，学会阅读药品说明书，分析家庭成员的健康状况，能配置家庭药箱中的常用药，养成定期清理家庭药箱和正确处理过期药品的习惯。

2. 教学设计分析

为了达成活动目标，本节课分为3个活动：

活动一：从一则用药不当造成严重后果的实例引入课堂主题，引发学生关注安全用药常识，并让学生感受安全用药的重要性。

活动二：通过"怎样看懂药品说明书"的小组活动，学生阅读自己从家中带来的常用药的药品说明书，从中归纳安全用药的注意点，并在小组中讨论有关安全用药中特别要关注的问题，例如，自行增减药物剂量、干吞药物、贮藏药物的方法、过期药物的处理等，逐步树立起安全用药的意识。

活动三：让学生通过调查自己家庭成员的健康状况及家庭药箱中的药品和医用器具的情况，为自家的药箱写一份需要购买的药物清单，并从这个过程中了解家庭药箱中的一些常备药物。

3. 教学重难点

重点：知道什么是处方药和非处方药，了解常用药的药品说明书上的安全用药注意事项。

难点：根据家庭成员的健康状况，配置家庭药箱中的常用药。

（五）教学资源

（1）硬件资源：上课前一天布置每位学生从家里带两种常用药的药品说明书；课前一周布置学生调查自己家庭成员的健康状况及家庭药箱中

的药品和医用器具。学生按照4人一组排好位置。

（2）软件资源：配套PPT、学习活动单。

二、课程实施

（一）教学活动

1. 安全用药常识

活动目标 知道安全用药的常识及重要性。

指导语 同学们，先看一则新闻，思考是什么原因造成这样的后果的？

活动程序

（1）展示新闻，让2~3名学生分享对此的看法和感悟。

单老伯最近胖了很多，整个脸都成了"满月脸"，且脸部皮肤变得又薄又透，身上还出现了很多瘀斑。奇怪的是，单老伯体重没增加，血糖反而飙升了许多。原来老伯一直有咽喉炎但吃药没效果，偶然发现治疗皮肤病的皮炎平效果很好，就突发奇想把软膏当药吃。在吞服后咽喉炎症状有所好转，于是单老伯开始十天吃一支，如今已经服用两年了。

皮炎平软膏属于外用糖皮质激素类药物，长期大剂量使用会对人体免疫系统、神经系统、心血管系统、内分泌系统等造成严重损害。小剂量使用可影响糖、脂肪、蛋白质的代谢，大剂量使用还具有抑制免疫、抗炎、抗毒、抗休克的作用。但正是因为糖皮质激素的作用广泛，其副作用危害也不可小觑。

学生感悟：药物使用不当，则危害身体健康。

（2）教师讲解：什么是处方药和非处方药？

处方药是指凭执业医师和执业助理医师处方才能购买、调配和使用的药品，如抗生素。非处方药简称OTC，是由国务院药品监督管理部门公布的、不需要凭执业医师和执业助理医师处方、消费者可以自行判断购买和使用的药品。

结语 无论是非处方药还是处方药，在使用前，都应该仔细阅读药品使用说明书，以确保用药安全。

2. 怎样看懂药品说明书

活动目标 了解常用药的药品说明书上的安全用药注意事项。

指导语 学生4人一组，阅读小组同学带来的两个常用药的药品说明书或标签。

活动程序

（1）列表归纳药品说明书或标签中安全用药的注意点（如：药品的名称、成分、用法用量、有效期、适应证、不良反应、注意事项和副作用等），完成学习活动单。

①如何识别药品包装上的产品批号、生产日期和有效期？产品批号是用于识别某一产品的一组数字或者数字加字母，但要特别注意，这组数字与该产品的生产日期没有直接联系。如某产品批号可以标示为20020215、20031245、200507AD等形式。从批号上不能确定生产日期。

②生产日期是指某种药品完成所有生产工序的最后日期。如某产品生产日期是20230201，说明这批产品是2023年2月1日生产的。

③有效期，药物的有效期是经过一系列科学实验，观察其在一定储存条件下、从生产出来之日算起一直能够保持药效的时间而定出来的。一般以整年计算，超过这个期限则不能继续销售使用，否则按劣药查处。药品有效期计算是从生产日期开始的，如某药品生产日期是20220213，有效期3年，那么有效期的合法标识就是：20250212。

④用药时要遵循3个原则：遵医嘱，遵守用法、用量与服用时间；按疗程用药，不可长期不间断地服药，也不可症状改善立即停药；采用正确的给药方式，按药物本身剂型使用，一旦破坏原有剂型会导致治疗效果不佳。

（2）PPT展示：小玲同学发热了，有这些症状：打喷嚏、鼻塞、流鼻涕、咳嗽、咽痛、头痛和发热。请问她可以服用这种药吗？她该怎样服用？

（3）提问并进行小组讨论。

①你怎么知道药品有没有过期？为什么不能服用过期药品？你是如何处理过期药品的？

②自行增减服药剂量有什么害处？

③你有干吞药物的习惯吗？干吞药物有什么害处？（不能干吞药物，

干吞药物影响药效的发挥,损伤食管,在一定程度上喝水量较多,药物颗粒与胃肠黏膜的接触面就越大,吸收利用率就越高。)

④你能从本小组同学带来的药品说明书中总结出一些药物的基本贮藏方法吗?全班交流后,PPT展示小玲的服药方法是否正确?老师总结。

结语 药品必须在有效期内使用。有时药品即使还在保质期内,但是外观已经发生明显变化,那么也不能使用,应该及时清理掉。药品的用量要严格按照医生的要求或说明书上的规定执行,不能擅自加大剂量或改变用法;使用药品时还必须了解药品的禁忌证、注意事项和副作用。一旦药品使用后出现不适症状,应该向有关部门反映。

3. 家庭药箱

活动目标 初步学会配置家庭药箱。根据家庭成员的健康状况,能自己配置家庭药箱。

指导语 同学们,关注健康,首先应从家庭做起。当生病时,应该经过医生的诊断配药治疗,如果家离医院较远,最好在家里配备一个家庭药箱。

活动程序

(1)检查一周前布置学生调查自己家庭成员的健康状况、家庭药箱中的药品和医用器具的情况,交流问题:

你家的药箱中有哪些药物?这些药物能满足家庭成员的需要吗?如不能,还需添置什么药物?有没有家庭某成员需要的特殊药物?

你家的药箱中有医用器具吗?还缺什么器具?

(2)PPT展示:请同学分类,哪些是外用药、内服药及医用器具?

①外用药:

碘伏:皮肤外伤消毒。

酒精(75%):消毒。

红霉素眼膏或软膏:治疗结膜炎、轻度烫伤。

伤湿止痛膏或消炎止痛膏:治疗肌肉关节疼痛。

清凉油或风油精:清凉醒脑、蚊虫叮咬。

②内服药:

布洛芬颗粒或混悬剂:解热镇痛。

复方感冒冲剂:治疗感冒。

止咳露或糖浆:治疗咳嗽。

健胃消食片：开胃健脾。

胃炎宁、碳酸铝镁咀嚼片：治疗与胃炎有关的胃部不适。

盐酸小檗碱黄连片、蒙脱石散：治疗腹泻。

各种抗生素：抗菌消炎。

人丹：醒脑、提神。

藿香正气水：预防或治疗中暑、晕车等引起的肠胃不适。

③特殊药物：

治疗特殊病症，如高血压、糖尿病、哮喘、冠心病等的具体药物。

④医疗用具：

体温计：测体温。

消毒棉签：消毒。

消毒药棉、纱布、绷带及胶布：消毒包扎。

血压计：监测血压。

（3）自购药物需要注意什么？

①要选购在家庭中能够自行使用的常用制剂。

②选购的药品必须是正规药厂生产的，附有药物说明书并标明有效期，尽量选用有效期较长的药物。

③购买备用药，要选易于储存并包装完整无损的药品。最好购买小包装的、整瓶、整盒药物。对零散药片、药丸、胶囊制剂，要用瓶分别装置，并当即标识药物的名称、用法、用量及失效期，绝不可用纸袋装药。

④所购药物应选质优价廉的药品。看标签、注册商标、批准文号、药物名称、规格、主要成分、用量、用法、副作用或禁忌、产品批号、生产企业等，看药品有无发霉、潮解，色泽是否一致等。

⑤应去正规药店、商场或网络平台购买药品，千万不要购买地摊以及游医推销的所谓"祖传秘方"的药品。

⑥不能单靠药品商品名区分药。有些药品商品名称很多，但实际成分一样，容易造成重复吃药，甚至引起药物中毒。

（4）家庭药箱中应备哪些药品？

①一般要配备治疗感冒、胃肠炎等疾病的药。

②夏秋两季可配备防暑降温、蚊虫叮咬等药物。如藿香正气丸、人丹、

风油精、清凉油等。春冬季还要备有止咳、化痰药等。

③外用药。碘伏、70%~75%的酒精、双氧水、云南白药、高锰酸钾、剪刀、镊子、创口贴、棉签、棉球、敷料、绷带、胶布等。

④体温计、血压计。

⑤有婴幼儿的家庭还要配备小儿常用药品。

⑥根据家庭成员健康状况，还可以自备一个家庭急救包。急救包中药品的配备要因不同患者的不同需要而确定，一旦发生紧急情况，方便使用。

（5）学生讨论如何贮藏药物。分开存放；避光、干燥、冷藏；定期清理过期药品。

结语 同学们认识了家庭药箱的必要性，可以对自家的药箱进行重新配置，回家和爸爸妈妈一起写一份家庭药箱的药物清单，并实施家庭药箱整理工作。

（二）活动延伸——配置旅行小药箱

爷爷奶奶要去厦门旅行，请你为他们准备一份旅行小药箱的药物清单。准备时，考虑以下问题：

（1）老人必须带在身边的特殊药物。

（2）防治腹泻、感冒、发热及轻微外伤等药品。

（3）了解一下厦门的环境条件，如：饮食居住、卫生条件等，针对当地的实际情况，准备要带的药物。

（三）效果评价

教学效果评价内容		分值	评价			
			优秀 (9~10)	良好 (7~8)	一般 (6)	较差 (0~5)
学生	1.全班同学都能参与3个活动，对本课的内容感兴趣	10				
	2.有参加活动的意愿，并参与交流分享	10				
	3.通过体验有所感悟，学会配置小药箱	10				

续表

教师	1. 教学内容正确，没有理论上的错误	10
	2. 教学环节完整、流畅	10
	3. 上课思路清晰，学生活动参与率高	10
	4. 课堂注重体验，注重感悟	10
	5. 关注学生，尊重学生，老师做指导，学生是主体	10
	6. 课件和板书贴合教学需要	10
	7. 引发学生思考：将用药常识应用到实际生活中	
总体评价	（　）优秀　（　）良好　（　）一般　（　）较差	

三、课程拓展

· 课内活动资料

1. 医药常识——学习活动纸

（1）学生4人一组，阅读小组同学带来的两个常用药的药品说明书或标签列表，归纳药品说明书或标签中安全用药的注意点。

药品名称	成分	用法用量	适应证	不良反应	注意事项	副作用

（2）你家的药箱中有哪些药物？_____；
还需添置什么药物？_____

（3）你家的药箱中有哪些医用器具？_____；
还需添置什么器具？_____

2. 本课PPT

第四十章 遵循人际交往的边界

一、课程设计

（一）课程名称、对象和时间

课程名称：交往的"心"边界

适用对象：初中学生

上课时间：40分钟

（二）教学目标

（1）认识到人际交往中存在边界，理解人际交往的边界可以根据与交往对象的亲密程度来调整范围。

（2）在人际交往中学会尊重他人的人际边界和守护自己的人际边界。

（3）感受人际交往中互相尊重双方的人际边界对于形成舒适的人际关系的重要性，增强学生在人际交往中的安全意识。

（三）理论依据

《中小学心理健康教育指导纲要（2012）》指出，人际交往是中小学心理健康教育的重点内容之一。美国心理学家埃内斯特·哈特曼提出"心理边界"这一概念，是指在人际关系中，个体清楚地知道自己和他人的责任和权利范围，既保护自己的心理空间不受侵犯，也不侵犯他人的心理空间。通过个体所创造的边界，我们可以知道什么是安全、被容许的行为，以及当别人越界的时候，自己该如何回应。清晰的心理边界有利于保证个体以独立的形式存在，即使遇到问题也能保持较为稳定的人际交往。

（四）教学策略

1. 学情分析

初中阶段的青少年正处在自我同一性和角色混乱的冲突阶段，渴望结

交朋友以满足其情感归属等心理需要。然而,据中国青少年健康人格工程调研报告显示,55.5%的中学生与同学、朋友交往时存在不同程度的问题。青少年时期的学生,由于自我意识发展不成熟,人际交往经验较少,在人际交往时可能会模糊交往的心理边界,出现迎合、屈服、强求、冲突或迷惘等情况。

2. 教学设计分析

本课聚焦初中生人际交往中边界不清晰的问题,通过"领地"的探索,引导学生明白什么是人际边界以及尊重他人的人际边界,学习如何维护自己的人际边界,提高学生在人际交往中的安全意识,从而发展积极的人际交往行为。

(五)教学资源

(1)教学工具、材料:PPT、A3白纸、毛线、双面胶、"尊重卡"(人手一份)。

(2)教学设备或场地:活动教室,学生按6~8人一组排好座位。

二、课程实施

(一)教学活动

1. 团体导入阶段:划分领地活动

活动目标 通过热身活动"划分领地",引出"人际交往边界"主题。

指导语 同学们好!以往的课堂上我们用过绘画等不同的艺术表达方式,今天我们一起解锁一种新的材料——毛线。现在,每个小组的桌上都有一张A3白纸,接下来,我们就用毛线在纸上来进行一个划分领地的活动。

活动程序

(1)学生6~8人为一组,每位成员选择一种颜色的毛线,在这张纸上划分出属于自己的领地,被谁的毛线圈起来的部分就是谁的领地。

(2)教师提问(视情况而定):

①我注意到你们的领地边界还有一定的距离,为什么没有挨在一起呢?

②我注意到你们的领地边界有重合,你愿意你们两个人的领地重合在

一起吗？如果愿意，是因为什么？如果不愿意，当它的领地覆盖到你的领地时，你的内心有什么感受？在覆盖TA的领地前，你是否有问TA的意见？你是出于什么想法呢？

结语 谢谢同学们的参与和分享，如果说我们刚刚划分的领地代表我们自己，那么领地之间的距离就代表了我们在人际交往中也要有意识地保持距离，维持自己的交往边界。人际边界是我们维持安全感的一种需要，当我们的边界在未经允许被他人侵入时，我们的内心就会产生一种不舒服的感觉。

2. 团体展开阶段：交往的"心"边界

活动目标 通过结合实际的生活冲突事件，让学生明白人与人交往要注意边界清晰，留意自己的边界是否被冒犯，根据与对方的亲密程度适当地调整自己的"边界"范围。

指导语 在我们的生活中，不可避免地要和很多人打交道，我们也可能经历过一些人际交往中的不适，心理学家认为人际关系中的矛盾来自人际边界模糊不清、被别人干涉自己的边界或想要干涉别人的边界。这也是本节课我们要探索的主题：交往的"边界"。在你与他人的交往中，是否有过一些边界被冒犯的时刻呢？接下来就通过冥想走近那时的自己。

请你先选择一个舒服的姿势，放慢你的呼吸，闭上双眼，回忆在与他人交往的过程中，发生过什么让你感觉不舒服、不安全的事情？具体在哪个时刻？当时的你面对的又是什么？试着走近当时的自己，你是怎样的？处于什么样的状态，有什么样的情绪，你又是如何应对的？随着音乐的结束，请大家慢慢睁开眼睛，回到我们的课堂。

活动程序

（1）播放冥想音乐，学生在教师的指导语中开始冥想，回忆在与他人交往的过程中，发生过什么不舒服、不安全的事情。当时的自己是什么感受，又是怎么应对的。

（2）学生分享，教师提问：同样的事情如果换成其他人（比如父母、最好的朋友），你还会感觉不舒服、不安全吗？

（3）教师小结：

①在与人交往时，当我们的内心感到不舒服、不安全的时候，可能

就意味着我们的边界被冒犯了，这时我们就要采取积极的应对措施来保护自己。

②人际交往的边界是有弹性的。对于不同的人，我们的边界范围也是不同的。对于亲近的人，我们可以适当扩大我们的交往边界，对于陌生的人，我们要及时缩小我们的交往边界。

（4）学生根据自己和小组内其他人的关系重新调整毛线圈定的区域范围，在征得别人的意见后，学生之间划定的区域可以进行部分的重合。

（5）学生结合自己曾经感觉到的不舒服、不安全的事情在小组内讨论：为了避免不小心冒犯到他人的领地，人与人之间交往要注意的3条最基本的领地规则。小组长记录并代表小组进行交流。

（6）教师视回答情况进行适当的总结：

①注意交往的物理距离，特别是异性之间。

②注意要诚实守信，不能欺骗他人。

③注意礼貌、友好的措辞，避免语言攻击。

④注意征求他人的意见，互相尊重。

（7）随机请学生分享除了以上基本的人际交往领地规则，自己还有什么独特的领地规则，欢迎课后与同学互相交流。

结语 现在，我想同学们应该明白了每个人都有自己的人际交往边界，面对不同的人，我们可以视与对方的熟悉程度来选择调整我们的边界范围。人与人交往也要遵循基本的规则。

3. 团体转换阶段：守护我的"心"领地

活动目标 学会如何应对人际交往的边界被冒犯的情况。

指导语 在与他人相处的过程中，难免会出现一些没有把握好度、越界的情况，当别人冒犯你的领地时，你会用哪种姿态应对呢？有的同学会用"讨好"的姿态，默默忍受心里的委屈，他们是在担心什么呢？有的同学会用"指责"的姿态，这样恰当吗？

活动程序

（1）学生分享：我们如何应对同学有意或无意的冒犯，守护自己的"领地"呢？可利用小组刚刚小结的3条领地规则，结合被忽视时的情况进行分享讨论，每一条应对的方法都是守护"领地"的能量，写在守护之盾上。

（2）教师视回答情况进行适当的总结。

①关注自己的情绪感受。

②自我鼓励、勇敢表达、大胆拒绝。

③寻求他人的帮助。

结语 当生活中他人跨越了边界、冒犯到你的"领地"时，要及时地、勇敢地说"不"，在必要时主动寻求帮助。

4.团体结束阶段：尊重交往的"边界"

活动目标 通过创设轻松、和谐、真诚的心理氛围，在活动中积极体验、畅所欲言，增强学生尊重同学、守护自己的意识。

指导语 经过今天的学习，你有什么想说的呢？请在信封里拿出"尊重卡"，在尊重卡上写一句你想说的话，可以是写给曾经有意、无意冒犯过你的人，也可以是你曾经有意、无意冒犯过的TA，还可以写给全班同学分享，写完之后贴在黑板上。

活动程序

（1）学生在"尊重卡"上留言，完成后贴在黑板上。

（2）学生分享。

结语 这节课我们认识到了与人交往时边界感的重要性，清晰了遵守人际交往的边界，我们才能更好地做到彼此尊重；也希望大家能够守护好自己的安全领地，与他人亲密有度地交往。

（二）活动延伸

课后将自己的"尊重卡"送给曾经有意、无意冒犯过你的人或是你曾经有意、无意冒犯过的TA，并记录下你们的沟通效果。

（三）效果评价

评价标准	具体要求	权重	评价			
			A(1.0)	B(0.8)	C(0.6)	D(0.4)
辅导目标达成	选题有针对性，提高学生在人际交往中的边界意识	15				

续表

评价标准	具体要求	权重	评价			
			A(1.0)	B(0.8)	C(0.6)	D(0.4)
设计思路清晰	上课思路清晰，各环节流畅，贴近学生的实际水平	20				
活动过程氛围和谐	催化团体动力，营造了轻松、活跃、安全的课堂氛围	5				
	学生喜欢课堂活动，参与的积极性高，有良好的体验和感悟	15				
	课堂组织有序，学生遵守活动规范，现场活而不乱	5				
辅导技巧运用得当	关注学生、尊重学生，教态自然，语言有亲和力	10				
	运用倾听、共情、重述、具体化等辅导技巧，及时回应学生	10				
辅导效果明显	学生在活动中有感悟、有体验，把课堂所学迁移到生活中	20				

三、课程拓展

（一）课内活动资料

1. 小组讨论记录单
2. 学生个人活动单

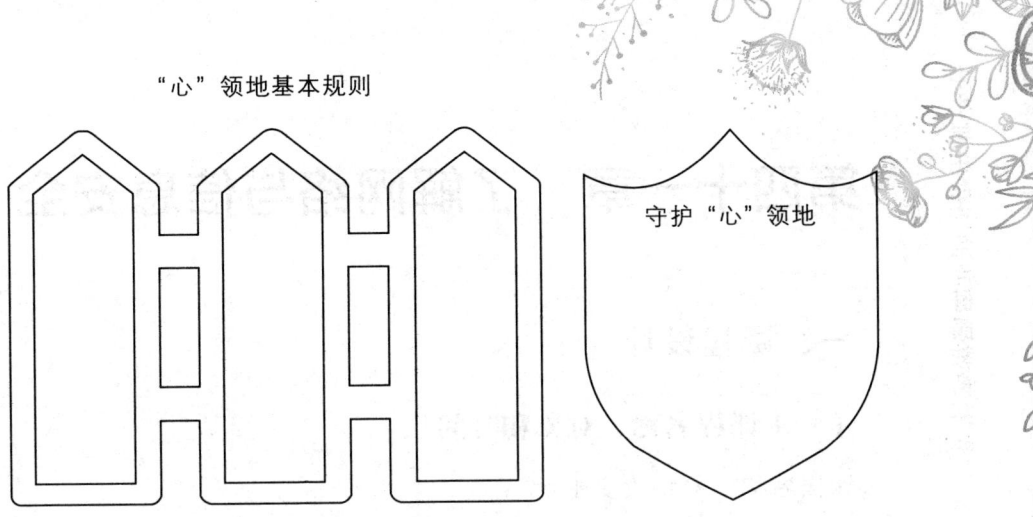

（二）课外拓展资料

（1）《你好，蛤蟆先生：给孩子的12封心理治愈信》，【英】肯尼斯·格雷厄姆（著），荣六郎（改编），浙江少年儿童出版社。

推荐理由：以经典童话角色为载体，通过12封信探讨自卑、嫉妒、情绪管理等议题。书中通过"蛤蟆先生改过自新"等故事，引导青少年理解友情中的边界与自我救赎，适合青少年通过绘本形式学习心理知识。

（2）《成长的答案》，开心姐姐（著），中国妇女出版社。

推荐理由：聚焦青春期常见的学业、社交、情感问题，以共情式语言提供解决方案。书中通过具体场景（如拒绝不合理请求）帮助青少年明确自我需求，强化心理边界。

（3）《写给孩子的思维与情绪成长书》系列，【美】佩顿·库里伊萨等（著），中国妇女出版社。

推荐理由：包含《我和我的情绪》《我可以不焦虑》等分册，通过互动游戏和案例教会孩子管理情绪、识别社交中的越界行为。

第四十一章　了解网络与信息安全

一、课程设计

（一）课程名称、对象和时间

课程名称：网络改变生活

适用对象：初中学生

上课时间：40分钟

（二）教学目标

（1）了解网络平台的开放性和信息的复杂性，增强对各种信息的辨别意识，提高分析、识别网络信息的能力。

（2）提高预见能力，能够判断信息可能带来的风险和危害，防范网络诈骗。

（3）学会在网络使用中保护个人隐私。

（三）理论依据

教育部关于印发《生命安全与健康教育进中小学课程教材指南》的通知中提到，在初中阶段要培养安全责任意识，增强网络信息的辨别意识和能力，防范网络电信诈骗。

《中华人民共和国未成年人保护法（2020）》第六十四条规定，国家、社会、学校和家庭应当加强未成年人网络素养宣传教育，培养和提高未成年人的网络素养，增强未成年人科学、文明、安全、合理使用网络的意识和能力，保障未成年人在网络空间的合法权益。《中华人民共和国家庭教育促进法》中也指出，父母或其他监护人应关注未成年人心理健康，教导其珍爱生命，对其进行交通出行、健康上网和防欺凌、防溺水、防诈骗、防拐卖、防性侵等方面的安全知识教育，帮助其掌握安全知识和技能，增强其自我保护的意识和能力。

（四）教学策略

1. 学情分析

随着科学技术的发展，网络与人类生活越来越密切，上网已经成为一种潮流。初中生更成了这股潮流的主力军，他们正处于未成年人到成年人的转型时期，对于新鲜事物都乐于尝试，但青少年缺乏自制力，面对网络的诱惑无法自拔。网络沉迷上瘾、网络违法侵害、个人信息泄露……对于这些网络中存在的潜在风险，青少年往往没有足够的识别与防范能力。因此，让青少年学会正确使用网络、辨别网络信息、健康上网非常重要。

2. 教学设计分析

为了达成活动目标，本节课分为 4 个活动：

活动一：通过让学生观看、分析视频，认识网络传播的力量，揭示本课主题。

活动二：通过观看视频，让学生了解现在中国互联网的发展情况，更有助于理解网络的作用。

活动三：通过小组讨论的形式，引导学生意识到网络是把双刃剑，有利有弊，要合理使用网络。

活动四：通过观看视频，学会保护个人隐私，防范网络诈骗。

3. 教学重难点

重点：通过小组讨论，让学生认识到网络的重要性，进一步分辨网络是把双刃剑。

难点：引导学生合理使用网络。

（五）教学资源

（1）硬件资源：学习单、活动教室、学生按照 4~6 人一组排好位置。

（2）软件资源：配套 PPT（包括视频）。

二、课程实施

（一）教学活动

1. 新闻小联播

 通过让学生观看、分析视频，认识网络传播的力量，揭

示本课主题。

指导语 同学们,你们知道山东淄博这个城市吗?淄博突然火出圈了,让我们看看淄博到底发生了什么惊天动地的事情?

活动程序

(1)播放《淄博烧烤为什么火了?》视频。

(2)教师提问:为什么"淄博烧烤"能火出圈?

(3)学生回答:网络的力量,网络改变生活。

结语 "淄博烧烤"物美价廉、诚信经营、有特色……爆火是因为厚积薄发,当地下了很多功夫,各方面实实在在的努力,才换来大家吃得实在、玩得开心。同时,网络的助推也是一大原因,网友打卡、发圈、推荐……用网络频频给淄博出圈助力。可见,网络力量大,网络改变生活。

2.网络你我他

活动目标 通过观看视频,让学生了解现在中国互联网的发展情况,更有助于理解网络的作用。

指导语 网络给我们的生活带来了翻天覆地的变化,让我们一起再来看《第52次中国互联网络发展状况统计报告》,请同学们认真观看,告诉我你们看到了什么?

活动程序

(1)播放视频《第52次中国互联网络发展状况统计报告》。

(2)教师提问:从视频中你们看到了什么?

(3)学生回答。

结语 同学们真厉害,大家都从视频中看到了很多信息,有网民的规模和结构的变化,老年人和青少年使用网络的变化,网购的积极作用,跨境电商的重要性等,可见网络在我们生活中真的是无处不在。

3.网络来探秘

活动目标 通过小组讨论的形式,引导学生意识到网络是把双刃剑,有利有弊,要合理使用网络。

指导语 正因为网络无处不在,所以我相信大家肯定利用网络做了很多事情。让我们以小组为单位,讨论你(或你的家人)利用网络做了什么。

活动程序

（1）利用学习单，小组讨论网络的优点和缺点。

（2）小组分享，教师归纳总结，并书写板书。

结语　我们利用网络可以获取信息、工作学习、通信交流、休闲娱乐、科学研究，网络方便了我们的生活。但同时一旦过度使用，就会增加经济负担、影响学习、危害身心发育、影响人际交往、弱化道德意识，所以我们要一分为二地来看待网络，认清网络这把双刃剑。

4. 网络保护伞

活动目标　通过观看视频，学会保护个人隐私，防范网络诈骗。

指导语　同学们，在刚才的讨论中，我们已经发现了过度使用网络的一些弊端。因此，我们不仅需要合理使用网络，同时还需要注意保护自己的隐私，谨防网络诈骗。

活动程序

（1）观看视频《网络安全》《眼见就一定为实吗？看看这个》。

（2）学生举例生活中的网络不安全事件。

（3）教师归纳总结：

个人信息不乱填

不明链接不要点

线下见面考虑清

公共 Wi-Fi 不乱连

山寨软件不要下

虚拟朋友谨慎交

（4）带领全班一起朗读《全国青少年网络文明公约》。

结语　同学们的回答都非常全面，看来大家都是生活中的网络使用小达人，不仅可以好好利用网络的优点，又能及时辨别不良信息，让我们把网络安全牢记心中。

（二）活动延伸——《网络改变生活》学习单

网络改变生活	
网络的优点	网络的缺点
小组成员：	

（三）效果评价

教学效果评价内容		分值	评价			
			优秀 (9~10)	良好 (7~8)	一般 (6)	较差 (0~5)
学生	1. 对本课的内容感兴趣，有参加活动的意愿	10				
	2. 愿意参与交流分享	10				
	3. 通过体验有所感悟	10				
教师	1. 教学内容正确，没有理论上的错误	10				
	2. 教学环节完整、流畅	10				
	3. 课堂注重体验性，活动形式活泼新颖	10				
	4. 尊重学生，注意倾听	10				
	5. 引导学生思考和感悟，讲究方法，自然不生硬	10				
	6. 课件和板书贴合教学需要	10				
整体	整堂课有无亮点所在	10				
对本节课的意见和建议						
总分	满分为 100 分，您给本节课打分，总分为（　　）分					
总体评价	（　）优秀　（　）良好　（　）一般　（　）较差					

三、课程拓展

（一）课内活动资料

【1】视频《淄博烧烤为什么火了？》。

（2）视频《第52次中国互联网络发展状况统计报告》。

（3）视频《网络安全》。

（4）视频《眼见就一定为实吗？看看这个》。

（二）课外拓展资料

1. 初中生网络使用情况的问卷调查

（1）你的性别？（　　）

  A. 男　　　　　　　　B. 女

（2）你处于初中学段的哪个年级？（　　）

  A. 七年级　　　　　B. 八年级　　　　　C. 九年级

（3）你的网龄多久了？（　　）（网龄＝实际年龄－初次上网的年龄）

  A. 2年以下　　　　　B. 2~4年

  C. 4~8年　　　　　　D. 8年以上

（4）你周末每天上网时长？（　　）

  A. 1小时以下　　　　B. 1~3小时

  C. 3~5小时　　　　　D. 5小时以上

（5）你是否常常想着之前的上网内容或者期待下次上网？（　　）

  A. 是　　　　　　　　B. 否　　　　　　　　C. 说不清楚

（6）你是否发现你实际的上网时间比计划的时间要长？（　　）

  A. 是　　　　　　　　B. 否　　　　　　　　C. 说不清楚

（7）你是否经常担心如果没有网络，自己的生活会变得烦闷、枯燥？

（　　）

  A. 是　　　　　　　　B. 否　　　　　　　　C. 说不清楚

（8）如果有人在你上网时打扰你，你是否会经常表现出叫喊、愤怒？

（　　）

  A. 是　　　　　　　　B. 否

（9）你是否会经常感到沮丧，而一旦上网，这种情绪就会消失？（　　）

  A. 是　　　　　　　　B. 否

（10）下网后，你是否会常常出神地回想自己在网上的种种体验？

（　　）

  A. 是　　　　　　　　B. 否

（11）你上网的主要目的是什么？（可多选）（　　）
　　　A. 学习　　　　　　B. 聊天　　　　　　C. 查资料
　　　D. 看视频　　　　　E. 玩游戏　　　　　F. 其他

（12）上网是否已对你的学习或生活带来负面影响？（　　）
　　　A. 是，很严重　　　B. 有一点　　　　　C. 没有

（13）你上网的主要地点？（可多选）（　　）
　　　A. 家里　　　　　　B. 网吧　　　　　　C. 同学家
　　　D. 亲戚家　　　　　F. 随时随地　　　　G. 学校

（14）你认为哪种上网活动最容易导致网瘾？（可多选）（　　）
　　　A. 玩游戏　　　　　B. 聊天　　　　　　C. 看视频
　　　D. 浏览网页　　　　E. 看小说　　　　　F. 听故事

（15）你能控制自己上网吗？（　　）
　　　A. 能很好自我控制　　　B. 在家人帮助下能控制
　　　C. 不能自我控制　　　　D. 甚至在家人帮助下还不能控制

（16）你是否常常因为深夜上网而睡眠不足？（　　）
　　　A. 是　　　　　　　B. 否　　　　　　　C. 偶尔

（17）你是否更多选择上网，而不是和家人、朋友在一起聊天？（　　）
　　　A. 是　　　　　　　B. 否

（18）你是否因为上网常常忽视学校、家人、朋友交代你的事情？（　　）
　　　A. 是　　　　　　　B. 否　　　　　　　C. 偶尔

（19）家长允许你上网吗？（　　）
　　　A. 允许　　　　　　B. 不允许　　　　　C. 有时允许

（20）家长允许你玩网络游戏吗？（　　）
　　　A. 禁止玩　　　　　B. 允许周末玩
　　　C. 允许每天玩　　　D. 让你自由安排